W0326419

Charlotte Metcalf hat in Cambridge Englische Literaturwissenschaft studiert und ist dann Filmemacherin geworden. In vielen Ländern der Erde drehte sie kritische, oft preisgekrönte Dokumentarfilme, die weltweit ausgestrahlt worden sind. Ihre Arbeiten zeigen das Leben gesellschaftlicher Randgruppen wie Drag Queens, Prostituierter, Wiedergeborener Christen und Drogenabhängiger. Außerdem schreibt sie regelmäßig für den *Spectator* und die britische Presse. In diesem Buch, ihrem ersten, erzählt sie von ihren turbulenten Lehrjahren auf dem afrikanischen Kontinent, dem ihre besondere Liebe gilt.

www.frederking-thaler.de

Bibliografische Information der Deutschen Bibliothek
Die Deutsche Bibliothek verzeichnet diese Publikation in der Deutschen Nationalbibliografie; detaillierte bibliografische Daten sind im Internet über http://dnb.ddb.de abrufbar.

NATIONAL GEOGRAPHIC ADVENTURE PRESS
Reisen · Menschen · Abenteuer
Die Taschenbuch-Reihe von
National Geographic und Frederking & Thaler

1. Auflage August 2007
Deutsche Erstausgabe © 2007 Frederking & Thaler Verlag GmbH, München
© 2003 Charlotte Metcalf
Titel der Originalausgabe: *Walking Away*
erschienen bei Eye Books Ltd, Shropshire, Großbritannien
Alle Rechte vorbehalten

Aus dem Englischen von Gabriele Zelisko, Weilheim
Text: Charlotte Metcalf
Fotos: Charlotte Metcalf, wenn nicht anders angegeben
Umschlagfoto oben: Michael Martin, München
Umschlagfoto unten: Tzvika Rozen
Lektorat: Gudrun Honke, Bochum
Umschlaggestaltung: Dorkenwald Grafik-Design, München
Herstellung: Büro Sieveking, München
Druck und Bindung: Clausen & Bosse, Leck
Printed in Germany

ISBN 978-3-89405-822-7
www.frederking-thaler.de

Das Papier wurde aus chlorfrei gebleichtem Zellstoff hergestellt.

CHARLOTTE METCALF

NAHAUFNAHME AFRIKA

Eine Dokumentarfilmerin auf Entdeckungsreise

Aus dem Englischen von
Gabriele Zelisko

NATIONAL GEOGRAPHIC
FREDERKING & THALER

Inhalt

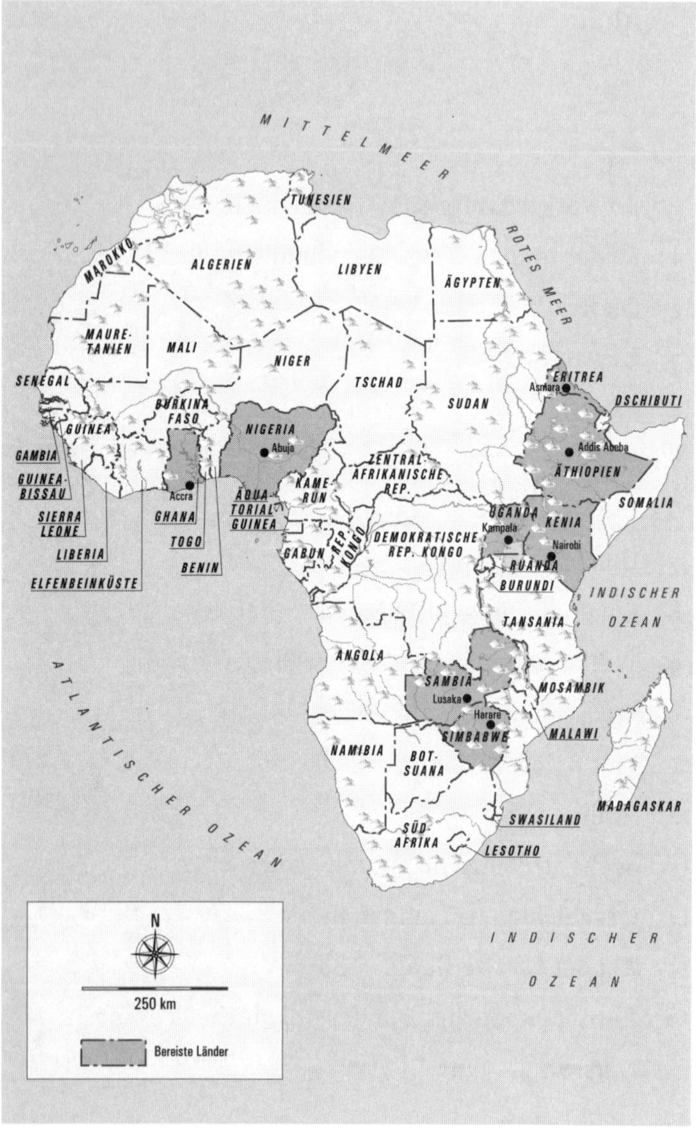

MITTELMEER
TUNESIEN
MAROKKO
ALGERIEN
LIBYEN
ÄGYPTEN
ROTES MEER
MAURE-TANIEN
MALI
NIGER
TSCHAD
SUDAN
ERITREA
Asmara
DSCHIBUTI
SENEGAL
BURKINA FASO
NIGERIA
Abuja
Addis Abeba
ÄTHIOPIEN
GUINEA
GAMBIA
GUINEA-BISSAU
SIERRA LEONE
LIBERIA
ELFENBEINKÜSTE
Accra
GHANA
TOGO
BENIN
ÄQUA-TORIAL-GUINEA
KAME-RUN
ZENTRAL-AFRIKANISCHE REP.
GABUN
REP. KONGO
DEMOKRATISCHE REP. KONGO
UGANDA
Kampala
KENIA
Nairobi
RUANDA
BURUNDI
SOMALIA
INDISCHER OZEAN
TANSANIA
ANGOLA
SAMBIA
Lusaka
Harare
SIMBABWE
MOSAMBIK
MALAWI
NAMIBIA
BOT-SUANA
MADAGASKAR
SWASILAND
SÜD-AFRIKA
LESOTHO
ATLANTISCHER OZEAN
N
250 km
Bereiste Länder
INDISCHER OZEAN

»Das Schönste an meiner Arbeit ist das Gefühl, dass ich vielleicht etwas verändert habe. Das Schlimmste ist, wenn ich fortgehen muss.«

Charlotte Metcalf

Ein Vorgeschmack auf das Abenteuer

Trommeln dröhnen, und eine dichte Menschenmenge schart sich um eine Gruppe tanzender Frauen, die in völliger Ekstase Schultern und Hüften schütteln. Jene, die den Tänzerinnen am nächsten stehen, klatschen mit rhythmischer Intensität in die Hände, den eindringlichen Trommelschlägen folgend. Die Frauen keuchen und schwitzen, obwohl es kühl ist und der graue Himmel wie ein feuchtes Tuch tief über der Ebene hängt.

Bill, der Kameramann, und ich bahnen uns den Weg durch die Menschenmasse, schieben uns mitten in eine atmende, pulsierende Wand aus Fleisch. Wir dringen zu den Tänzern in der Mitte vor. Jemand ist die Braut holen gegangen. Das Trommeln und Tanzen wird rasender.

Der Vater der Braut, ein großer, hagerer Mann in einem zerlumpten Jackett, grinst stolz und entblößt seine verfaulten Zähne, zwischen denen Metall blinkt. Vor ihm steht seine Tochter, er hat die Hände beschützend auf ihre Schultern gelegt. Die Braut trägt ein kunstvoll besticktes weißes, grobgewebtes Kleid und schweren Silberschmuck mit Perlen aus vanillefarbenem Bernstein. Der schwarze Kajal um ihre Augen ist verschmiert.

Sie sieht auf die Tänzerinnen, dann auf uns und entdeckt die Kamera. Ihr Vater schiebt sie in unsere Richtung. Ihre Lippen beben, und sie beginnt zu weinen. Dann reißt sie den Mund auf und brüllt los. Tränen laufen ihr in dunklen Schlieren über das Gesicht. Die weinende Braut ist gerade einmal vier Jahre alt.

Ich bin entsetzt. Was tun wir hier, mit unserer aufdringlichen Kamera, stehlen uns wieder einmal in eine fremde Kultur, die wir kaum verstehen, und machen das Elend des verängstigten Kindes nur noch schlimmer? Und wie konnte es überhaupt dazu kommen, dass mein unsteter Lebensweg mich mit unerbittlicher Konsequenz auf die brodelnde Lichtung hier im äthiopischen Hochland geführt hat?

Die Anfänge liegen mehr als 15 Jahre zurück. Es beginnt mit dem Tag, als ich zum ersten Mal nach Kenia komme …

Die Flugzeugtüren öffnen sich, und herein drückt in mehreren Wellen der feurig-heiße Geruch Afrikas – eine Mischung aus Holzrauch, angebranntem Fleisch, ranziger Butter, Leder, Schweiß Sonne, der Hitze. Und damit beginnt ein Kapitel meines Lebens, das mich so sehr verändern wird, wie ich es mir zu diesem Zeitpunkt nicht annähernd vorstellen kann.

Es fängt nicht besonders vielversprechend an. Im holzvertäfelten Speisewagen des Nachtzugs nach Mombasa esse ich die traditionelle britische Brown Windsor Soup, gekochten Fisch mit zerkochtem Gemüse und Tapioka-Pudding. In Watamu Beach am Indischen Ozean creme ich mich dick mit lokal produziertem Sonnenöl ein und verbringe anschließend drei Tage im Bett mit akutem Sonnenbrand. So lerne ich die erste wichtige Lektion über Afrika – dass die Sonne hier höllische Kraft besitzt.

Die Dinge wenden sich schnell zum Besseren. Ich fliege in einem winzigen Flugzeug nach Lamu, einer verschlafenen, goldenen Insel vor der nördlichen Suaheliküste, auf der es nach Gewürzen, Jasmin und Holzkohle riecht. Dort liege ich in einer Hängematte, vor meinem Auge ziehen Daus auf einer spiegelglatten See vorbei. Das Wasser schimmert im Sonnenuntergang wie Perlmutt, während der Ruf des Muezzins sich mit Rauchschwaden mischt, die von der darunterliegenden Moschee zu meiner Dachterrasse hochziehen.

Ich tauche tief in den Busch ein, um in George Adamsons Camp zu übernachten, wohin jede Nacht Löwen kommen, um sich füttern zu lassen. George sieht wie ein biblischer Prophet aus. Langes weißes Haar und weißer Bart umrahmen ein El-Greco-Gesicht, aus dem ein Paar schlaue blaue Augen blitzen. Er trägt nichts außer Shorts über dem welken, ledrigen Torso, und seine Zehennägel sind senfgelbe Klauen, dick wie Horn und so lang, dass sie sich eindrehen.

In der Abenddämmerung geht George jeden Tag mit einem Eimer an den Zaun, der das Gelände einfasst. Es klingt ganz und gar unglaubwürdig, dass dieser knorrige, verhutzelte Methusalem die Könige der Savanne mit einem banalen Eimer herbeizitieren kann, doch in manchen Nächten bringen wir es auf neun oder zehn Löwen, die nur wenige Meter von uns entfernt wie kleine Kätzchen schnurren und herumtollen.

Von dort aus fahre ich mit einem Landrover durch den Busch zum Camp des »Leopardenmannes«, Tony Fitzjohn, der sich der Rettung des scheuen Leoparden verschrieben hat. Mit seiner ausgebleichten Mähne und dem muskulösen Oberkörper gleicht er Tarzan so sehr, dass er ihn schon einmal in einem einheimischen B-Movie dargestellt hat.

Eines Morgens ruft er mir plötzlich zu, ich soll Deckung suchen. Ein Leopardenweibchen ist aus Eifersucht auf Fitzjohns australische Stewardessfreundin über den hohen Drahtzaun gesprungen und kauert nun auf dem Hof, angriffsbereit mit dem Schwanz schlagend. Während ich mich hinter einer Tür verstecke, höre ich ein Fauchen, Stöhnen und Grollen – sowohl von Fitzjohn als auch der Leopardin –, dumpfe Schläge, weiteres Stöhnen und das Bersten von Glas.

Als es ruhiger wird, riskiere ich einen Blick nach draußen. Die beiden rollen ineinander verkeilt auf dem Boden. Einer von Fitzjohns Armen blutet, doch die Leopardin schnurrt nun kehlig, die Augen genussvoll verengt. Geschmeichelt und besänftigt schleicht sie schließlich von dannen. Die Stewardess bleibt.

Wieder in Nairobi, kippe ich mit weißen Cowboys auf der Terrasse des Norfolk Hotels ein Bier nach dem anderen und nippe inmitten von geblümtem Chintz und Bleikristall im Salon des Muthaiga Clubs an einem Gin Tonic. Hier treffe ich mitten in der Wildnis Schwarzafrikas auf die Etikette eines britischen Golfclubs. In den schicken weißen Vororten Karen und Langata räkle ich mich auf eleganten Veranden, die schwer bewachte Kolonialhäuser umsäumen. Kamante, den Kikuyu-Diener von Karen Blixen, den sie in *Jenseits von Afrika* unsterblich machte und der nun alt und grau ist, höre ich auf einer Party singen.

Die italienische Fotografin Mirella Ricciardi nimmt mich unter ihre Fittiche, und gemeinsam besuchen wir den Künstler Peter Beard in seinem luxuriösen Zelt. Während ich auf seinem Teakdeck in Kissen versinke, denke ich, gediegener geht es wohl nicht mehr.

Ich reise nach Isiolo im Norden, um bei einem Hungerhilfeprojekt mitzuarbeiten. Das ist meine Einführung – fast eine behutsame, verglichen mit dem, was mir später noch begegnen wird – in die immense Vielschichtigkeit und schiere Masse von Afrikas Problemen. Ich bin tief verstört von den Giacometti-Umrissen der Massai-Mütter und den spindeldürren Gliedmaßen ihrer Babys. Mit meinen fleischigen weißen Oberschenkeln und knackigen bloßen Armen fühle ich mich neben ihnen entsetzlich unwohl.

Nach ein paar Stunden hören die energischen britischen Matronen auf, die Babys zu wiegen und Getreidesäcke zu verteilen. Schockiert sehe ich, wie sie Tupperware-Dosen auspacken und unmittelbar vor den verhungernden Massai deftige Brote verzehren. Als ich mich außerstande sehe, mich ihnen anzuschließen, werde ich schnell ermahnt: »Wie in aller Welt wollen Sie Ihre Arbeit ordentlich machen, wenn Sie nicht dafür sorgen, dass Sie selbst bei Kräften bleiben?«, schaltet sich eine strenge Frau mit stahlgrauer Dauerwelle ein. Artig esse ich daraufhin ein Schinkenbrötchen.

In Maralel lerne ich Wilfred Thesiger kennen, den bekannten Wüstenreisenden, der im Kreis seiner afrikanischen »Familie« in einem Compound lebt. In der betäubenden Hitze tritt er im Tweed-Dreiteiler und mit auf Hochglanz polierten Budapestern aus seinem strohgedeckten Lehmhaus. Raffiniert, aber auch dankbar reißt er sich alle meine Taschenbücher unter den Nagel.

In kameradschaftlichem Schweigen sitze ich mit einem ockerfarben bemalten und mit Perlen geschmückten Samburu-Krieger auf einem Steilabbruch, von dem aus man das weitläufige Rift Valley überblickt. Ich trinke Milch und Blut in einer *boma*, der Behausung der Massai. Ich kaue auf einer nächtlichen Busfahrt das leicht narkotisch wirkende *mirar*. Ich fahre auf dem Lake Baringo zwischen Krokodilen Wasserski.

Als ich wieder nach London zurückkomme, bin ich hoffnungslos, und wie sich herausstellt auch dauerhaft, dem Zauber Afrikas erlegen. Etwas später wird mir ein Job als Produktionsassistentin in Nairobi angeboten. Ich zögere keine Minute.

I Mädchen für alles – außer Rand und Band

KENIA

»Niemand will es machen«, sagt mein Agent. »Es hört sich ein bisschen schwammig an.«

Mir ist das egal. Ich kann es nicht erwarten, wieder nach Afrika zu kommen. Ich mache mich auf den Weg, um Uru zu treffen, den Sohn meines zukünftigen Arbeitgebers, Sharad Patel.

Uru ist kaum größer als 1,50 Meter. Sein Gesicht ist kindlich und beinahe schön; was jedoch stört, sind die mürrische, erschöpfte Miene und die Spuren eines ausschweifenden Lebensstils – verquollene Augen und fahle Haut. Ich mache mich darauf gefasst, dass er mich in die Mangel nimmt. Doch er mustert mich nur anerkennend von Kopf bis Fuß und fragt mich, ob ich schon einmal in Kenia war.

»Ja«, antworte ich, »es war wunderbar.«

Das scheint auszureichen. Er steht auf und greift nach einem sehr großen Schlüsselbund. »Dann mal los«, sagt er barsch.

Er fährt mit mir in einem weißen Mercedes, in dessen Sitz er auf Zwergengröße schrumpft, das Flugticket kaufen. Kaum zu glauben, dass dieser Winzling von Playboy die Befugnis hat, mich zu engagieren, doch 15 Minuten später stehe ich vor dem Büro der British Airways in der Regent Street, ein Ticket nach Nairobi in der einen und ein Bündel Bargeld in der anderen Hand.

»Ciao«, verabschiedet sich Uru. „Alles Gute!«

Seine Rolex blinkt auf, als er mir nachwinkt. Ich habe noch immer nicht die leiseste Ahnung, um welche Art von Arbeit es sich handelt.

Drei Tage später bin ich im New Stanley Hotel in Nairobi, wo Graham, mein Regisseur, schon auf mich wartet. Wir sitzen im Thorn-

Tree-Café im Schatten jenes berühmten Baums, an dessen Stamm hoffnungsvolle Botschaften für Reisende befestigt werden. Kellner in grünen Uniformen schlängeln sich, die Tabletts hoch haltend, durch Gruppen von in Khaki gekleideten Amerikanern, die zwischen zwei Safaris ihre Reiseführer studieren. Ich brauche eine Tasse Kaffee, Graham erweckt den Eindruck, ihm täte etwas Stärkeres gut. Seine Augen sind gerötet, und seine Hand zittert, als er sich über den struppigen grauen Bart streicht.

Graham ist Kameramann und hat noch nie Regie geführt, geschweige denn, dass er schon einmal in Afrika gewesen wäre. Den Job erhielt er, weil er schon einmal für eine Fluglinie Schulungsfilme gedreht hatte. Er bat die Patels um eine britische Produktionsassistentin, und da bekam er mich.

»Ich freue mich, Sie kennenzulernen!«, begrüßt er mich mit einem gewinnenden Lächeln, das die verfärbten Zähne bloßlegt. »Hier herrscht Chaos«, fährt er fort. »Mit den Schwarzen arbeiten ist wie einen Sack Affen hüten.« Mir rutscht das Herz in die Hose.

Später am selben Tag sitzen wir vor Sharad Patels beeindruckendem Schreibtisch. Sharad ist zwar klein, aber von aufrechter Statur und hat einen dichten grauen Haarschopf. Eine Brille verleiht seinem runden Gesicht etwas Eulenhaftes. Graham begegnet er mit Respekt. Mir gegenüber gibt er sich höflich, aber distanziert.

Wie alle Asiaten wurden auch Sharad und seine Familie von Idi Amin aus Uganda vertrieben. Sie flohen nach Kenia. Sharad ist ein glänzender Geschäftemacher und Netzwerker, der seine gesellschaftlichen Kontakte und Verbindungen zur Regierung zu nutzen weiß. Innerhalb nur weniger Jahre produzierte seine Firma, die Film Corporation of Kenya, zwei Spielfilme und eine ganze Latte von Werbe-, Dokumentar- und Lehrfilmen.

Die Firmenräume liegen in der Mama Ngina Street über dem Red Bull, einem ziemlich trostlosen spanischen Restaurant, das – trotz hervorragender Tortillas und ausgezeichnetem Rioja – oft deprimierend leer ist. Sharad ist über die Maßen stolz auf den Film, den er über Idi Amin gedreht hat, und die Werbeplakate dafür hängen gerahmt an den Bürowänden. Sie zeigen eine kolorierte Karikatur von Amin mit hervortretenden Augen und schäumendem Mund sowie einem blutigen Bajonett, an dessen Spitze ein Inder zappelt.

Zu sehen ist auch noch ein Plakat von *Bachelor Party* mit Tom Hanks in der Hauptrolle. Sharads ältester Sohn Raju hatte irgendetwas damit zu tun. Offensichtlich gehört er zu den Wichtigen in Hollywood. Raju wird täglich in Nairobi erwartet, bis zu seiner Ankunft soll sich Viju, der mittlere Sohn, um Graham und mich kümmern.

Während Uru sich in den Casinos in London austobt und Raju sich unter die Hollywoodstars mischt, ist Viju daheim hängengeblieben und arbeitet für Papa. Sharad hat noch eine Tochter, die zutreffenderweise Pretty heißt und irgendwie überbehütet ist. Sie muss daheim bei ihrer Mutter bleiben, bis Sharad einen Ehemann für sie gefunden hat.

Gerüchten zufolge amüsiert sich Sharad gewöhnlich mit Iba, der Büroangestellten, einer fröhlichen Pummeligen mit Piepsstimme. Iba besitzt eine Wohnung in der Oxford Street in London, mit der sie regelmäßig angibt. Hier sitzt sie in einem winzigen Hinterzimmer und verteilt aus Metallboxen Geld für die Handkassen. Die Schlüssel dazu hängen in einem beeindruckenden Bund an einer Kette unter ihrem Sari.

Im Besitz der Film Corporation befinden sich auch mehrere mobile Kinos. Diese reisen durch ganz Kenia, in entlegenen Dörfern werden Leinwände aufgebaut und ziehen ein riesiges ländliches Publikum an. Diese Möglichkeit, »die Botschaft zu verbreiten«, hilft Sharad beim Auftreiben von Geldern. Nun hat die kenianische Post einen großen Etat für eine ganze Reihe von Filmen bereitgestellt – ein paar Fernsehwerbespots und einen langen Dokumentationsfilm, worin erklärt wird, wie das Postwesen funktioniert. Eines der größten Probleme besteht nämlich darin, dass die Leute Briefe adressieren mit zum Beispiel ›Mr. Mkwori, Nairobi‹ und erwarten, dass sie ankommen. Der Raum mit unzustellbaren Briefen platzt aus allen Nähten.

Durch die Filme soll die Bevölkerung auch ermutigt werden, Münzfernsprecher und Telefax zu benutzen, und lernen, wie das funktioniert. Graham soll die Filme drehen, Viju alles überwachen. Soweit sie Zeit haben, führen Sharad oder Raju Regie. Der Rest des Teams besteht aus Kenianern, mit Ausnahme von James, einem 19-jährigen britischen Internatsschüler, der ein Brückenjahr eingelegt hat und als technischer Assistent fungiert.

Obwohl ich als Produktionsassistentin eingestellt bin, beschränke ich mich auf die Rolle des dekorativen Mädchens für alles. Ich bin so glücklich, wieder in Afrika zu sein, dass es mir mehr oder weniger egal ist. Ich lasse es über mich ergehen, dass Viju mich anschreit, wenn ich auf den Tagesberichten Technicolor in britischem Englisch mit einem ›u‹ schreibe. Später protestiere ich nicht einmal mehr, wenn sie mir die unterste und bescheidenste Berufsbezeichnung überhaupt zuteilen – »Runner«.

Zwei Tage nach meiner Ankunft ist mein 29. Geburtstag. Graham lädt mich abends zum Essen ein. Ich muss mich gut mit ihm stellen, wenn wir erfolgreich zusammenarbeiten wollen, also nehme ich an. Er erscheint zu unserer Verabredung in einem weißen dreiteiligen Anzug mit Krawatte. Das lange graue Haar hat er ordentlich gekämmt, trotzdem sieht er wie ein zerknautschter Bee Gee aus.

Die Film Corporation zahlt unsere Tagesspesen nur, wenn wir im Hotel essen, also will Graham in den New Stanley Dining Room, um nicht aus eigener Tasche für die Einladung aufkommen zu müssen. Der ist mit seinem braunen Teppich und den bodenlangen, auf orangefarbenem Grund wild gemusterten Vorhängen düster und ungemütlich. Der Kellner geht hastig voraus und führt uns an einen Ecktisch unter verstaubten Topfpflanzen. Mit schwungvoller Gebärde zündet er Kerzen an und wünscht uns lächelnd einen angenehmen Abend. Graham verlangt die Weinkarte.

»Das zahle ich aber nicht für eine Flasche französische Plörre«, meint er. »Das ist unverschämt!«

Stattdessen bestellt er Palmwein. Der schmeckt scheußlich.

Wir versuchen uns in Konversation. Er erzählt mir von seiner Frau und seinen Kindern und klärt mich über seinen Lebenslauf auf. Dann beklagt er sich einmal mehr über die Unfähigkeit der Afrikaner. Von dem schummerigen Licht bekomme ich Kopfschmerzen. Der viel zu üppig dekorierte Kabeljau schmeckt nach nichts und zerfällt. Ich bin deprimiert und halte mich an den Palmwein.

Am Tag darauf fängt die Arbeit ernsthaft an. Das Team versammelt sich in der Mama Ngina Street. George Githu, der Produktionsleiter, trägt eine Schottenmütze mit einem roten Pompon. Auf dem Kopf eines sehr dürren, 1,90 Meter großen Kikuyu wirkt das ziemlich lächerlich. Ich mag ihn auf Anhieb. Außerdem lerne ich Mohammed kennen, den attraktiven Schärfeassistenten, Gibril, den Dollyfahrer, und eine ganze Reihe weiterer Mitarbeiter, wie Beleuchter und Kameraassistent. Es ist sofort offensichtlich, dass die Afrikaner sehr schlecht bezahlt werden und anders als wir Weiße behandelt werden sollen.

»Das ist immer so«, sagt George in schnatterndem Tonfall. »Dafür ist der alte Patel bekannt.«

Die Patels sind gegenüber Graham, James und mir sehr gastfreundlich, so essen wir häufig in ihrer Villa zu Mittag. Die ist ein einziger Glitzerpalast, voller glänzendem Gold, vergoldeten Wasserhähnen, Bleikristall und Marmor. Während die Kenianer aus dem Team draußen auf der Veranda einfaches afrikanisches Essen bekommen, werden wir im vornehmen, mit Marmor ausgelegten

Speisezimmer mit köstlich duftenden, fein gewürzten Currys bewirtet. Sharads Frau und die aparte Pretty bedienen uns. Ich lerne, auf indische Art zu essen, indem ich das Curry und den Reis mit geschickt verwundenen Fingern und Daumen aufnehme. Es kommt mir tatsächlich so vor, als würde es auf diese Weise besser schmecken. Graham bittet beharrlich um eine Gabel.

Gegen Ende der ersten Woche trifft der schon lange erwartete Raju aus Los Angeles ein. Er ist schlank, versteckt sich hinter einer Designer-Sonnenbrille und trägt ein leicht verschwitztes olivgrünes Seidenhemd. Seine Zähne blitzen, wenn er lächelt. Er spricht mit amerikanischem Akzent, möchte, dass wir uns alle verhalten, als befänden wir uns am Set für einen großen Spielfilm.

Raju lässt eine Szene in einer Metallgießerei drehen. Die afrikanischen Arbeiter verwirrt es offenbar, wie Statisten für Hollywood behandelt zu werden, nehmen es aber gelassen. Nicht jeden Tag kommt ein mit Gold behängter Inder mit Licht, Kameras und einem Team, zu dem auch drei Weiße gehören, nur um zu filmen, wie sie irgendetwas, egal was, in ihrem Hochofen schmelzen. Als Raju zum wiederholten Mal »Action!« befiehlt, ruft das große Heiterkeit hervor. In Kürze schauspielern sie, was das Zeug hält, und schleudern mit übertriebenem Elan Eisen in die Glut. Raju ist begeistert und lädt uns danach alle zu einem Drink ein, um die Ergebnisse gebührend zu feiern.

Ich freunde mich mit unserem Technikassistenten James an. Anfangs macht mich sein elitäres Gehabe befangen. Er gibt gern damit an, dass er Suaheli spricht und wie viel er über Kenia weiß. Und es macht mich wütend, dass er jeden Tag meine Kleidung kommentiert. Meine Jeansjacke hat es ihm besonders angetan. Andererseits habe ich kein Auto und hänge wegen der Tagesspesen-Regelung im Hotel fest. Als James an einem Wochenende vorschlägt, mit Graham und mir einen Tagesausflug zu machen, nehme ich dankbar an.

Wir fahren zum Nairobi Game Park und danach zum Mittagessen und Schwimmen in einen Country Club. Nach dem Staub und der Hektik in Nairobi genieße ich es, in den Schattensprenkeln eines Jacarandabaums zu liegen. Ich höre James im Pool planschen und rieche Jasmin und das gegrillte Fleisch, das wir zu Mittag essen werden. Ich bin erstaunt, dass Graham James bezahlen lässt. Seine Sparsamkeit irritiert mich allmählich. Ich bin Graham gegenüber eisig, was er aber nicht zu bemerken scheint, und als wir nachts ins Hotel zurückkommen, lädt er mich in sein Zimmer ein.

»Wie wär's mit dem perfekten Abschluss eines perfekten Tags?«, schlägt er vor, während wir gemeinsam im Aufzug stehen. Ich ergreife die Flucht.

Am folgenden Tag gehe ich zu Iba und bitte darum, dass mir ein Auto genehmigt wird. Außerdem frage ich, ob es nicht möglich ist, mir meine Tagessätze in bar auszuzahlen, damit ich außerhalb des Hotels essen kann. Iba ist eine zähe Verhandlungspartnerin und rückt nicht gern Geld heraus, aber ich bleibe hartnäckig. Um die Mitte des Vormittags zählt sie unwillig ein Bündel Keniaschillinge, und gegen Mittag weist sie Viju an, mir einen Satz Autoschlüssel auszuhändigen. Endlich bin ich unabhängig.

Mein Kampf um die Tagessätze macht mir noch deutlicher bewusst, wie wenig das afrikanische Team im Vergleich zu uns Ausländern bezahlt bekommt. Unbesonnen und naiv beschließe ich, mit Sharad darüber zu sprechen. Er ist fuchsteufelswild. Sein Erfolg beruht auf scharfsinniger, kostenbewusster Geschäftsführung, und er braucht kein Mädchen für alles, das ihm sagt, er zahle den Leuten nicht genug.

Das Positive an der öffentlichen Standpauke, die darauf folgt, ist die Tatsache, dass meine Beliebtheit beim Team steigt. Kurz darauf bittet mich Jibril, der Dollyfahrer, ihm 100 Dollar zu leihen, weil seine Frau im Krankenhaus liegt. Ich zögere, meine Kasse anzugreifen – nach britischen Verhältnissen verdiene ich sehr wenig –, weiß aber nicht, wie ich Nein sagen kann. Einerseits ist es rassistisch, nicht darauf zu vertrauen, dass er es mir zurückbezahlt. Es ist aber genauso rassistisch, wenn ich mich verpflichtet fühle, ihm das Geld zu leihen, weil ich Angst habe, mich politisch nicht korrekt zu verhalten. Schließlich leihe ich ihm die 100 Dollar. Viju erfährt es und schreit mich an. Er beschimpft mich, ich sei dumm und verdiene es, das Geld nie mehr wiederzusehen.

Zwei Abende darauf kommt Jibril in das New Stanley, bringt mir das Geld und lädt mich zu sich nach Hause ein, damit seine Frau sich bei mir bedanken kann. In einem Armenviertel am Stadtrand führt er mich durch ein Labyrinth enger Straßen. Zerlumpte kleine Jungs kicken Fußbälle im Dreck, die nackten Füße grau vor Staub. Frauen bewegen sich mit federnden Schritten und in lebhafte Unterhaltungen vertieft heimwärts, auf dem Kopf tragen sie große Plastikkanister mit Wasser. Abgemagerte Katzen kauern über grässlich stinkenden Müllhaufen, und ein Hund mit gebrochenem Bein und offenen Stellen um die Augen bellt uns beim Vorbeigehen an.

Jibril lebt mit seiner ganzen Familie in einem einzigen kleinen Zimmer, in dem es nach saurer Milch und Urin riecht. In einer Bluse, die irgendwann einmal weiß gewesen sein muss, bereitet Jibrils Frau auf einem Ofen im Freien Tee und setzt sich dann auf eine umgedrehte Kiste, um mir zuzusehen, wie ich ihn trinke. Ich sitze auf dem Bett, gemeinsam mit den Kindern, die mich feierlich anstarren, während wir uns unterhalten. Es ist alles ziemlich steif. Dann greift einer der kleinen Jungen aus Neugier ganz kurz in mein Haar. Damit ist das Eis gebrochen, und wir lachen alle. Ich bin froh, dass ich Jibril das Geld geliehen habe.

Durch die freundschaftliche Atmosphäre am Set beflügelt, gesteht mir Mohammed, der Schärfeassistent, dass er in mich verliebt sei. Täglich steht er mit gesenktem Kopf und demütiger Haltung vor mir und bittet mich inständig, Erbarmen mit ihm zu haben. Sobald ich in Hörweite bin, fleht er mich an: »Nur eine einzige Verabredung. Bitte, Charlotte, es tut so weh in mir drin, bitte hilf mir!« Schließlich gebe ich nach, teils weil er mich mürbe gemacht hat, teils weil ich Lust habe, außerhalb der Arbeit mehr Zeit mit Afrikanern zu verbringen. Außerdem kann man wirklich nicht leugnen, dass Mohammed ein attraktiver Mann ist.

Er geht mit mir zu einem Dart-Wettbewerb in einem der billigeren Hotels in Nairobi. Ich bin die einzige Weiße dort. Er gibt fast einen ganzen Wochenlohn für Bier aus und reiht die braunen Flaschen auf dem Tisch vor uns auf. Ich mag zwar Bier nicht besonders, aber es ist unvergleichlich besser als Grahams Palmwein, und ich trinke so viel, wie nötig ist, um nicht unhöflich zu sein. Mohammed sagt kaum etwas, sitzt nur da, voller Stolz den Arm um mich gelegt, und hat den Raum im Blick. Ich täusche Interesse an Dart vor.

Der Abend endet ziemlich katastrophal. Ich habe versucht, mich mit Mohammed über alles Mögliche, von Dart bis zu seinem Wunsch, Kameramann zu werden, zu unterhalten. Er interpretiert es als Aufforderung, und als ich mich seinen unerwartet heftigen Annäherungsversuchen widersetze, führt er es darauf zurück, dass er schwarz ist. Ich bin wütend.

Am nächsten Tag ist er mürrisch und verärgert. Meine Versuche, ihn zu beschwichtigen, schlagen fehl. Später bittet er mich um Geld, wobei er jeden Augenkontakt vermeidet. Ich leihe es ihm, ohne zu zögern, und erzähle es niemandem. Ich sehe es nie wieder. Der Vorfall kratzt an meinem Vertrauen. Ich fühle mich als Opfer kultureller Codes, die ich nicht zu deuten vermag, und komme mir dumm, ausgenutzt und gedemütigt vor.

Neun Monate später wird Mohammed an Aids sterben. Drei Monate nach ihm werden vier weitere Mitglieder des Teams tot sein –

die große Epidemie hat begonnen, und keinem von uns ist klar, wie unmittelbar sie in unser Leben hineinwirken wird.

James hat Mohammeds Interesse an mir amüsiert verfolgt und zieht mich damit auf. Nach der Intensität von Mohammeds Avancen tut mir seine unbekümmerte Art gut. An einem Abend gehen wir miteinander ins Kino, und danach fragt mich James, ob er in meinem Zimmer schlafen kann, weil er keine Möglichkeit mehr habe, nach Langata hinauszufahren. Ich frage mich, wie er sonst nach Hause kommt, fände es aber zickig, ihn wegzuschicken.

Wir reden die ganze Nacht, und zwei Tage später zieht er in mein Hotelzimmer. Niemanden überrascht diese Entwicklung mehr als mich selbst. Mich in einen Jungen zu verlieben, der gerade eben die Schule beendet hat, ist so ungefähr das Letzte, womit ich gerechnet hätte. Aber es hat etwas herrlich Leichtes, die Verantwortung über Bord zu werfen, die man als bald 30-jährige Frau empfindet, und wieder zu einem verliebten Teenager zu werden. Und ich bin in Afrika – weit weg von den Sorgen meines wirklichen Lebens in London. Vernünftig sein kann ich noch den Rest meines Lebens.

Wir versuchen, unser Verhältnis geheim zu halten, aber mit Graham im selben Hotel ist das schwierig. Er ist wütend, als er es mitbekommt. In raschem Wechsel verlegt er sich entweder auf Trinken oder Moralisieren. Seine Launen verschlimmern sich ebenso wie seine Alkoholausdünstungen, die ihn wie ein öliger Schleier umwehen.

Eine Woche später drehen wir auf einem großen Markt, auf dem hauptsächlich billige Metallwaren feilgeboten werden. So weit das Auge reicht, ist alles voller Stapel metallener Töpfe, Pfannen und Schalen, die man braucht, wenn man auf Holzkohle kocht. Der anhaltende Lärm, der durch das Schlagen und Aneinanderstoßen von Metall entsteht, strapaziert meine Nerven. Viju steht auf dem Dachgepäckträger unseres Lastwagens und blökt die Menge durch ein

Megafon an. Ich schlage gerade die Klappe, als sich ein riesiger Mann drohend vor mir aufbaut und mir den Zeigefinger in die Brust bohrt: »Du *muzungu!* Du Weiße! Ich mag dein Gesicht nicht!«

Leute kichern, und um uns bildet sich eine Menschenmenge. Die Gesichter nehmen feindselige Mienen an. Viju springt vom Lastwagen, schreit und schiebt Leute zur Seite. Jemand wirft einen Stein. Ich werde gegen den Lastwagen gedrückt. Menschen sind so dicht an mir, dass ich die Fleischreste zwischen ihren Zähnen riechen kann.

Ohne vorherige Warnung dreht Graham sich um und läuft fort. Er sieht alt, müde und ängstlich aus, als er so schwerfällig wegrennt. Diese so simple, gänzlich unheldenhafte Tat bricht die Spannung. Die Kinder beginnen zu lachen, und bald feuern alle Graham an und johlen fröhlich hinter ihm her. Für Graham bringt dieser Vorfall das Fass zum Überlaufen. Er verkündet, es reiche ihm nun und es sei Zeit für ihn zu gehen.

Am Abend vor seiner Abreise lädt er James und mich in ein chinesisches Restaurant ein und überreicht mir einen Armreif aus Silber und Elefantenhaar und einen dazu passenden Ring, beides in einem grünen Seidenbeutel. Ich bin überwältigt, vor allem vor Schuldgefühlen. Ich bin vor seinem Rassismus zurückgeschreckt und habe ihn nie Unterstützung oder Mitgefühl spüren lassen. Jetzt zeigt er sich freundlich und großzügig in der Niederlage, und mir tut alles aufrichtig leid.

Jegliche Gedanken an eine Heimreise haben sich in Luft aufgelöst. Ich habe gerade so viel Geld verdient, dass ich ein paar Monate durchkomme, und sobald die Dreharbeiten abgeschlossen sind, fliegen James und ich an die Küste. Als wir in Mombasa landen, habe ich keine Vorstellung, wohin wir uns bewegen oder wie lange wir unterwegs sein werden.

Wir mieten ein Motorrad und eine Hütte am Strand von Diani, ganz in der Nähe einiger Teenagerfreunde von James. Die Tage lassen wir in der Sonne dösend verstreichen. Nachts verschleudern wir das Geld in eleganten Bars, gehen auf Partys oder tanzen mit Prostituierten und Massai-Jungen in einem heruntergekommenen Nachtclub namens Bush Babys. Es ist wie ein in Gold getauchter Traum, doch gelegentlich ertappe ich mich dabei, dass ich mich nach der etwas graueren Wirklichkeit des Erwachsenseins sehne.

Ich bin erleichtert, als wir nach Nairobi zurückkehren. Ich sollte es gut sein lassen und nach London zurückfliegen, bin aber vom mächtigen Zauber Kenias noch wie gelähmt. Wir kommen bei Joss Kent unter. Der Erbe des Vermögens von Abercrombie & Kent Safaris ist auch noch mit Charme und gutem Aussehen bedacht. Sein Vater besitzt im eleganten Vorort Karen ein Haus mit Namen Bahati, das hinter hohen weißen, mit Bougainvillea bewachsenen Mauern zwischen Avocadobäume eingebettet ist. Wenn sein Vater nicht anwesend ist, gehört Bahati Joss ganz allein.

Wir verbringen die Tage am Pool des Muthaiga Clubs, mit Picknicken in den Ngong Hills oder faulenzend in der Sauna von Bahati, wo wir für Stimmung sorgen, indem wir Wodka auf die heißen Kohlen gießen. Abends erscheint, pünktlich wie ein Uhrwerk, die Jeunesse dorée von Nairobi zum Feiern. Meistens ziehen wir zum Tanzen in den Bubbles Nightclub oder spielen im Casino Blackjack. Es ist ein dekadentes Leben, dessen Säulen Geld und Faulheit bilden. Es kümmert mich nicht. Für mich ist es beglückend neu, und ich hole die Sommer nach, die ich als Teenager bei öden Bürojobs verpasst habe, mit denen ich mein Studium finanzieren musste.

Schließlich bin ich völlig abgebrannt, doch bevor ich London wiedersehe, will ich unbedingt auf Safari gehen, also machen James und ich, zusammen mit seinem Freund Paddy, uns auf den Weg zum Masai-Mara-Wildreservat. Zu dieser Zeit treten sich in den Parks gut betuchte Amerikaner auf die Füße, und auf Safari zu gehen ist unerschwinglich teuer.

Wir wollen zelten, kommen aber erst nach Einbruch der Dunkelheit an, wenn es verboten ist, im Reservat umherzufahren. Also bleibt uns nichts anderes übrig, als eine der Lodges anzusteuern. Die Luxuszelte oder Hütten zu 70 oder 80 Dollar pro Nase können wir uns nicht leisten, aber nachdem wir schon so lange gefahren sind, wollen wir auf keinen Fall kehrtmachen. Wir beschließen, uns eine Einpersonenhütte zu teilen. Ich werde mich als alleinreisende Frau ausgeben, James und Paddy schleichen sich später hinein.

Der erste Teil des Plans funktioniert, und ich beziehe die Hütte allein. Allein, wenn man von der Tarantel absieht, mit der ich etwa eine Stunde lang die winzige Toilette teile – ich sitze auf dem Klo, während die behaarten Beine der Tarantel den Türknauf umschließen. Irgendwann schaffe ich es, mit äußerster Vorsicht über die Trennwand zu klettern, aber ich brauche lange, um mich von dem Schreck zu erholen.

Schließlich haben sich die Jungs zu meiner Hütte durchgeschlagen, und wir stellen uns, zu dritt in einem Bett, auf eine ungemütliche Nacht ein. Im Morgengrauen werden wir durch gellenden, rasenden Lärm geweckt, gefolgt von dumpfen Schlägen und aufgeregtem Geschrei. Ein Elefantenbulle ist in das Camp eingedrungen und trampelt alles nieder, bricht windige Mauern ein und richtet schwere Zerstörungen an. Die Geschäftsführung evakuiert alle Gäste. Dabei fliegen wir auf, erhalten eine Standpauke vom Hoteldirektor und werden hinausgeworfen.

Wir bewegen uns in den Busch und suchen einen Platz zum Zelten. Unterwegs treffen wir Ranger, die uns, gegen einen kleinen Obolus, einen Platz am Fluss zeigen, wo wir unser Zelt aufstellen können. Ich war seit meiner Schulzeit nicht mehr zelten und hatte ganz vergessen, wie viel Spaß mir das immer gemacht hat. Wir sitzen unter Sternen um ein Feuer, süffeln eiskaltes Bier aus der Kühlbox, während die Würstchen auf dem Rost brutzeln und aufplatzen. Eine Flusspferdfamilie prustet unbeschwert im Fluss und mustert uns, die Augen rot wie glühende Kohlen in der Nacht. Ich verliebe mich noch hoffnungsloser in Afrika.

Zwei Abende später streiten James und ich. Später weiß ich nicht einmal mehr, weshalb, aber er schlägt mit der Hand so fest auf die Kühlerhaube, dass eine Delle im Metall bleibt. Ich renne tränenüberströmt in den Busch. Als ich irgendwann stehen bleibe, wird mir bewusst, dass ich keine Chance habe, jemals wieder allein hinauszufinden. Ich horche nach Stimmen. Nichts. Aus Angst vor Schlangen und Insekten traue ich mich nicht, mich zu setzen. Da ich ohne jeglichen Orientierungssinn auf die Welt gekommen bin, ziehe ich nicht einmal in Erwägung, meinen Weg zurückzuverfolgen. Ich stehe schätzungsweise eine Stunde einfach an Ort und Stelle und nehme jedes Knistern wahr. Hinter jedem Busch sehe ich einen Löwen, in jedem Baum einen Leoparden. Fast dämmert schon der Morgen, als sie mich endlich finden.

Als ich in den Wagen steige, ist es aus zwischen mir und James. Ein paar Tage später sitze ich im Flugzeug heim zu meinen Eltern, die sich große Sorgen machen, weil sie mich schon längst zurückerwarteten. Ich fühle mich verantwortungslos, selbstsüchtig und reumütig. Aber keine Minute zu früh. Was James betrifft, den werde ich nie wiedersehen, da bin ich mir sicher. Doch in diesem Punkt täusche ich mich – aber das ist eine andere Geschichte.

Zurück in London fühlte ich mich fehl am Platz und energielos. Ich war nicht bereit, mich wieder in der bequemen, aber auch einlullenden Sicherheit meiner Heimatstadt einzurichten. Ich nahm meine Arbeit als freie Producerin für Popvideos wieder auf und hing in meinen Tagträumen Afrika nach. Kenia ließ mich einfach nicht mehr los. Ich stand noch immer unter dem Zauber, und das Einzige, das mir helfen konnte, war eine weitere Dosis Afrika.

Exakt ein Jahr später bin ich wieder in Nairobi, nachdem ich den Geschäftsführer von Island Records überzeugt habe, ein in Kenia gedrehter Videoclip würde die britische Reggaeband Aswad enorm nach oben katapultieren. Also stehe ich, in keiner geringeren Position als der einer Producerin, am Flughafen und warte auf die drei Köpfe der Band – Brinsley, Tony und Drummie. Ich sehe ihre großen, mit Dreadlocks ausgestopften Mützen über der Menge wippen. Kinder scharen sich mit offenen Mündern um sie – Rastafaris sind ein ungewohntes Bild, vor allem wenn sie, wie diese hier, knallbunte Stiefel und teure Ledermäntel tragen.

Als Erstes drehen wir im Carnivore, einem riesigen, in brasilianischem Stil eingerichteten Restaurant und Nachtclub, unmittelbar an der Hauptstraße, die aus Nairobi hinausführt. Das Lokal ist wunderbar angelegt, als Gruppe offener, strohgedeckter Hütten. Über offenem Feuer wird jedes nur denkbare Tier, gegrillt und auf Schwerter aufgespießt, an den Tischen serviert. Man kann ablehnen, so oft man will, die Kellner kommen immer wieder und präsentieren die mit Stücken von Rind, Giraffe, Zebra, Impala, Gnu, Krokodilschwanz, Büffel, Strauß, Kudu und vielen anderen Tieren schwerbeladenen Klingen.

Amerikanische und britische Gesprächsfetzen dringen durch den Kohlerauch: »Giraffe – krass!« oder »Krokodil? Das ist wohl ein Scherz!« Für die Heiklen gibt es aber immer auch Chicken Wings oder Fisch und etwas Salat. Strenge Vegetarier bleiben aber besser zu Hause.

Die Musiker von Aswad spielen ein Set und ernten Beifallsstürme. Eine wachsende Zuhörerschar drängt sich um die Bühne, sie singen mit und schwenken die Arme. Danach tauchen die Musiker in einem schwankenden Meer aufregend hübscher Mädchen unter.

Nach dem anfänglichen Erfolg im Carnivore verlassen wir Nairobi, um am Lake Magadi zu drehen. Als wir aus der Stadt hinausfahren, türmen sich die großen roten Berge vor uns auf, schimmern in einem gleißenden Überzug aus Hitze und Staub. Kenia schlägt mich wieder in seinen Bann, als ich fühle, wie die Landschaft in einem eingängigen, hypnotisierenden Rhythmus pulsiert.

Lake Magadi ist wie ein Brennofen. Die Salzflächen reflektieren gleißend weißes Licht. Innerhalb nur weniger Minuten sind blasse Gesichter rot, Nasen mit Bläschen übersät. Den Musikern läuft der Schweiß in die schweren Locken. Die Mitglieder des britischen Teams binden sich *kikoi*, die kenianischen Pareos, wie Taschentücher um den Kopf.

Unter Akazien, die in anmutiger Silhouette ihre knorrigen Arme der Sonne entgegenstrecken, filmen wir Aswad beim Auftritt mit örtlichen Tänzern, die Leopardenhäute und Kopfschmuck tragen. Langgezogene weiße Wolken jagen den Himmel entlang, und der See schimmert in der mörderischen Hitze rosafarben. Ich bin wahrhaftig, unbändig, unsterblich in Afrika verliebt.

Als wir wieder in Nairobi sind, will die Band an einem Abend ausgehen, also führe ich sie ins Casino. Ein hünenhafter Türsteher verstellt uns den Eingang.

»Keine Mützen«, sagt er, die Arme vor dem Oberkörper verschränkt. Über der Krawatte sitzt unmittelbar der Kopf, und sein Smoking spannt an den Nähten.

»Machen Sie sich nicht lächerlich«, erwidere ich und versuche dabei zu klingen, als sei ich eine einflussreiche Frau. »Warum nicht?«

»So sind die Regeln.«

Der Türsteher starrt ausdruckslos über meinen Kopf hinweg. Zugegeben, was die Musiker da auf dem Kopf tragen, ist schon ausgefallen. Tonys Mütze ist aus Wolle in den Farben der äthiopischen Flagge gehäkelt. Drummie trägt eine Schirmmütze aus Wildleder-Patchwork in Purpurrot und Marineblau, mit Stickerei eingefasst, und Brinsley ein zweifarbiges Ledergebilde.

»Aber sie sind Rastafaris, ihre Kopfbedeckungen gehören zu ihrer Religion. Sie würden doch auch keinen Sikh hinauswerfen, weil er einen Turban trägt, oder?«

Keine Reaktion.

Auf den Stufen vor dem Casino-Eingang hat sich inzwischen eine kleine Menschenmenge versammelt. Die Leute bitten um Autogramme oder starren die Musiker an und geben untereinander Kommentare zu den Mützen ab.

»Dann nehmen wir unsere Mützen eben ab«, sagt Tony.

Die Augen des Türstehers treten hervor, als er sich auf eine ernste Auseinandersetzung vorbereitet.

»Ihr könnt nicht rein.«

Wir versuchen es mit dem Hinweis auf Prinzessin Diana und sagen, dass Aswad schon im Buckingham Palast gespielt hat, jedoch ohne Erfolg.

»Wo liegt das Problem, Bruder?«, insistiert Brinsley und tritt einen Schritt nach vorn. Der Türsteher macht eine plötzliche Bewegung, und wir weichen schnell zurück. Er hat das letzte Wort.

»Wer sagt, dass du mein Bruder bist«, schreit er. Dann deutet er auf mich: »Und was geht bei euch überhaupt ab, dass ihr mit diesem weißen Abschaum herumhängt?«

Am nächsten Morgen stehen wir früh auf, um im Amboseli Game Park eine weitere Szene zu drehen. Nach dem vergangenen Abend fällt es uns nicht allzu schwer, Nairobi zu verlassen, aber es regnet, und niemand ist guter Stimmung. Mürrisch schweigend fahren wir unter tiefhängenden schwarzen Wolken dahin.

Wir wollen weiteres Material aufnehmen und fahren nach Nairobi zurück, aber die Fahrt dauert viel länger als erwartet, weil die Straßen vom Regen aufgeweicht und voller böser Überraschungen sind. Als wir bemerken, dass wir uns verfahren haben, ist es schon dunkel.

Wir fahren weiter. Die Straße quert eine endlos scheinende Grasebene. Schließlich taucht ein kleiner Massai-Junge mit einer Ziegenherde im Scheinwerferlicht auf. Er erhebt seinen Speer und zeigt uns ein breites Grinsen, das seine Zähne hervortreten lässt. Wir halten an, um ihn nach dem Weg zu fragen – egal wohin. Glücklich springt er hinten in den Minibus und leitet uns etwa acht Kilometer durch den Busch, bis wir eine kleine Lodge erreichen. Dann macht er sich in die Dunkelheit davon, zurück zu seinen Ziegen.

In der Lodge erklärt uns ein schlecht gelaunter junger Mann hinter einem behelfsmäßigen Empfangstresen, dass nur drei Zimmer frei seien. Wir werden uns arrangieren müssen. Die Bandmitglieder werden wieder unleidig. Sie geben die Schuld eindeutig mir – das ist eine hoffnungslose Produktion, sie wollen sofort nach Nairobi zurück, sie haben die Nase voll. Ich verteidige mich, wenn auch etwas verunsichert, und merke an, dass ich mein Zimmer gern mit dem Kamerateam und dem Regisseur teile, wir also zu viert oder fünft in einer Hütte schlafen. Sicher können sie sich dann eine oder zwei Hütten zu dritt teilen?

Während wir diskutieren, löst sich eine Frau aus dem Schatten hinter uns. Sie trägt ein geblümtes Kleid aus Stretchsatin, das sich eng an ihre üppigen Kurven legt, und riecht penetrant nach Haaröl und Gardenien. Lasziv lächelnd lehnt sie sich gegen den Türstock. »Hallo, Jungs«, meldet sie sich mit gedehnter Stimme zu Wort. »Ich heiße Lydia. Spielt ihr mit mir?«

Dabei hält sie einen Dartpfeil hoch und schleudert ihn vielsagend in Richtung der Männer. Dann lacht sie schelmisch und zeigt ihre Goldzähne. Es ist ein kehliges Lachen, aufgeladen mit Erotik. Brinsley, Drummie und Tony sehen aus wie Kaninchen, die plötzlich von Autoscheinwerfern geblendet werden.

Tony räuspert sich. »Mir macht es nichts aus, ein Zimmer zu teilen«, sagt er schließlich. Dann reden alle durcheinander. Es braucht nur eine einzige kleine Prostituierte, und schon sind sie sich einig, gemeinsam in einer Hütte zu schlafen.

Später treffen wir uns in der schäbigen kleinen Bar, in der Lydia Dart spielt. Die Holztische sind wackelig, klebrig und voller Flecken. Es sitzen noch ein paar andere Männer herum, die aber bald gehen. Um neun Uhr fällt der Strom aus. Lydia gluckst und setzt sich zu uns. Wir warten im Dunkeln, bis ein Junge Öllampen und Kerzen bringt, in deren Schein die Bar nicht mehr ganz so heruntergekommen aussieht und fast gemütlich wirkt. Dampfende Schüsseln mit Ziegeneintopf werden aufgetragen. Wir merken, wie hungrig wir sind. Außer einer verstaubten Flasche Grand Marnier gibt es nichts zu trinken, aber die sirupartige goldfarbene Flüssigkeit schmeckt in dieser Situation wie Nektar.

Unmittelbar nachdem Tony und Drummie schlafen gegangen sind, humpelt ein sehr alter Massai, auf seinen Speer gestützt, herein. Er bleibt stehen und starrt Brinsley an. Er hat schon eine Menge weißer Menschen gesehen, aber noch nie einen schwarzen Mann mit Dreadlocks und Lederhosen. Er schlurft quer durch den Raum, setzt sich, in seine rotkarierte Decke gehüllt, und betrachtet uns mit so ehrfürchtiger Neugier, dass wir ihm unmöglich böse sein können.

Nach seinem vierten Grand Marnier ist Brinsley bester Stimmung. Er grüßt den alten Mann und erntet dafür ein wunderbares, so gut wie zahnloses Grinsen, das sich von einem Ohr zum anderen zieht. Brinsley hat einen tragbaren CD-Player dabei. Der alte Mann zeigt darauf, um deutlich zu machen, dass er ihn gern genauer ansehen möchte.

»Warte!«, wirft Brinsley ein und springt auf. »Ich habe eine Idee!«

Er läuft zum Auto hinaus und kommt mit einer Bob-Marley-CD zurück. Wie ein Wissenschaftler vor einer Versuchsanordnung setzt er dem alten Mann vorsichtig die gepolsterten Kopfhörer auf und reguliert die Lautstärke. Als Brinsley überzeugt ist, dass alles stimmt, drückt er auf »Play«, und *Jammin'* von Bob Marley dröhnt in die Ohren des alten Mannes. Der erstarrt, die Augen vor Schreck weit aufgerissen. Nach etwa einer Minute führt er die knorrige Hand an den Kopfhörer und berührt ihn vorsichtig, als wolle er sichergehen, dass er sich das alles nicht einbildet. Er schließt die Augen und fängt an, sich zu wiegen. Seine Bewegungen werden rhythmischer, als sich ein Lächeln in seinem Gesicht breitmacht. Fremdartige Laute dringen aus seiner Kehle. Bald bewegt sich sein ganzer Körper zum Rhythmus von Bob Marley, und der alte Mann singt vor sich hin. Seine tiefe Freude rührt mich. In diesem Moment wird die schmierige kleine Bar zu einem magischen Ort.

Lydia hat inzwischen beschlossen, dass John, der Regisseur, der Mann ihrer Wahl ist. John ist ein kräftiger, schweigsamer Kerl aus Birmingham mit einer besonnenen Art, aber wie wir alle hat auch er zu viel Grand Marnier getrunken. In Kürze hat er den Arm um sie gelegt und bietet ihr eine Zigarette an.

»John, oh John!«, keucht Lydia, während sie sich in seine Arme schmiegt. »Weißt du, wie es ist, wenn man ein Hähnchen zerteilt?« Dabei schnappt sie bedrohlich mit den Händen nach ihm. »Das will ich heute Nacht mit dir machen.« Sie leckt sich die Lippen, und ihre Augen glänzen im Lampenschein.

Beinahe erreicht sie, was sie will. Sie treibt John zu den Latrinen hinunter. Dort gelingt es ihm, sich aus ihren Umarmungen zu befreien, doch um etwa vier Uhr morgens höre ich vor der Hütte, die ich mit dem Team teile, ein Winseln. Erst denke ich, es ist ein Tier, aber es handelt sich um Lydia.

»John, John!«, flüstert sie. »*Wataka wewe* – ich will dich!«

Ich gehe zur Tür und öffne sie. Lydias Lächeln ist auf einen Schlag verschwunden. Sie spuckt, sagt irgendetwas Obszönes, dreht sich um und stolpert in den Busch.

Am nächsten Morgen sind Brinsley, Tony und Drummie ganz aufgescheucht.

»Habt ihr das große Tier gehört?«

»Ja, sicher irgendeine wilde Bestie.«

»Ich habe die ganze Nacht nicht geschlafen.«

»Muss ein Löwe gewesen sein.«

Sie frösteln wegen des fehlenden Schlafs. Die Männer, die wir zum Tragen der Ausrüstung angeheuert haben, amüsieren sich köstlich.

»*Simba?*«, prusten sie. »*Majingo kweli kweli!* Ein Löwe? Der Dummkopf!«

Sie kriegen sich gar nicht mehr ein vor Gelächter.

»Die glauben, da war ein Löwe.«

»Vielleicht war's eine Ratte!« Noch mehr Gelächter.

»Was sagen sie?«, fragt Tony. Ich schweige mich aus.

Daheim in London war Aswads Song nicht der große Renner, auch wenn das Video viel Lob erntete. Die Welt der Videoclips würde mich wohl nicht mehr nach Afrika entsenden. Ich konnte nicht ahnen, dass es sechs Jahre und berufliche Umwege über Pakistan und Afghanistan brauchen würde, um wieder dorthin zu kommen.

2 Die Transporteure
Sambia

Ich reiste nach Sambia, um bei einem Film der Weltgesundheitsorganisation über Cholera Regie zu führen. Man wollte damit das Augenmerk auf die eskalierende Krise lenken und die Menschen im Kampf gegen die Cholera anleiten. Da Cholera sehr einfach zu behandeln ist, war es völlig unnötig, dass Tausende von Menschen daran starben. Ich ging enthusiastisch an das Vorhaben heran, überzeugt davon, dass ich mit meiner Arbeit zur Gesundheitsaufklärung beitragen und Druck auf die Regierung ausüben könnte. Damals vertraute ich noch in ungebrochenem Optimismus darauf, Filme und die Vereinten Nationen könnten etwas verändern.

Mit großen Ideen und kleinem Budget komme ich in Sambia an. Meine Erwartung, dass es dort genauso aussieht wie in Kenia, wird enttäuscht. Bei der Taxifahrt nach Lusaka sehe ich keine Berge, keine monumentalen Wolkenskulpturen, die sich in einem endlos weiten Himmel auftürmen, keine Giraffe, die leichtfüßig die Straße überquert, keinen Schleier aus rostfarbenem Dunst, der den Horizont verhüllt, und nicht einmal ansatzweise den Geruch von Holzfeuern. Wir fahren an heruntergekommenen Betonwohnblöcken vorbei und an riesigen Anzeigetafeln, die *Aids is everywhere* oder *Stay alive – stay faithful* verkünden. Menschen traben teilnahmslos an den Eisenbahnschienen entlang nach Hause. Ziegen durchwühlen den Abfall am Straßenrand.

Ich quartiere mich im Pamodzi ein, einem hässlichen, mehrstöckigen Hotel in einem von Mauern umgebenen Garten. Dank meines UN-Status bekomme ich »Diplomatenrabatt«, doch es ist ein unguter Ort für eine alleinreisende Frau. Am Pool umlagern mich die Kellner aufdringlich. Die Katzen sind eine Plage, krätzig, manche blind, andere humpelnd oder mit blutverkrusteten, verstümmelten Ohren. Sie miauen mitleiderregend und reiben sich an meinen Beinen, sobald ich nur in Erwägung ziehe, ein Sandwich zu essen.

Im Schatten der Bar warten Männer angespannt auf Frauen, Paare knutschen in dunklen Ecken. Die schmalzige Musik kommt aus der Konserve, die Cocktails sind klebrig-süß und teuer und werden mit kleinen Schirmchen und Ananasdekor serviert. Im Café Jacaranda sollen Pergolen und angestaubter Plastikefeu die Patioatmosphäre erzeugen.

Trotz der Bemühungen des lächelnden Küchenchefs, der über die warmen Platten regiert, ist das Essen langweilig und überteuert – der allgegenwärtige Nilbarsch, matschige Kartoffeln, welker Salat, Okra-Pampe, alte Brötchen. Die anderen Weißen, in erster Linie Mitarbeiter von Hilfsorganisationen oder Geschäftsleute, essen hastig, den Kopf vornübergebeugt. Sie sind in Berichte oder Bücher vertieft und huschen mit ihren Aktentaschen schnell wieder davon. Sambier kommen in Gruppen und bleiben unter sich. Ich möchte die Umgebung erkunden, fühle mich aber isoliert, weiß nicht, wie ich allein ins Stadtzentrum kommen soll.

Im Gegensatz zu den öden Abenden sind meine Tage hektisch. Ich kümmere mich um Drehorte und Genehmigungen, suche passende Interviewpartner und versuche, mir ein möglichst umfassendes Bild von der Choleraepidemie zu verschaffen. Einen Fahrer zu engagieren erlaubt mein Budget nicht, und Mietwagen sind nicht zu bekommen, also setze ich auf ein Taxi und heure einen grauhaarigen alten Mann an, der mich in der Stadt herumfahren soll. Das Armaturenbrett seines Fahrzeugs ist mit Fransen besetzt und mit einem braunen Teppich bezogen, den Innenraum zieren bunte Lichterketten und eine Sammlung von Perlen, Federn und geschnitzten Amuletten, die am Rückspiegel baumeln.

Jeden Tag führe ich einen Kampf gegen die Bürokratie. Ich muss mich gegenüber unzähligen Krankenhausverwaltungen oder Vertretern des Gesundheitsministeriums erklären. Täglich mühe ich mich im Gebäude der Vereinten Nationen auf uringetränkten Betonstufen sechs Stockwerke hoch, um weitere schriftliche Genehmigungen einzuholen oder mich vor noch einem Komitee zu rechtfertigen. Ein sambischer Arzt, dessen Rolle mir nie ganz klar wird, fordert für seine Dienste eine gewaltige Entlohnung von mir plus einen fürstlichen Tagesspesensatz. Ich frage mich verzweifelt, ob ich es irgendwie schaffe, das Budget für den Film einzuhalten.

Ich bin froh, als das Team aus Simbabwe kommt. Ich musste die Leute von dort engagieren, weil es in Sambia weder Ausrüstung noch entsprechendes Personal gibt. Der Kameramann, Tzvika Rozen, ist Israeli, lebt aber schon seit über zehn Jahren in Harare. Seine Frisur ist eine Kombination aus Igelschnitt und Pferdeschwanz, dazu trägt er pinkfarbene Shorts. Der Tontechniker, Peter Maringisanwa, kommt in nagelneuen, gebügelten Wranglerjeans und der bei Kameraassistenten beliebten Weste mit unzähligen Taschen und Laschen, wie man sie oft auch an Anglern sieht.

Wir beginnen mit dem Drehen im George Compound, einer jener übervölkerten Wellblechsiedlungen, in denen es nicht genügend Wasser und keine Kanalisation gibt. Eine Schule wurde in eine behelfsmäßige Cholerastation umfunktioniert. Es ist ein langgezogenes, niedriges Gebäude in einem verdorrten Garten. Ein Wachmann in weißem Mantel und Gummistiefeln hält uns, eine Waffe im Anschlag, am Tor auf. Als wir sagen, dass wir hineinwollen, lacht er.

»Haben Sie denn keine Angst? Wissen Sie nicht, wie ansteckend Cholera ist?«, fragt er. Als ich meine Füße an den desinfizierten Teppichen am Eingang zur Krankenstation abstreife, wirft er mir einen amüsiert verächtlichen Blick zu, so als wäre ich wirklich sehr, sehr dumm.

Innen ist es deprimierend. In der ersten Abteilung liegen auf jedem nur verfügbaren Fleck am Boden Männer auf Decken, viele von ihnen hängen am Tropf. Die meisten sind viel zu entkräftet, als dass sie etwas gegen die Kamera einwenden könnten. Mit gespenstischer Intensität starren sie in das Objektiv. Ich bemerke, dass Tzvika und Peter erschüttert sind, aber sie erledigen zäh ihre Arbeit.

In der Frauenabteilung ist es noch schlimmer. Eine Frau fängt ihren heftigen Durchfall in einem roten Plastikeimer auf. Liegende Mütter wiegen, matt und geschwächt, ihre übelriechenden, dehydrierten Kinder. Um sie zuordnen zu können, haben die Schwestern den Kindern Pflaster mit dem Namen auf den Kopf geklebt. Die Mischung aus Desinfektionsmittel und Exkrementen ruft Übelkeit hervor. Schwestern in Gummistiefeln manövrieren sich schwerfällig zwischen den Infusionsschläuchen durch, die sich wie Girlanden durch den Raum spannen. In einer Ecke zieht jemand eine graue Decke über den Kopf einer Frau, die es nicht geschafft hat. Dies war einmal ein Klassenzimmer.

Weil die Cholera den Körper so stark dehydriert, trocknet die Haut der Betroffenen aus, besonders um die Augen, den Mund und auf dem Handrücken. Die Augen in ihre Höhlen gesunken, sehen junge Frauen aus wie 70-Jährige. Die Kinder sind ungewöhnlich still, was dem Raum eine geisterhafte Atmosphäre verleiht.

Am Vormittag trifft eine Delegation südafrikanischer Geschäftsleute ein, die von einer Pharmafirma geschickt wurde. Sie tragen Fliegersonnenbrillen, gestärkte Kurzarmhemden und gebügelte Flanellhosen, dazu blankpolierte Schuhe. Sie bestehen darauf, mit Desinfektionsmittel besprüht zu werden, und halten sogar ihre Aktentaschen hoch, um sich vor Ansteckung zu schützen. In der Station stellen sie sich entlang der Wände auf und halten mindestens zwei Meter Abstand zu den Patienten. Ihre Vorsicht ist absolut unnötig. Gut ernährte, mit ausreichend Wasser versorgte, gesunde Männer wie sie bekommen keine Cholera. Cholera ist die Krankheit der schlecht Ernährten mit schwachem Immunsystem. Sie sucht sich ihre Opfer unter den Armen.

Als die Südafrikaner wieder weg sind, bietet uns Hope, die Oberschwester, eine Erfrischung an. Seit unserer Ankunft hat sie immer wieder Peter zugeblinzelt. Während sie uns auf der kleinen Steinterrasse, die das Gebäude umgibt, Tee eingießt, wirft sie ihm schelmische Blicke zu. Tzvika grinst mir konspirativ zu. Peter scheint kein Gespür dafür zu haben, welche Wirkung er auf Frauen ausübt.

Er unterhält sich mit Hope gerade über ihr Heimatdorf, als ein neuer Patient ankommt. Hope stellt ungern ihre Tasse ab, um wieder an die Arbeit zu gehen. Unmittelbar hinter dem Tor steht eine Schar Jungen neben einem Schubkarren, in dem ein Haufen schmuddeliger Lumpen liegt. Sie haben ihn 15 Kilometer weit geschoben. Die Lumpen entpuppen sich als Frau. Sie heißt Catherine. In kritischem Zustand und zu schwach, um selbst zu gehen, wird sie von vier Schwestern auf die Station getragen.

Ich möchte die Geschichte eines Cholerapatienten von der Ankunft in der Station an mitverfolgen, und Catherine wäre ideal für unsere Geschichte, doch dann stellt sich plötzlich eine mir sehr vertraute Befangenheit ein. Dem Film zuliebe muss ich unsere Kamera Catherine vor das Gesicht halten, aber mein Gefühl sagt mir, ich sollte sie in ihrem Leid in Ruhe lassen. Doch die Filmemacherin siegt, und Tzvika kommt dazu. Zum Glück erholt sich Catherine nach ein paar Tagen, in denen sie mit oral verabreichter Rehydrierungslösung behandelt wird. Wir treffen sie im Bett sitzend an, lächelnd und bereit, den Heimweg anzutreten.

Auf dem Weg zurück ins Hotel sehen wir ein klappriges Auto, das langsam auf uns zukommt und aus dessen Fenster ein Megafon gehalten wird. Kinder rennen daneben her und kreischen vor Begeisterung. Unser Fahrer übersetzt die Botschaft, die aus dem Megafon krächzt: »Passt mit den Fäkalien auf! Das Geheimnis der Cholera liegt in den Fäkalien – oh ja, ihr Freunde. Ich sage euch, niemals sollt ihr eure Notdurft unter dem Mangobaum verrichten und dann seine Früchte essen – so holt ihr euch die Cholera.«

»Überholen Sie den Wagen«, sage ich spontan. Wenn man einen Film über ein deprimierendes Thema dreht, sind Charaktere, die zwischendrin für eine gewisse Leichtigkeit sorgen, einfach Gold wert. Der Mann am Megafon ist Kennedy Mbau, ehemaliger Bodybuilder und früher einmal Mister Universum von Sambia.

»Ich war unvorstellbar stark, oh ja«, sagt er. Heute ist er ein Mann mittleren Alters mit gebeugter Haltung und einer zackenförmigen Narbe, die sich über eine Seite seines Gesichts zieht. Nachdem einer seiner Angehörigen an Cholera gestorben war, beschloss er, sich dem Kampf gegen diese Krankheit zu verschreiben. Er spricht in etwas gespreiztem, aber hingebungsvollem Englisch:

»Ich habe folgende Botschaft an die Menschen: Ich sage ihnen, sie sollen sich vor allen Gewohnheiten in Acht nehmen, die dazu führen, dass sie Fäkalien essen oder trinken. Vor allem müssen sie den Fliegen entkommen. Die Fliegen sind sehr schlecht. Fliegen sind die Transporteure der Cholera. Oh ja, meine Freunde!«

Fliegen sind in der Tat Transporteure, und bei unhygienischen Verhältnissen breitet sich die Cholera in Windeseile aus. Die Toiletten im Georgetown Compound sind ekelerregend und werden von Hunderten von Menschen benutzt. Ich will, dass Peter und Tzvika sie filmen.

»Du machst Witze«, erwidert Tzvika.

»Das glaube ich nicht«, lacht Peter.

Tzvika fragt: »Aber wie sollen die Zuschauer eine Ahnung von dem Gestank bekommen?«

Wir halten uns die Nasen zu und betreten mutig die Toiletten. Der Betonboden ist mit schleimigem Urin überzogen. Kakerlaken halten auf Exkrementhaufen ein Festmahl und wühlen sich durch achtlos weggeworfenes zusammengeknülltes Papier, das mit Kot beschmiert ist.

Aber auch der Fleischmarkt ist ein grausiger Anblick. Schafsmägen verfaulen in der Sonne. Kuhfüße, vollständig mit Hufen und Fell, liegen wirr durcheinander in Kisten. Fliegen schwärmen um die triefenden Augenhöhlen von Ziegenköpfen. Meterweise glibberige gelbe Kuddeln, triefende Fetzen von Gedärmen und Blasen hängen an Haken. Verkäufer wedeln lethargisch mit Kartonstücken über die stinkenden Innereien, aber der Kampf ist bereits verloren, und Sieger sind die Fliegen. Glänzend, prall und hyperaktiv summen sie das Hohelied von der rasanten Verbreitung der Cholera.

Die örtliche Bar, der *bottle store*, ist nicht minder katastrophal. Vor einem niedrigen Betonbunker rührt eine alte Frau, die eine Wollmütze trägt, in einer verrosteten Tonne mit einem Holzstock Maniokbier durch. Sie lacht wie eine Hexe, ich nehme an, aus Trunkenheit. Über ihren Augen liegt ein milchiger Film. Im Innern trinken Männer aus schmuddeligen Plastikbehältern Bier in der Farbe von Erbrochenem. Begeisterte Rufe branden auf, als ich eintrete. Ein Mann versucht aufzustehen und fällt hin. Andere stehen, starren vor sich hin und taumeln. Vermutlich bin ich die erste weiße Frau, die je einen Fuß in ihren *bottle store* gesetzt hat. Einer der Männer wankt, heftig schwitzend und den Hosenschlitz seiner verdreckten Shorts offen, auf mich zu.

»Madam«, schreit er. »Gib mir Geld für Bier!«

Die anderen brüllen beifällig, eine Frau in der Ecke ruft etwas Unverständliches. Alle lachen obszön, als sich der Mann mir nähert. Sein Atem riecht nach saurem Bier.

»Madam«, beharrt er, »ich hab Durst. Gib mir Bier.«

Ich würde nichts lieber tun als abhauen, doch aus dem Augenwinkel sehe ich, dass Tzvika und Peter drehen. Ich bin ein gutes Ablenkungsmanöver.

»Madam«, wiederholt der Mann, inzwischen zornig und zudringlich, »ich sag dir was!« Er greift mich am Arm.

»Gehen wir«, greift Peter ein und fasst mich am anderen Arm.

Ein kurzes Gerangel, dann sind wir wieder im Freien, umlagert von Kindern, die von dem Aufruhr und Lärm aufgescheucht wurden.

Die Märkte sind bevölkert mit traditionellen Heilern, die Nutzen aus der Epidemie ziehen, indem sie den Leuten ihre Waren aufdrängen. Ich hatte mir singende, schwitzende, federgeschmückte Voodoo-Männer mit rollenden Augen vorgestellt. Stattdessen handelt es sich eher um gerissene Händler in Anzügen mit einnehmendem Lächeln und überzeugendem Informationsmaterial zu ihren Produkten.

An einem Stand steht auf einem Schild aus Pappkarton in Englisch: »Hier bekommen Sie Ihr Mittel gegen Cholera.« Feilgeboten werden Schalen voll mit Federn und kleinen Stücken nicht identifizierbarer Knochen und Hühnerfüße, Pulver, getrocknete Pflanzen, Blätter und Wurzeln, die sorgfältig auf Decken ausgebreitet sind. Auf einem Stuhl davor sitzt ein Mann in braunem Anzug. Unser Übersetzer gibt sich als Cholerapatient aus.

»Ich kann Ihnen helfen«, sagt der Heiler in ausgezeichnetem Englisch. Er hält eine knorrige Wurzel hoch, die wie eine Mischung aus einem Stück Ingwer und einem Finger aussieht. »Das ist sehr gute Medizin bei Cholera, wenn Sie an Durchfall und Erbrechen leiden.«

»Wie viel kostet das?«, erkundigt sich der Übersetzer. Der Heiler beäugt scharfsinnig unsere teure Kameraausrüstung.

»Nur 500 Kwacha für eine Wurzel«, antwortet er.

Der inflationäre Preisanstieg trifft unseren Übersetzer völlig unvorbereitet. Er zuckt auf seinem kleinen Stuhl zurück.

»500 Kwacha? Für diese eine Wurzel?«

Der Heiler zuckt mit den Schultern.

»Vielleicht sterben Sie lieber, als das Geld auszugeben.«

Die traditionelle Medizin kann in vielen Fällen helfen, doch in der Behandlung von Cholera ist sie nur teure Zeitverschwendung. Unverzügliche Rehydrierung ist das einzige Heilmittel. Eine Lösung aus Wasser, Salz und Zucker reicht in der Regel völlig aus. Wir versuchen noch immer herauszufinden, warum sich diese einfache Botschaft in Sambia nicht verbreiten will.

Wir fliegen zum Copperbelt hoch, wo Kitwe liegt, die Hauptstadt des Nordens, der am schlimmsten betroffenen Region. Während der schweren Regenfälle im November 1992 kamen dort über 500 Menschen um. Ein Fahrer holt uns am Flughafen von Ndola ab und bringt uns zum örtlichen Vertreter des Gesundheitsministeriums, Patrick Mubiana. Mubi, wie wir ihn nennen, entschuldigt sich, dass er nicht persönlich zum Flughafen kommen konnte. Er ist auch noch Pfarrer und war gerade bei der Sonntagspredigt. Der Körper des behäbigen kleinen Mannes wackelt wie ein Pudding, wenn er in hoher Tonlage kichert. Die »schreckliche Cholerageschichte« liege ihm sehr am Herzen, und er sei bereit, uns mit allem, was in seiner Macht steht, beim Drehen zu unterstützen.

Die Straße nach Kitwe verläuft schnurgerade. Außer ein paar Geiern, die sich auf der Straße an den Eingeweiden eines toten Hundes zu schaffen machen, sehen wir keine Tiere. Traditionelle Kleidung wurde durch westliche ersetzt – lange braune Hosen und Anoraks für die Männer, Röcke und gemusterte Nylonpullover für die Frauen. Kitwe ist eine trostlose Grenzstadt. Überall stehen halbfertige Betonbauten, und es regnet unablässig, so dass die Straßen und Bürgersteige eine einzige Schlammmasse sind.

Mubi hat uns im Hotel Edinburgh untergebracht. Die Inneneinrichtung ist ein Mahnmal an das Schlimmste, was die 1960er-Jahre hervorgebracht haben. Von der Decke hängen Neonröhren. Eine Wendeltreppe führt zum Speisesaal hinauf. Früher war das einmal ein Ballsaal, so nehmen wir unser Mittagessen unter einer Discokugel ein. Daneben schließt eine Bühne an, flankiert von blauen, inzwischen kaputten Samtvorhängen.

In meiner Zimmerdecke ist ein Loch, der Wasserhahn tropft, die Klimaanlage ist defekt, aus dem Fenster sieht man auf die trostlose Hauptstraße von Kitwe. Im Bad löst sich das altertümliche blaue Linoleum. Mein Bett ist weich und durchgelegen. Wir sind im besten Hotel der Stadt.

Am nächsten Morgen bestellen wir Spiegeleier zum Frühstück. Nach einer halben Stunde ist noch immer nichts passiert. Peter und Tzvika rufen nach dem Kellner, die Antwort ist hektisches Gerenne, aber keine Eier. Schließlich stürzt ein alter Mann aus der Küche. Stolz trägt er drei Teller. Er schwitzt und entschuldigt sich. Auf den Tellern türmen sich Schinken, Würstchen, Tomaten und Bohnen.

»Da sind keine Eier«, sagt Tzvika.

Der alte Mann sieht ihn befremdet an.

»Wo sind die Eier?«, fragt Peter.

Lichtstrahlen von der Discokugel treffen auf das faltige Gesicht des alten Mannes. Er bietet an, die Eier zuzubereiten, aber inzwischen ist schon fast eine Stunde vergangen, und wir müssen weg. Das war einmal ein Grandhotel. Jetzt ist es schmutzig, heruntergekommen und deprimierend – eine Metapher für das moderne Sambia.

Wir fahren zur Hauptkläranlage von Kitwe. Das Wasser ist voller toter Fliegen, Motten und Exkremente. Chemikalien oder Chlor, um das Wasser von den darin enthaltenen Feststoffen zu reinigen, gibt es nicht. Aber die Anlagen zum Einbringen der Chemikalien funktionieren ohnehin nicht mehr. Rohre und Filter sind verstopft und rosten vor sich hin. Sämtliche Fenster sind eingeschlagen. Die Chemikalien, die man für eine Kläranlage dieser Größe, die eine ganze Stadt versorgen muss, benötigt, kosten bis zu 16 000 Dollar pro Woche. Kitwe ist aber schlicht pleite.

Nachdem wir so viel Verfall und Dreck gefilmt haben, sind wir müde und ausgehungert. Mubi erfasst die Stimmung und fährt mit uns zum Mittagessen in das Pink Squirrel. Das Restaurant ist der Glanzpunkt von Kitwe. Durch einen Torbogen, an dem purpurrote Samtvorhänge angebracht sind, gelangen wir in einen schäbigen kleinen Kellerraum, der mit billigem Baumwollsamt ausstaffiert ist. Die Lampen tragen Schirme mit rosaroten Fransen, und an den Holzwänden hängen verblichene Fotos von Alpenlandschaften.

Wir lassen uns in einer schummrigen Ecke nieder, durch einen Perlenvorhang taucht eine Kellnerin auf. Während sie unsere Bestellung entgegennimmt, wirft sie Peter aufreizende Blicke zu. Sie trägt ein durchsichtiges weißes Nylonoberteil und einen sehr kurzen Rock, der massige Oberschenkel freigibt. Sie schreibt nichts auf und bringt uns das falsche Essen. Ich bekomme Fisch mit spiralförmig angerichtetem Kartoffelbrei, das restliche Team Steaks in Cognacsauce. Mubi kämpft mit einem gummiartigen, blutigen Hähnchenschenkel. Wir spülen alles mit warmem Coca-Cola hinunter. Mubi strahlt uns an, sein Kinn glänzt vor Fett, die Serviette hat er sich über dem Anzug in den Kragen gesteckt.

Wir quetschen uns in Mubis kleinen Jeep, um Ndola zu besuchen, die zweitgrößte Stadt im Copperbelt. Ich sitze zwischen Mubi und dem Fahrer. Nach seinem opulenten Mahl schläft Mubi ein. Sein Kopf fällt auf meine Schulter, dem geöffneten Mund entströmen mit Fleischgeruch durchsetzter Atem und Schnarchgeräusche. Immer wenn wir über ein Schlagloch fahren, wacht er abrupt auf und kichert peinlich berührt.

Das New Savoy in Ndola verlangt horrende Preise für muffige Zimmer, die in braunem Billigsamt ausgekleidet sind. Mit jedem offiziellen Schreiben, das ich nur finden kann, wedle ich vor der Nase des Empfangschefs und kann ihn überzeugen, uns günstigere Tarife einzuräumen, die aber noch immer absurd hoch sind.

Zum Abendessen riskieren wir die Lunchbar im Hotel, einen trostlosen Raum mit schmutzigen Fenstern, durch die man auf im Regen geparkte Autos schaut. Wir trinken Fanta und essen aufgetaute Hamburger mit Ketchup aus kleinen Tütchen. Dazu Chips, aber kein Gemüse.

Tagelang regnet es pausenlos. Ich versuche, einen gewissen Dr. Manasseh Piri ausfindig zu machen, der seit Beginn der Cholerakrise durch allabendliche Auftritte im staatlichen Fernsehen berühmt geworden ist. Seine Aufgabe besteht darin, den Zuschauern die aktuellen Nachrichten über die Epidemie mitzuteilen und sie darüber aufzuklären, wie man sich vor der Krankheit schützen kann. Sein Ruf ist sogar bis zur Weltgesundheitsorganisation in Genf gedrungen, wo man mir seinen Namen gegeben hat und ein Schreiben mit der Bitte um ein Interview. Seit meiner Ankunft habe ich bereits mehrere Nachrichten für ihn hinterlassen, bin bisher aber ohne Antwort geblieben.

Da wir vorerst nichts zu tun haben, als auf den Rückruf von Dr. Piri zu warten, machen wir einen Spaziergang um Ndola. Die Stadt ist planlos gewachsen und jetzt im Verfall begriffen. Wir retten uns vor dem Regen in das Copperbelt-Museum. Dort sind Schaukästen zu besichtigen mit Felsbrocken, Kupferschlamm, Malachitplatten, unbekanntem altem Werkzeug und ein paar zerbröselnden, ausgestopften Tieren. Als wir bei Regen ins Hotel zurückgehen, treffen wir auf einen Begräbniszug, eine große Ansammlung schwarzer Regenschirme, die sich wie monströse, nasse Fledermäuse die Straße entlang zum Friedhof bewegen.

Ein adrett gekleideter Mann wartet auf uns. Dr. Piri ist endlich aus der Versenkung aufgetaucht. Breite Gesichtszüge und ein gepflegter Bart lassen sein Gesicht bestimmt und autoritär wirken. Trotz seiner geringen Körpergröße verbreitet er eine nur mit Mühe gezähmte Energie, wodurch der Raum viel zu klein für ihn wirkt. Sein Lächeln strahlt genauso weiß wie seine Hose, die trotz des Schlamms und unablässigen Regens makellos sauber ist.

Ich frage ihn, warum sich die Cholera in Sambia noch immer weiter ausbreitet. Dr. Piris Augen verengen sich, und das Lächeln verschwindet hinter dem Bart.

»Haben Sie das nicht selbst gesehen? Die Kläranlagen sind in allen unseren Städten nicht mehr funktionstüchtig. Es ist eine Schande.« Schon mitten in seinem Thema Nummer eins, lehnt er eine Fanta ab.

»Wenn die Konsequenz heißt, alle die Townships einfach einzuebnen und ordentliche Wohnungen für die Leute zu bauen, mit fließendem Wasser und angemessener Kanalisation, dann muss das passieren, sonst haben wir mit jeder Regenzeit auch die Cholera«, fährt er fort.

Die Bemühungen der Regierung, Kliniken einzurichten, tut er voller Verachtung ab: »Hinter der Einrichtung von Kliniken steckt die Idee, ›lassen wir die Leute erst einmal Durchfall bekommen und behandeln wir sie dann‹. Warum gehen wir das Übel nicht an der Wurzel an, indem wir die Menschen mit ordentlichen Wohnungen, ordentlichem Essen, ordentlicher Wasser- und Abwasserversorgung und ordentlicher Gesundheitsaufklärung versorgen? Dann bekommt keiner mehr Durchfall, und wir brauchen die Kliniken nicht.«

Um seine These zu verdeutlichen, unternimmt Dr. Piri mit uns eine Rundfahrt durch den Copperbelt. In Friedhöfen filmen wir frische Gräber, an denen Frauen Tote beklagen. Wir sehen noch mehr schmuddelige Märkte und ekelerregende Toiletten, überzogen mit Teppichen wohlgenährter Fliegen. Wir machen Aufnahmen, wie

Menschen braunes, abgestandenes Wasser aus verseuchten Quellen trinken und Kinder über zerborstene Leitungen, leckende Kanalrohre und mit Exkrementen verstopfte Gräben von der Schule nach Hause gehen.

Das Gesundheitsministerium verkündet währenddessen, die Cholera sei unter Kontrolle. Wir hören Gerüchte, die Regierung verteile Antibiotika, um Wählerstimmen für sich zu gewinnen. Die Weltgesundheitsorganisation lehnt den Einsatz von Antibiotika ab, weil sie nutzlos sind. Das Heilmittel heißt Rehydrierung, und die Regierung täte besser daran, das Geld für Abwasserbeseitigung, sauberes Wasser und eine landesweite Aufklärungskampagne über Hygiene auszugeben.

Ich stelle mir vor, unser Film wird zur Aufklärung der Bevölkerung beitragen, doch Dr. Piri hat wenig Hoffnung, was eine größere Verbreitung betrifft. Es gibt im Land nicht genügend Videorekorder oder Fernseher, um ihn flächendeckend zu zeigen. Die Unfähigkeit der Regierung, die Lage unter Kontrolle zu bringen, beschäftigt mich, also beschließe ich, den Gesundheitsminister, Dr. Boniface Kawimbe, selbst zu interviewen. »Viel Glück«, murmelt Dr. Piri zynisch.

Wieder zurück in Lusaka, lässt uns Dr. Kawimbe eine Stunde warten. Zusammen mit einem Dutzend anderer Bittsteller sitzen wir in einem stickigen Vorzimmer. Dr. Kawimbe entschuldigt sich nicht, als er endlich eintrifft. Er nimmt hinter einem großen Schreibtisch unter der Flagge Sambias Platz, seine protzigen Manschettenknöpfe und die goldgefasste Brille blinken im Licht auf. Beim Beantworten meiner Fragen lächelt er gönnerhaft. »Darf ich an dieser Stelle einfügen, dass wir in puncto Gesundheit den Standpunkt vertreten, jeder Einzelne, jeder Sambier, jeder einzelne Bürger sollte selbst für seine Gesundheit verantwortlich sein«, sagt er langsam, damit ich ihm Wort für Wort folgen kann.

Ich merke an, dass man sich damit jeglicher Verantwortung entziehe.

»Ich habe persönlich die Überholung der Kläranlagen überwacht«, kontert er. Ich erzähle ihm, dass wir bei der Anlage in Kitwe waren und gesehen haben, wie schändlich sie vernachlässigt wird. Daraufhin meint er abweisend: »Offensichtlich sind Sie nicht in jüngerer Zeit dort gewesen.«

Ehe ich widersprechen kann, ändert er seine Miene, so dass sie angemessene Tragik ausstrahlt, und erzählt uns, die Lebenshaltungskosten in Kitwe und Lusaka seien »unkalkulierbar«. Er ist der Prototyp eines Politikers, und die Cholera ist für ihn nur ein politisches Thema von vielen. Er schaut auf seine teure Armbanduhr, um darauf hinzuweisen, dass unser Interview sich dem Ende zuneigt. Er lächelt in die Kamera, als er ein letztes Wahlversprechen äußert: »Ich sollte noch anmerken, dass wir bis 1996, wenn die nächsten Parlamentswahlen anstehen, in ganz Sambia keinen Fall von Cholera mehr haben werden.«

Ende des Interviews.

Das Team reist nach Harare ab, ich fliege nach Livingstone zu den Viktoriafällen. Als ich die Brücke überquere, die über die Wasserfälle führt und Sambia mit Simbabwe verbindet, kommt es mir vor, als würde ich von einem Kontinent zum anderen wechseln. Plötzlich sind hellerleuchtete Hotels mit glitzernden Souvenirläden, Spielhallen und Kunstgalerien zu sehen. Männer im roten Frack mit polierten Messingknöpfen und Zylinder auf dem Kopf halten die Türen zu kühlen Marmorhallen auf. Touristen tragen Goldschmuck und bunte Designerkleidung. Protzige Jeeps entladen lachende, sonnengebräunte Teenager auf Tennisplätze. Es ist ein Schock, nach den Erlebnissen in Sambia diesen Reichtum, Wohlstand und offen zur Schau gestellten Konsum zu sehen, und ich weiß nicht, was ich davon halten soll.

Ich treffe mich mit Bill, einen stämmigen, fröhlichen, in Großbritannien geborenen Marktforscher, der nun in Johannesburg lebt und meine Stimmung aufhellt. Wir fahren durch einen Wildpark, beobachten Impalas, Gnus, Warzenschweine, Paviane und Zebras, Büffel und Giraffen. Ich bin überwältigt, und wieder in der Wildnis Afrikas zu sein, bringt mich zu meiner Mitte zurück.

Wieder in Lusaka, an meinem letzten Abend in Sambia, führt Bill mich in das Bandidos, ein Texmex-Restaurant, in dem es verhältnismäßig gute Chips und akzeptable Steaks gibt, die in verschiedensten Saucen versinken, dazu die lockere Atmosphäre eines preiswerten Bistros. Es ist besonders bei Flugpersonal beliebt.

Bill ist hier ein alter Bekannter, und Leo, der russisch-italienische Besitzer, setzt sich zu uns. Leo ist ziemlich traurig, was ein schlaff herabhängender Schnurrbart und das Haar, das sich wie ein Vorhang seitlich an sein Gesicht legt, noch zusätzlich unterstreichen. Eine Gruppe muskulöser Afrikaaner setzt sich an unseren Tisch. Sie trinken in unglaublichem Tempo. Bill fängt an, über die Schwarzen herzuziehen. Je ärgerlicher ich werde, desto mehr amüsiert sich Bill.

»Lasst euch von ihr nicht stören«, sagt er. »Sie ist eine Liberale. Ich habe sie bei den Vik-Fällen aufgelesen.«

Ich erwäge hinauszugehen, doch der eklatante, unverhohlene Rassismus übt eine gewisse Faszination auf mich aus. Ich will sehen, wo der Abend endet und ob ich mich im Zaum halten kann. Leo schlägt vor, woanders hinzugehen, also quetschen Bill und ich uns mit zwei Afrikaanern in einen Wagen. Wir fahren zum Pamodzi Casino. Unterwegs werfen sie mir vor, humorlos zu sein. Einer der beiden kneift mich sogar in die Wange.

Leo schafft es, dass wir ins Casino dürfen, ohne Eintritt zu bezahlen. Ein Kellner bringt uns ein Tablett mit Scotch, Wodka und Bier. Die Afrikaaner jubeln ihm zu und sagen, er sehe aus, als habe er Aids. Ich sage ihnen, dass ich ihre Witze geschmacklos finde. Sie grölen vor Begeisterung und nennen mich eine »bescheuerte Liberale«. Ein stockbetrunkener, schäbig wirkender Waliser taumelt auf uns zu, setzt sich neben mich und versucht, mich zu küssen. Es kommt beinahe zum Kampf, als Leo ihn verjagt.

Aber statt zu gehen, bleibe ich immer noch, gebannt von dem, worüber gesprochen wird. So beleidigend es auch ist, auch das ist eine wahre Seite von Sambia, genau wie ein Cholerazentrum oder ein Wildpark. Ich habe meine Wut mit Wodka betäubt. Als wir endlich aus dem Casino geworfen werden, verbeugt sich einer der Afrikaaner vor mir, gibt mir einen Handkuss und sagt, ich sei eine »feine und wahrhaftige Lady«.

Mein Kater am nächsten Morgen ist grauenhaft. Ich kann nicht einmal eine Tasse Tee sehen. Zum ersten Mal in meinem Leben greife ich zu doppeltkohlensaurem Natron. Als ich endlich in der Maschine nach London sitze, schlafe ich sofort ein. Ich träume, dass die Afrikaaner Cholera haben und ich ihnen die Infusionen legen muss.

Einige Wochen später stellte ich meinen Film über die Cholera der Weltgesundheitsorganisation in Genf vor. Man sagte mir, ich sollte ihn entschärfen und die Szenen mit Exkrementen herausnehmen – die sambische Regierung könnte sich sonst von dem Film angegriffen fühlen. Genau das hatte ich eigentlich erreichen wollen, aber ich erhielt die Anweisung, ihn abzumildern und alles, was den sambischen Gesundheitsminister diffamieren könnte, herauszuschneiden.

Ich war desillusioniert, fasste aber neuen Mut, als der Film während der Choleraepidemie infolge der Überschwemmungen in Bangladesch eingesetzt wurde. Auch im sambischen Fernsehen wurde er gezeigt, und eine abgeänderte Version wurde von ITN ausgestrahlt. Doch trotz aller Bemühungen der Weltgesundheitsorganisation um

Aufklärung gilt Cholera in den Entwicklungsländern nach wie vor als erbarmungslose und unbesiegbare Todbringerin.

Unmittelbar nachdem ich den Cholerafilm fertiggestellt hatte, reiste ich wieder nach Sambia, diesmal wegen einer viel gefährlicheren Bedrohung, die Afrika für alle Zeiten verheeren und verändern wird.

3 Gewagtes Spiel
Sambia

Der Television Trust for the Environment, eine in London ansässige gemeinnützige Organisation, fragte bei mir an, ob ich einen Film über Aids machen wolle. Ich hatte bereits erfahren müssen, dass ich Wesen und Ausmaß der Aids-Epidemie noch nicht wirklich begriffen hatte, und mir vorgenommen, meinen Beitrag im Kampf gegen Aids zu leisten, sollte ich jemals die Chance dazu erhalten.

Ich sehe das Buch zum ersten Mal bei Tee und Gebäck mit Dr. Karuicki im Büro von UNICEF in Lusaka. Völlig harmlos liegt es auf dem Tisch zwischen uns, im Format DIN A4 mit einem hellblauen Titel, wie bei akademischen Publikationen üblich. Der Titel lautet *Ein Farbatlas über Aids in den Tropen.*

Dr. Karuicki entfernt mit einer Serviette akribisch die Krümel aus seinen Mundwinkeln, während wir uns über das Wetter unterhalten. Wir nippen Tee aus geblümten Tassen. Auf das, was ich gleich sehen werde, bin ich nicht im Geringsten vorbereitet.

Wer irgendwelche Zweifel an den verheerenden körperlichen Folgen von Aids hegt, der werfe einen Blick in dieses Buch. Aber es ist nichts für Zartbesaitete – mir verursacht es körperliche Beschwerden. Aber es macht mich auch wütend, dass wir im Westen so ignorant sind und so wenig tun. Es vermittelt mir das starke Gefühl, eine Mission zu erfüllen, und festigt meine Beziehung zu Afrika noch mehr.

Das Buch enthält für medizinische Zwecke angefertigte Fotos verschiedenster Körperteile, zu unvorstellbaren Formen, Größen und Gewebebeschaffenheiten entstellt. In dem Abschnitt über das

Karposi-Sarkom, eine Art Hautkrebs, bricht das Fleisch grotesk aufgedunsener Füße und Hände durch geschwärzte, brandige Haut. Im Kapitel über sexuell übertragbare Krankheiten sind Penisse mit Blasen überzogen und bluten. Es gibt hell ausgeleuchtete Nahaufnahmen von Vaginas, die mit Warzen, offenen Wunden und schlimm aussehenden Wucherungen übersät sind.

Ein Abschnitt handelt von Menschen, die keine Haut mehr haben und nur noch eine formlose Masse aus faulendem Fleisch darstellen. Winzige Babykörper sind nichts als berstende Eiterbläschen. Bösartige Ausschläge überziehen die Haut von Kindern. Im erbarmungslosen Blitzlicht der Kamera leuchten die fauligen offenen Wunden in der schwarzen Haut besonders grell, die Brillanz der Farben unterstreicht die sengende Gewalt, die dem Körper widerfährt. Die im Buch porträtierten Menschen – zumindest jene von ihnen, die durch die Krankheit noch nicht erblindet sind – starren deprimiert und hoffnungslos in die Kamera.

Von dem Buch bekomme ich Alpträume. Ich kann die Bilder nicht mehr aus meinem Kopf verbannen. Als ich mich an die Arbeit für den Aids-Film mache, erfahre ich, dass UNDP, das Entwicklungsprogramm der Vereinten Nationen, Finanzmittel bereitgestellt hat, jedoch nicht ausreichend. Ich bin entschlossen, den Rest des Geldes selbst aufzutreiben – hier vor Ort in Lusaka. Also fange ich an, die Hilfsorganisationen abzuklappern.

Die sambischen Institutionen haben kein Geld übrig. USAID, die United States Agency for International Development, rühmt sich der kostenlosen Verteilung von Kondomen und ihrer guten finanziellen Ausstattung, kann zum Film aber nichts beisteuern. Die norwegische Agentur NORAD und die schwedische SIDA bringen ihre Sorge zum Ausdruck, können aber trotz zahlreicher Besprechungen in ihren lichten, mit hellen Hölzern eingerichteten Konsulaten nicht helfen. Schließlich sagt mir ein zermürbt wirkender Mann im britischen Konsulat 5000 Pfund zu. Aber das reicht immer noch nicht.

Jemand empfiehlt mir, bei den international tätigen Banken anzufragen, also suche ich Nicholas Brentnall auf, einen hochgewachsenen Engländer in einem erstklassig geschnittenen Anzug, der die Niederlassung von Barclays in Lusaka leitet. Seine struppigen Augenbrauen passen überhaupt nicht zur freundlichen Wärme seiner hellen, stechenden Augen. Er hat schon auf der ganzen Welt für Barclays gearbeitet, aber mit Afrika verbindet ihn eine besondere Liebe. Er stimmt völlig mit mir überein, dass nicht genug unternommen wird, um den Menschen die Tragweite der Krise bewusstzumachen.

Zunächst denke ich, er ist nur höflich, doch dann erzählt er mir von der Unternehmenspolitik bei Barclays. Er hat durchgesetzt, dass alle seine Mitarbeiter über Aids aufgeklärt werden, er entlässt niemanden, weil er HIV-positiv ist, und er beschäftigt auf Vollzeitbasis einen Berater, der sich um kranke Angestellte kümmert. In einem Land wie Sambia, das die besorgniserregenden Ausmaße der Epidemie leugnet, ist das ein zukunftsweisender, visionärer Ansatz. Brentnall erklärt sich einverstanden, alle meine Kosten vor Ort, wie Essen, Transportmittel, Inlandsflüge und Hotels zu übernehmen. Dank seines Beitrags kann ich mit dem Film anfangen.

Gerade als ich das nötige Geld aufgetrieben habe, kommt eine Nachricht aus London, ich solle den Film erst einmal auf Eis legen. In Großbritannien kursiert gerade, angeführt von der Sunday Times, die Meinung, Aids in Afrika werde maßlos übertrieben. Aber ich habe dieses Buch gesehen und mit genügend Sambiern gesprochen, um zu wissen, dass die Krankheit eine wirkliche Tragödie ist für den Kontinent und nach Aufmerksamkeit in den Medien schreit.

Ein paar Wochen später informiert mich die Regierung von Sambia, dass nun alle nötigen Genehmigungen vorliegen. Ich besuche

Dr. Kawanda im Gesundheitsministerium, um mir Drehtermine bestätigen zu lassen. Dr. Kawanda durchforstet mit seinen kurzen, dicken Fingern sorgfältig einen Stapel Papiere, bis er meine Genehmigung findet.

»Ach ja!«, sagt er und lächelt mich an, während er über seine elegante Seidenkrawatte streicht. »Sie dürfen drehen«, sagt er und fügt, ohne merklich abzusetzen, mit ruhiger Stimme an, »vorausgesetzt, Sie interviewen keine Person oder Personen, die HIV-positiv sind, oder deren Angehörige.«

Ich bin perplex. »Ich kann unmöglich diesen Film drehen, ohne mit Aidsbetroffenen zu sprechen«, erwidere ich.

»Das geschieht nur zu deren Schutz«, antwortet er. Er lehnt sich auf seinem Stuhl zurück und konzentriert sich darauf, einen Staubfussel von seinem Revers zu entfernen.

»Und wenn jemand freiwillig mitmachen möchte?«, frage ich.

Er runzelt die Stirn und sieht auf seine Armbanduhr.

»Es ist eine Regierungsanordnung«, erklärt er mir. »Und die ist verbindlich.«

Es gibt in ganz Sambia praktisch niemanden, der nicht einen Angehörigen mit Aids hat. Die Regierung hat in meine Genehmigung eine Klausel eingefügt, die mir verbietet, den größten Teil der Bevölkerung zu befragen. Das Team kommt in ein paar Tagen aus Simbabwe, und unser Zeitplan erlaubt keine solchen Verzögerungen. Ich erwäge, ohne Genehmigung anzufangen, aber ich weiß, dass es mir nicht gelingen wird, ein so sensibles Thema ohne die uneingeschränkte Zustimmung der Regierung in Angriff zu nehmen.

Unsicher, wie ich weiter vorgehen soll, stolpere ich auf die Straße hinaus. Ich beschließe, Pater Michael Kelly zu besuchen, einen irischen Jesuitenpriester und klinischen Psychologen, der Hope House gegründet hat, eine Zufluchtsstätte für HIV-positive Menschen. Ich mag ihn furchtbar gern. Er ist ein unbeholfener, chaotischer Mann mit verschmierten Brillengläsern. Haarsträhnen kleben an der schuppigen Kopfhaut, und ein stattlicher Bauch hängt über die zerknautschte Hose.

Bei der Ankunft am Hope House höre ich Pater Michael schon am Vordereingang. Ich komme dazu, wie er gerade wutentbrannt, mit hochrotem Gesicht einen jungen Sambier wegen Unregelmäßigkeiten beim Benzin und bei der Handkasse anschreit. Der Sambier, dem die Tirade gilt, ist HIV-positiv und offensichtlich ziemlich krank. Seine Augen blitzen hektisch aus dem ausgemergelten Gesicht, und auf seiner Oberlippe haben sich Schweißperlen angesammelt. Er schleicht sich aus dem Zimmer, starr vor Groll.

»Ich hasse es, wenn sie lügen«, sagt Pater Michael und fegt einen Stapel Papier von einem durchgesessenen beigefarbenen Sofa. Als er sich wie ein großer Sack schwerfällig hineinsinken lässt, steigt um ihn eine kleine Staubwolke auf.

»Setzen Sie sich«, fordert er mich mit einladendem Lächeln auf, während er auf das Kissen neben sich klopft.

Pater Michael besteht darauf, HIV-Positive als gleichwertige Menschen zu behandeln, und lässt ihre Krankheit nur in Ausnahmefällen als Entschuldigung gelten. Nach seiner Auffassung heißt Kranksein nicht, dass gesellschaftliche Regeln oder akzeptable Verhaltensweisen nicht mehr befolgt werden müssen. Stehlen und Lügen ist nicht zulässig, und Pater Michael nimmt solche Fehltritte persönlich. Er schnäuzt sich lautstark in ein überdimensionales Taschentuch.

»Diese Jungs! Was soll ich nur mit ihnen anstellen? Sie machen mich so wütend«, sagt er.

»Und wenn Sie wütend sind, dann richtig«, ergänze ich.

Er brüllt vor Lachen.

»Ja, das ist wahr. Das ist wahr, da gibt es nichts zu diskutieren. Aber wissen Sie, wenn Sie jeden Tag den Tod sehen, und es ist ganz sicher, dass sie alle sterben, ist das einfach frustrierend. Ich weiß, dass ich streitlustig bin, aber wenn ich es mit Tod und Krankheit zu tun habe, macht mich das eher wütend – es ist einfacher zu streiten, als zu weinen.«

Er nimmt die Brille ab und putzt sie fieberhaft mit seinem Taschentuch. Die Brille zurück auf der Nase und das Taschentuch in den Tiefen seiner voluminösen Hose verstaut, ist er wieder bereit, mich anzusehen. Er hat seine Fassung wiedererlangt.

»Nun erzählen Sie mir von Dr. Kawanda«, fordert er mich auf.

Ich schildere ihm meinen enttäuschenden Besuch.

»Der Mann ist ein Idiot«, sagt Pater Michael. »Hören wir uns mal an, was Wingstone dazu meint.« Er schlurft zur Tür, zieht sich dabei die Hose hoch und ruft den Flur hinunter. Augenblicke später humpelt Wingstone Zulu in den Raum.

Wingstone hat markante Backenknochen und ein breites, strahlendes Lächeln. Aus seinen Augen strahlt Intelligenz, Gerissenheit, erotische Neugier und Verletzbarkeit zu gleichen Anteilen – eine starke Mischung. Sein Körper ist stockdürr und eines seiner Beine aufgrund einer Kinderlähmung verkümmert, so dass es beim Gehen schlingert und sein Humpeln verursacht. Doch seine körperliche Gebrechlichkeit verstärkt nur noch seinen selbstsicheren Charme. Ich bin verzaubert.

Wingstone war der Erste, der in Sambia mit seiner Aids-Erkrankung an die Öffentlichkeit ging. In einem Land, in dem HIV-Positive selbst von ihren Familien verstoßen werden, war das ein mutiger Akt. Seither hat er zahlreiche Interviews in Rundfunk und Fernsehen gegeben und ist inzwischen eine nationale Berühmtheit. Aber immer noch wird er mit Argwohn behandelt, und während die Leute seinen Mut bewundern, bleiben die meisten doch auf Distanz zu ihm. Wingstone vertraut Pater Michael voll, weil er so überaus emotional ist und heißes irisches Temperament besitzt.

»Das gibt mir das Gefühl, noch am Leben zu sein«, erzählt er mir. »Die Berater geben sich meist mitleidvoll, und das mag ich nicht. Michael behandelt mich wie jeden anderen – er schreit alle an, mich eingeschlossen!«

Wingstone hat zugesagt, in dem Film aufzutreten, und ich erzähle ihm von Dr. Kawandas unmöglichen Restriktionen.

»Die dummen Regierungstypen«, meint er. »Das soll eine Demokratie sein? Wer soll mir verbieten, mit Ihnen zu sprechen? Ich bin ein freier Bürger.«

Ich weiß, dass es nicht ganz so einfach ist, behalte meine Zweifel aber lieber für mich.

»Jeder wird mit Ihnen sprechen«, versichert mir Wingstone. »Kommen Sie mit, und lernen Sie die andern kennen.«

Hope House ist eine Flucht heller, luftiger Räume, die sich zu einem ungepflegten Garten hin öffnen. Es wurde als Refugium für Menschen gegründet, die ihre Arbeit verloren haben oder von zu Hause fortgejagt wurden, weil sie HIV-positiv sind. Etwa 30 Menschen leben hier. Sie werden medizinisch behandelt und lernen Fertigkeiten wie Kerzenziehen, Korbflechten, Anfertigen von Specksteinskulpturen oder Batikarbeiten. Im Gegenzug beteiligen sich die Bewohner als Aids-Berater an einem Aufklärungsprogramm. Wingstone hat dafür den Namen PALS erfunden, eine Abkürzung für *Positive and Living Squad* (Positive und lebende Gruppe).

In der Küche macht mich Wingstone mit Simon bekannt, der getrockneten Fisch und Reis kocht. Sein Gesicht trägt die Spuren von Herpes zoster, einem Virus, das sich als schmerzhafter Ausschlag bemerkbar macht. Wir stehen in beißendem und mit Fischgeruch durchzogenem Rauch und unterhalten uns, während es in der Pfanne zischt. Als Simon die Geschichte vom Minister hört, lächelt er mich freundlich an. »Sie Arme. Das ist schlimm. Es tut mir leid«, sagt er. »Aber er kann nicht verhindern, dass wir mit Ihnen sprechen.«

Draußen im Hof flechten die Bewohner Körbe und arbeiten an Skulpturen. Clement, der sofort entlassen wurde, als sein Arbeitgeber erfuhr, dass er HIV-positiv ist, kauert zwischen seinen Figuren und meißelt an einer weiblichen Form. Die Anstrengung in der staubigen Hitze bringt ihn ins Schwitzen. Ich bin von der Schönheit seiner Schöpfungen überrascht. Sofort schäme ich mich deshalb. Immer wieder werde ich mit meinen eigenen vorgefertigten Ansichten konfrontiert.

Wingstone erzählt Clement, was los ist. Er legt seinen Meißel weg und sieht mit einem trägen, sanften Lächeln zu mir auf. »Jetzt wollen sie uns auch noch das Recht zu reden nehmen. Was will uns die Regierung noch alles wegnehmen? Das Recht zu sterben? Keine Sorge, wir sprechen mit Ihnen.«

Ich fühle eine Welle der Sympathie für diese Menschen und Wut auf die Regierung. Ich bezweifle, ob Dr. Kawanda überhaupt schon einmal hier war.

Als Nächstes besuche ich Ibrahim Koroma, den örtlichen UNDP-Repräsentanten, in seinem kahlen Büro auf einem Behördenkorridor. Ibrahim versteckt seine Unsicherheit hinter einem eleganten Jackett und einer scharlachroten Krawatte.

»Ich kann einfach nicht glauben, dass das Ministerium sich so verhält«, erklärt er hinter seinem blitzblanken Schreibtisch, der unter einem surrenden Ventilator steht. »Man versicherte mir, dass Sie die Genehmigung bereits haben und das Treffen mit mir lediglich eine Formalität sei.« Er weiß, dass sein Job im Hauptquartier der Vereinten Nationen in New York auf dem Spiel steht, wenn wir nicht über die richtigen Drehgenehmigungen verfügen.

Wir beschließen, beim Vertreter der Weltgesundheitsorganisation in Sambia, Dr. Boyaue, vorzusprechen, einem Liberier, der schon in meinem Cholerafilm aufgetreten ist und mich damals unterstützt hat.

»Bitte!«, flehe ich Dr. Boyaues Sekretärin an. »Wir nehmen nur eine Minute seiner Zeit in Anspruch.«

Sie sieht mich über ihre Schreibmaschine hinweg zweifelnd an.

»Bitte!«, sage ich noch einmal.

Sie zuckt mit den Schultern und starrt auf ihre langen, roten Fingernägel.

»Nur eine Minute, ich verspreche es«, sage ich. »Ich bin so schnell da drinnen und wieder draußen, dass Sie es gar nicht mitbekommen.«

»Er hat viel zu tun«, erklärt sie mir.

»Ich bin Tausende von Meilen geflogen, nur um mit ihm zu sprechen.«

Sie lacht. »O.k., o.k, aber ich warne Sie – nur ein paar Minuten.«

Ich trete nervös von einem Fuß auf den anderen und beiße mir auf die Lippe.

»Sie haben es ganz schön eilig«, meint sie.

Ihr Faltenrock raschelt, und eine Welle *Poison* von Dior zieht an mir vorüber, als sie elegant in das Büro von Dr. Boyaue schreitet.

Ibrahim zieht eine Augenbraue hoch. Wir warten. Nachdem das starke Parfüm der Sekretärin verflogen ist, dringt aus dem Treppenhaus der Geruch von Urin und getrocknetem Fisch herein, der bei zu hoher Temperatur in billigem Öl frittiert wurde. Als ich gerade überlege, wen ich nach dem Schlüssel für die Toilette fragen könnte, geht die Tür auf.

»Jetzt hat er Zeit«, sagt die Sekretärin.

Dr. Boyaues ruhige, onkelhafte Art gibt mir Sicherheit. Er führt uns zu einem braunen Sofa.

»Ich bin froh, dass ich Ihren Cholerafilm nicht ruiniert habe«, sagt er und lacht dabei in sich hinein.

»Aber nein, Sie waren ausgezeichnet«, erwidere ich etwas übereifrig.

»Tatsächlich?«, fragt er mit einem Schuss Ironie. »Und was kann ich nun für Sie tun?«

Ich schildere ihm, was bisher passiert ist.

»Die Lage ist sehr ernst«, sagt er. »Und Sie haben es falsch angefangen. Aber Sambia braucht einen Film über Aids, und außerdem kennen wir Sie schon.«

Dafür würde ich ihn am liebsten küssen. Stattdessen schüttle ich ihm herzlich die Hand. »Danke, danke!«, sage ich.

Dr. Boyaue schüttelt den Kopf wie ein erschöpfter Vater. »O.k., o.k., ich werde sehen, was ich tun kann.«

Nach dem Abendessen verlässt mich der Mut. Ich kann mit dem Drehen erst beginnen, wenn ich die Genehmigung in der Hand halte. Nervös sitze ich in Ibrahims Büro neben dem Telefon und warte auf einen Anruf von Dr. Boyaue. Gegen fünf Uhr gehen die ersten Mitarbeiter nach Hause. Als ich noch einmal bei der Weltgesundheitsorganisation anrufe, hebt niemand ab. Ich komme zu dem Schluss, es ist das Beste, Dr. Boyaue in aller Ruhe hinter den Kulissen seinen Einfluss geltend machen zu lassen und mich einfach so zu verhalten, als würde der Film in jedem Fall gedreht werden.

Als Erstes muss ich in den Copperbelt hochfliegen, wo Aids die Struktur der Bergarbeitergemeinden verändert. Es ist für mich die letzte Gelegenheit, die Leute ausfindig zu machen, die ich für die Interviews brauche, bevor das Team eintrifft. Wenn ich mich beeile, könnte ich gerade noch eine Maschine in den Norden erreichen.

Es ist schon spät nachts, als ich in Ndola ankomme und mich im übelriechenden örtlichen Hotel einquartiere, das von oben bis unten mit braunem Teppich und Holzimitationen verkleidet ist. Der Fernseher ist vorsintflutlich, aber ich bin selbst dafür dankbar und mache es mir vor der Raubkopie eines schlechten Films mit dem Titel *Gewagtes Spiel* bequem. Alle paar Sekunden erscheint ein Hinweis auf dem Bildschirm, dass es sich um eine illegale Kopie handle und man solle, wenn dieser Hinweis auftauche, unverzüglich die Polizei informieren. Das ist typisch für die meisten Hotels, in denen ich in Afrika absteige – niemand schert sich auch nur das Geringste um Raubkopien. Die banale Handlung ist mir zu viel, und ich falle auf der durchgelegenen Matratze in einen unruhigen Schlaf.

Am nächsten Morgen kommt mein alter Freund Mubi, der örtliche Vertreter des Gesundheitsministeriums, der mir bei dem Film über die Cholera schon geholfen hatte. Er begrüßt mich mit einer Umarmung und bedankt sich für das Kleid, das ich seiner Frau aus England geschickt habe. Als ich ihm die aktuellen Neuigkeiten erzähle, wird seine Miene ernst. »Unsere Regierung«, sagt er kopfschüttelnd. »Manchmal frage ich mich wirklich. Aber mit Gottes Hilfe werden wir diesen Film machen. Er ist absolut notwendig. Kommen Sie, fahren wir los.«

Wir starten in seinem klapprigen kleinen Jeep, den ein sehr alter Mann in einem zerknitterten blauen Anzug steuert.

Kupfer macht in Sambia drei Viertel des Exports aus, und jetzt sterben die Bergarbeiter schneller, als Ersatz angelernt werden kann. Der Abbau in den Minen ist praktisch zum Stillstand gekommen. Mubi hat bereits einige Minenarbeiter ausfindig gemacht, die HIV-positiv sind und vor der Kamera reden würden.

Er stellt mir Godfrey vor, einen 29 Jahre alten Mann, der an einer durch Aids verursachten Krankheit leidet. Seine 23-jährige Frau ist ebenfalls HIV-positiv. Wir treffen Godfrey allein zu Hause an. Er ist zu krank, um zur Arbeit zu gehen. Er lebt in einem Haus mit Wellblechdach unter einem knospenden Jacarandabaum. Im Hintergrund ragen die großen Schornsteine der Minen auf, ein unheilvoller Kontrast zu Godfreys kleinem Hinterhof mit seinen Hühnern und den orangefarbenen Ringelblumen, die, in bemalte Blechdosen gepflanzt, für bunte Farbtupfer sorgen.

Godfrey bittet uns in einen dunklen Raum, durch den sich Papiergirlanden ziehen, und Mubi und ich quetschen uns auf ein winziges Sofa, über das ein pinkfarbenes Tuch drapiert ist. Die Unterhaltung erfolgt auf Bemba, aus den Blicken, die Godfrey mir zuwirft, kann ich allerdings schließen, dass er mich einzuschätzen versucht. Ich vertraue auf Mubi. Er wird ihn schon davon überzeugen, dass ich in Ordnung bin. Nach einer halben Stunde erklärt er sich einverstanden, im Film aufzutreten.

Wir fahren in Mubis Büro zurück, um von dort Dr. Boyaue anzurufen. Er ist mit seinen Bemühungen vorangekommen und hat inzwischen mit Dr. Kawanda gesprochen. Er konnte den Minister überreden, mich ein Interview mit Wingstone Zulu führen zu lassen – aber mit niemandem sonst. Dr. Kawanda verreist am Montag nach Livingstone und genehmigt keine Dreharbeiten, ehe er mich nicht noch einmal persönlich gesehen hat. Heute ist Freitag. Mir bleibt nur das Wochenende.

Ich hetze ins Hotel zurück und rufe sofort im Gesundheitsministerium an. Dr. Kawanda ist nicht im Büro, also hinterlasse ich eine Nachricht. Ich bleibe neben dem Telefon sitzen. Endlich klingelt es, aber es ist nur die Rezeption, die mir mitteilt, ich solle das Zimmer wechseln, weil in meiner Decke ein Loch ist. Ich rufe noch einmal im Ministerium an, aber Dr. Kawanda ist nicht zu sprechen. Wenn ich nur dort sein könnte und vor Ort auf ihn warten, aber ich habe den letzten Flug zurück nach Lusaka verpasst. Es sei denn …

Ich rufe bei Zambian Airlines an. Der Flug um 16.30 Uhr hat Verspätung. Wenn ich mich sofort auf den Weg mache, könnte ich die Maschine um 17.30 Uhr erreichen. Manchmal liebe ich die Schlampigkeit und Unzuverlässigkeit in Afrika – sie kann auch einmal für etwas gut sein. Ich werfe meine Kleider in den Koffer und vergesse in der Eile den geliebten Reisewecker, den mir meine Mutter einmal geschenkt hat.

»Sie haben großes Glück«, erklärt mir der Mitarbeiter der Fluggesellschaft, und sieht mich dabei über eine Halbbrille hinweg an, »ich habe noch einen freien Platz.«

»Danke«, erwidere ich mit einem Blick auf meine Armbanduhr. So wie es aussieht, werde ich Dr. Kawanda zu Hause aufsuchen müssen.

»Aber Sie sind sehr knapp dran«, fügt der Mitarbeiter vorwurfsvoll an. »Seien Sie in Zukunft bitte pünktlich. Sie haben Glück, dass die Maschine noch einmal 20 Minuten Verspätung hat.«

Ich sitze zwischen den anderen Passagieren auf einem unbequemen Plastikschalensitz und beobachte eine dicke sambische Frau in pfirsichfarbenen Gewändern und einem Hut, auf dem künstliche Blumen erblühen, wie sie mit einem Angestellten wegen ihres Gepäcks diskutiert. Es geht dabei um mehrere mit Kordeln verschnürte Kartons. Sie wedelt mit ihrem blauen Diplomatenpass, als sei er eine Art Zauberstab. Die Gepäckleute betrachten sie mürrisch, während der Angestellte ihren Ausweis immer wieder dreht und wendet. Die Frau stampft mit dem Fuß auf. Das ist alles ganz unterhaltsam, aber jede Minute erscheint mir wie eine Stunde.

Ich frage mich, wo ich Dr. Kawanda am Samstag auftreiben soll, wenn ich ihn heute Abend nicht mehr antreffe. Die Maschine steht auf der Rollbahn, das Gepäck daneben aufgereiht, damit es beim Einstieg zugeordnet werden kann. Endlich bewegen wir uns Richtung Ausgang.

Ich stehe in der Schlange zum Boarding, als mich ein bewaffneter Polizist am Ellbogen stupst. Er führt mich zu einem Telefon, aber ich verstehe im Motorenlärm des Flugzeugs kaum etwas. Es ist die Stimme von Dr. Kawanda: »Sie haben da oben ohne Genehmigung gedreht«, beschuldigt er mich wütend.

Ich mache ihm klar, dass sich das Team und die Kamera noch in Simbabwe befinden.

»Sie haben mit Leuten gesprochen, die HIV-positiv sind«, sagt er. »Das war Ihnen ausdrücklich verboten.«

Ich frage mich, woher er das überhaupt weiß. Und noch mehr wundert mich, wie er mich am Flughafen ausfindig machen konnte. Angst vor Agenten steigt in mir hoch.

»Dr. Kawanda, lassen Sie mich das erklären«, brülle ich, um den ohrenbetäubenden Lärm der Motoren zu übertönen.

»Sie interviewen Wingstone Zulu und niemanden sonst!«, fällt er mir ins Wort.

Ein Mann von Zambian Airways kommt auf mich zu: »Madam, Sie müssen jetzt bitte an Bord gehen.«

Jetzt oder nie. Ich krieche zu Kreuze und erzähle dem Minister, es tue mir unendlich leid, gegen die Regeln verstoßen zu haben. Vielleicht könnte ich am Samstag zu ihm nach Hause kommen und ihm alles erklären? Das ist das Zünglein an der Waage. Am Wochenende will er nicht gestört werden.

»Also gut. Sie können Ihren Film machen«, bellt er ins Telefon.

Ich gehe zu Dankesbekundungen über.

»Aber nur, wenn Sie von allen Beteiligten schriftliche Einwilligungen vorweisen können«, unterbricht er mich.

Damit legt er auf. Ich habe gewonnen und grinse den Airline-Mitarbeiter an. Er bleibt ernst.

»Madam, Sie haben die Maschine aufgehalten«, sagt er. »Bitte beeilen Sie sich.«

Beim Einsteigen habe ich das Gefühl zu schweben und beachte die feindseligen Blicke von allen Seiten gar nicht. Freundlich lächelnd begrüße ich den Mann neben mir. Er blickt finster drein und vertieft sich wieder in seine Zeitschrift, aber das ist mir egal. Wir haben unsere Genehmigung.

4 Ein blinder Liebhaber
Sambia

Nach zehn einsamen, anstrengenden Tagen reichte es mir. Ich verspürte das dringende Bedürfnis nach menschlicher Gesellschaft in entspannter Umgebung. Das Bandidos war das einzige Restaurant, das ich in Lusaka kannte, also ging ich dorthin. Da es Freitagabend war, quoll es über vor Leuten. Ich setzte mich zu Leo, dem Besitzer, an den für ihn reservierten Tisch, und schon bald zeichnete sich ab, dass ich wieder einmal nicht unter Gleichgesinnte geraten war.

»Mann, die Nutten in Jo'burg sind echt heiß«, sagt Leo und stupst mich dabei in die Seite.

Er hat schon einige Irish Coffee intus und lallt ein wenig. Die Unterhaltung wird, mit dem Einverständnis seiner ebenso machohaften Stammtischbrüder, vorwiegend von ihm bestritten, und sein nächstes Thema ist die Pornografie, auch ein Bereich, in dem er eine Koryphäe zu sein scheint. Danach verstrickt er sich ohne erkenntlichen äußeren Anlass in eine Hetztirade gegen Homosexuelle.

Leo ist nicht nur ein Schwulenhasser, er ist auch noch einer von der besonders ignoranten Sorte, weil er allen Ernstes glaubt, in seinem Land gebe es keine Homosexualität. Gerade als ich im Begriff bin, in heftigen Streit mit ihm zu geraten, schlägt jemand vor, einen Club weiterzuziehen. Ich bin unendlich erleichtert, Leo und seinem Umkreis zu entkommen.

Wir gehen ins Marco Polo, ein Restaurant im Freien und eine Diskothek, die zum Poloclub von Lusaka gehören. Der Blick auf die Grasfläche und die Koppel ist wohltuend entspannend. Der Geschäftsführer ist ein junger blonder Engländer namens Paul. Die Tanzabende am Wochenende sind bei Ausländern und Sambiern gleichermaßen beliebt.

Dort lerne ich Erik kennen, einen traurig aussehenden Finnen. Er führt Zaubertricks vor und lässt mit seinen Fingern hübsche Schattenbilder entstehen. Nebenbei trinkt er unglaubliche Mengen Wodka. Erik ist Ingenieur und hat den einsamen Auftrag, im ganzen Land Elektrizitätswerke am Laufen zu halten. Er ist höflich, aufmerksam und schüchtern – eine deutliche Verbesserung, verglichen mit der unflätigen Gesellschaft davor –, so dass ich mit Freuden zusage, als er mich einlädt, am nächsten Tag mit ihm zu Mittag zu essen.

Nach den Cannelloni im Intercontinental begleitet mich Erik in die St.-Ignatius-Kirche zu einer Messe im Gedenken an die Aids-Opfer. Pater Michael hält eine Predigt und liest aus der Bibel. Er sieht gut aus in seiner Soutane und hat es sogar geschafft, mit Brillantine sein Haar einigermaßen zu bändigen. Er spricht mit Nachdruck und Leidenschaft. Wingstone trägt ein Gedicht vor, und sein Freund Simon erzählt auf bewegende Weise vom Leben mit Aids. Eine Frau aus dem Hope House schildert in einem Lied, wie es ist, HIV-positiv zu sein. Ihre dünne, klare Stimme erfüllt die Kirche:

Das Aids-Virus ist ein böses Monster,
es geht in die Familien, bringt sie um,
es macht Witwen und Waisen, macht die Heime kaputt.
Keiner ist stark genug.

Das Aids-Virus ist ein böses Monster,
es macht unsere Wirtschaft kaputt, nimmt ihr die Arbeitskräfte,
die Menschen auf der ganzen Welt, sie trauern und klagen,
es kennt keine Hautfarbe, keine Stellung,
es ist ein blinder Liebhaber.
Keiner ist stark genug.

Während sie singt, werden rosafarbene, gelbe und blaue Papiersterne verteilt, die symbolisieren sollen, dass wir einem bestimmten HIV-positiven Menschen nahe sind. Wir entzünden Kerzen und gehen durch die Kirche. Es sind nicht viele Menschen da, aber ich bin den Tränen nahe. Pater Michael gibt sich barsch und verbirgt seine Gemütsregungen, doch Wingstone ist übermütig. Vielsagend gestikuliert und zwinkert er in Eriks Richtung.

»Ich habe ihn eben erst kennengelernt«, sage ich abwehrend.

»Habe ich etwas gesagt?«, erwidert er schelmisch und humpelt, still in sich hinein lachend, davon.

Erik begleitet mich zu den Munda Wanga Gardens, wo wir uns neben einem Zierteich auf eine Bank setzen und eine Flasche Wein miteinander trinken. Als er sambische Kinder beim Spielen zwischen den Blumen beobachtet, wird er sentimental. Er gesteht mir, dass er so gern heiraten würde.

»Mein Leben war leer, aber nun bist du aufgetaucht«, sagt er.

Er wendet sich zu mir, sieht mich mit seinen hellen Augen an und bittet mich, über das Wochenende mit ihm zu den Viktoriafällen zu fahren. Ich erwidere wahrheitsgemäß, dass ich keine Zeit mehr für ihn habe, sobald das Team eingetroffen ist.

»Können wir uns morgen sehen?«, insistiert er.

»Nein, es tut mir leid«, antworte ich so freundlich wie möglich, »und jetzt muss ich zurück.«

Am Tag darauf hat sich der Preis für das Frühstück verdoppelt. Die Taxigebühren sind ebenfalls in die Höhe geschnellt, weil das Benzin über Nacht doppelt so teuer geworden ist. Bedrückt und eher in Sorge um mein Filmbudget als um Sambias strauchelnde Wirtschaft, fahre ich mit meinem teuren Taxi in die Stadt und mache Besorgungen, buche für das Team Flugtickets in den Copperbelt, erledige die Zollformalitäten und statte den Vereinten Nationen und dem Ministerium Höflichkeitsbesuche ab.

Wieder im Hotel, gehe ich schwimmen. Als ich aus dem Pool auftauche, sehe ich Erik wild entschlossen auf mich zustaksen. Obwohl ich ihm gesagt hatte, ich könne nicht mitkommen, hat er Tickets zu den Viktoriafällen gekauft. Er lässt nicht locker.

»Ich bin morgen hier«, sagt er.

Von Eriks Beharrlichkeit genervt, nehme ich eine Einladung zum Abendessen von Ali an, einem Schotten, der zehn Jahre jünger ist als ich. Er stammt aus Nord Uist und kennt einen Onkel von mir, der dort lebt. Er ist zum ersten Mal in Afrika, und mir gefällt seine rückhaltlose Begeisterung für den Kontinent. Er kommt in letzter Sekunde und mit gerötetem Gesicht und führt mich ins Marco Polo, wo wir Krokodilschwanz essen und anschließend bis vier Uhr früh tanzen.

An diesem Abend ist Paul, der englische Geschäftsführer des Marco Polo, besonders aufmerksam gegenüber Ali und mir, und ich fange fast an, ihn zu mögen. Immer häufiger kommt er zu uns an den Tisch, und später, während Ali betrunken auf der Tanzfläche schottische Volkstänze aufführt, nimmt mich Paul an der Hand, um mir die Polo-Ponys zu zeigen. Mein Gesellschaftsleben wendet sich eindeutig zum Besseren. Die Ponys sind sehr hübsch.

Um fünf Uhr morgens falle ich endlich ins Bett, werde aber schon eine Stunde später vom Telefon geweckt. Paul steht unten in der Lobby und will mich zum Frühstück einladen. Ich bin verwirrt und wegen des fehlenden Schlafes nicht ganz auf der Höhe.

»Nun komm schon«, fordert er mich auf. »Heute ist Afrikanischer Freiheitstag – das ist ein Feiertag. Den ganzen Tag Party.«

Bei Sonnenaufgang fahren wir gemeinsam zum Marco Polo. Die Disko hört gerade erst auf, und mindestens 20 hungrige Nachtschwärmer warten auf das Frühstück. Paul hat auf dem Rasen draußen eine lange Tafel gedeckt und fährt Kaffee und Platten mit Steaks und Eiern auf. Ein griechisches Mädchen mit pockennarbiger Haut und einem durchsichtigen Minirock sitzt auf dem Schoß ihres sambischen Freundes. Ein Mädchen mit gewaltigen Brüsten in einem winzigen Kleid verkündet, sie sei eine nicht praktizierende Muslimin aus Pakistan, meint dann aber, sie stamme aus Madras. Und dann kippt sie um.

»Du bist ein ganz gewöhnliches Mädchen aus Sambia, meine Liebe«, sagt ein sehr tuntenhafter Somali, der mich in ein Gespräch über die London Fashion Week verwickeln will.

Ein Sambier, der kräftige Züge aus einer Wodkaflasche nimmt, reißt Witze über das Liebesleben von Präsident Chilube, bei denen sich die ganze Gesellschaft vor Lachen krümmt. Zwei junge Männer verstecken sich hinter dunklen Brillengläsern und sitzen schweigend nebeneinander. Die Arme haben sie sich gegenseitig um die Schultern geschlungen. Die nicht praktizierende Muslimin bricht urplötzlich in Tränen aus. Der Somali streicht ihr über das Haar.

»Ist schon gut, Liebes, du kannst es mir doch erzählen.« Über ihren vom Weinen geschüttelten Kopf blinzelt er den Jungen mit den Sonnenbrillen aufreizend zu. Ich frage mich, wie Leo das alles interpretieren würde, wo er doch fest davon überzeugt ist, dass es in Sambia keine Schwulen gibt.

Schließlich taumeln allmählich alle davon, um den Feiertag zu begehen. Paul führt mich zum Mittagessen ins Intercontinental, anschließend fahren wir zu seinem Haus zurück, einer mit Bougainvillea überzogenen Oase, wo wir faul herumsitzen oder liegen und reden. So hätte ich es den ganzen Tag aushalten können. Aber leider muss ich noch einiges vorbereiten, ehe das Team eintrifft.

Als ich wieder ins Hotel komme, treffe ich Erik an, der unruhig in der Lobby auf und ab geht. Er trägt einen ausgesprochen unschmeichelhaften Jogginganzug mit mauvefarbenen Streifen. Ich verdeutliche ihm noch einmal, dass am nächsten Tag das Team kommt und ich keine Zeit mehr für ihn habe.

»Ich kann warten«, beteuert er. »Ich möchte dich nach Europa mitnehmen. Fahren wir zusammen nach Salzburg und hören uns ein Konzert an.«

Ich spüre sein Heimweh und seine Einsamkeit.

»Ich habe eine Rose für dich abgegeben«, sagt er.

Er geht mit mir an die Rezeption, wo sie liegt. Die Mädchen hinter der Theke kichern. »Die hier sind auch für Sie gekommen«, teilen sie mir mit.

Paul hat mir ein Dutzend rote, in Cellophan gewickelte und mit einer Schleife zusammengebundene Rosen geschickt. Erik wirft einen Blick darauf und stapft aus dem Hotel.

Peter und Tzvika treffen ein, und ich bin heilfroh, dass wir mit dem Drehen beginnen können. Die erste Szene ist im Hope House vorgesehen. Als wir hineingehen, strecken uns Simon, Clement und die anderen überfreundlich die Hand entgegen. Peter und Tzvika halten sich zurück, die Arme seitlich angelegt. Ich gestikuliere ihnen zu, sie sollen den Handschlag erwidern, aber sie bleiben reglos stehen. Später finde ich heraus, dass man ihnen in Simbabwe alle möglichen Geschichten erzählt hat, die nicht stimmen. Sie glauben, Aids könne per Handschlag übertragen werden.

»Jetzt hört bitte damit auf!«, sage ich zu ihnen. »Ihr wisst es doch wirklich besser.«

»Aber darum geht es ja gerade«, wirft Peter ein. »Keiner weiß etwas über diese Krankheit. Ist es nicht besser, vorher aufzupassen, als es nachher zu bereuen?«

»Ganz bestimmt«, stimmt Tzvika zu.

Am liebsten würde ich ihnen die Köpfe zusammenstoßen.

Abends hält Simon im Rahmen des PALS-Aufklärungsprogramms vor der Belegschaft des Hotels Pamodzi einen Vortrag über Aids. Da wir ohnehin dort wohnen, beschließe ich, dabei zu drehen. Simon sitzt in einem der hell beleuchteten, aber dennoch deprimierenden Tagungsräume des Hotels und wartet, dass die Stühle besetzt werden. Mitarbeiter schleichen herein und nehmen in den hinteren Reihen Platz. Von zwei Krankenschwestern abgesehen, bleiben die ersten vier Reihen leer. Die Teppichfläche zwischen den Zuhörern und Simon, der ruhig hinter einem Tisch sitzt und an einem Glas Wasser nippt, wirkt endlos. Ich will die Leute animieren, sich weiter nach vorn zu setzen, aber sie weigern sich.

Simon erzählt seine Geschichte schlicht, aufrichtig und ohne Selbstmitleid. Lediglich das unablässige Ringen mit seinen schlanken Händen verrät seine Emotionen. Unter den Zuhörern herrscht Schweigen. Die Gesichter sind angespannt, die Arme defensiv vor der Brust verschlungen.

»Ich weiß, dass ihr alle schon etwas über Aids gehört habt«, sagt Simon. »Deshalb bleiben hier so viele Stühle leer. Ihr wollt nicht noch mehr von Aids hören. Ihr geht dem Gespräch aus dem Weg.«

Die Leute rutschen unbehaglich auf den Sitzen hin und her. Frauen kichern verschämt hinter vorgehaltener Hand.

»Aber die meisten wollen wissen, wie sieht jemand aus, der Aids hat. Ich bin mir sicher, dass die meisten nicht gedacht hätten, ich sei HIV-positiv, als ich hier angekommen bin.«

Simon lässt den Blick durch den Raum schweifen.

»Eines dürft ihr mir glauben, ein Mensch mit Aids sieht völlig normal aus, genau wie die Person, die neben euch sitzt. Es ist die Person neben euch, die euch anstecken wird.«

Ein Mann unter den Zuhörern sieht auf die Frau neben sich und stößt sie an, sie solle von ihm wegrutschen. Sie steht auf und sucht sich einen anderen Platz. Die anderen lachen nervös. Simon lächelt geduldig und wartet, bis das Gelächter verstummt ist.

Beim Essen ist das Team nachdenklich.

»Dieser Simon ist ein Wahnsinnskerl«, meint Tzvika. »Diese Aids-Geschichte ist der Hammer. Es schmerzt richtig.«

»Oh ja, es schmerzt wirklich«, pflichte ich ihm bei und denke an die Fotos in dem blauen Buch.

Ich bin froh, als ich am nächsten Tag sehe, wie Peter und Tzvika den Leuten im Hope House die Hand schütteln.

Wir interviewen Clement inmitten seiner Skulpturen.

»Ganz am Anfang wollte ich mich umbringen. Aber als ich ins Hope House kam, habe ich gelernt, mein Leben wertzuschätzen. Es gibt im ganzen Land keinen vergleichbaren Ort. Wie Aids auf den Plakaten und in den elektronischen Medien dargestellt wird – das sind nichts als Märchen. Hier haben HIV-Infektion und Aids ein menschliches Gesicht«, erklärt er uns grinsend.

Ich sehe mir die gequälten Gesichter seiner Skulpturen an.

»Früher oder später sterben wir alle«, fährt er fort. »Warum sollte ich also viel Aufhebens darum machen? Und mich trifft der Tod nicht unvorbereitet. Ich werde bereit sein.« Dabei zuckt er mit den Schultern.

Wir begleiten David, einen weiteren Bewohner von Hope House, zur Mädcheninternatsschule von Kasisi, wo er vor den Schülerinnen sprechen wird. Bevor bei ihm die HIV-Infektion diagnostiziert wurde, wollte David katholischer Priester werden. Er ist erst 22.

In der Schule erwarten ihn 300 Mädchen in gelben Hemden. Anfangs, als sie die offenen Wunden in Davids Gesicht sehen, macht sich aufgeregtes Kichern breit. David ergreift die Initiative: »Ihr findet meinen Vortrag vielleicht lustig, aber wir sprechen hier über etwas sehr Ernstes«, sagt er und geht dabei auf der Bühne auf und ab, den Blick beschwörend auf die Mädchen gerichtet. »Laut Gesundheitsministerium ist jeder Vierte infiziert. Das ist ein Viertel aller hier im Raum Versammelten. Jeder, einschließlich der Lehrer und des Filmteams hier, könnte infiziert sein.«

Dies sorgt erst einmal für ungläubige Ausrufe der Mädchen und eine Welle des Aufruhrs. David wartet eine Weile, bis er fortfährt.

Jetzt sind die Mädchen wie hypnotisiert. Sie befragen ihn schlau und provokant über Positionen beim Geschlechtsverkehr und wollen wissen, wie viele Kondome auf einmal ihr Freund überstreifen kann. Fragen über das Küssen und wie das mit der Zunge ist lösen schrilles, verhaltenes Kichern und aufgeregtes Tuscheln aus, so dass man das Gefühl hat, der Raum sei voller flatternder Vögel.

David nimmt alles gelassen hin und antwortet sachlich. Ich beobachte, dass einige der Mädchen ihn anhimmeln. Entzündete Stellen hin oder her, er ist ein attraktiver Mann, und in einem anderen Leben hätte er einen stattlichen Ehemann abgegeben.

Nach dem Vortrag umlagern ihn die Mädchen, wollen ihn aus der Nähe sehen und suchen seine Aufmerksamkeit und Anerkennung. Ich frage mich, ob Davids Ausführungen irgendetwas bewirkt haben, doch im anschließenden Gespräch sagen die meisten Mädchen, sie hätten eine Menge gelernt.

»David war ganz schön mutig«, sagt ein Mädchen. »Er hat uns klargemacht, dass man nicht einfach so sterben muss, wenn man die Krankheit hat.«

Den ganzen nächsten Tag drehen wir mit Pater Michael und Wingstone. Pater Michael will uns sein neues Projekt präsentieren und führt uns zu einer Baustelle, an der ein Informationszentrum mit einer wissenschaftlichen Bibliothek und Seminarräumen entsteht, wo Kurse für Beratung und Organisation angeboten werden. Pater Michael hofft, durch den Film Geldspenden für das Vorhaben zu bekommen. Er trägt eine unvorteilhafte blaue Kappe und bringt einen Dackelwelpen namens Hopey mit, benannt nach Hope House. Hopey findet die Hose von Pater Michael ziemlich interessant und springt fast den ganzen Tag über voller Begeisterung dem Pater an den Oberschenkeln hoch.

Das ausführliche Interview mit Wingstone rührt mich zu Tränen. Im Alter von 26 Jahren erhielt er, gemeinsam mit sieben Kommilitonen, von der Regierungspartei ein Stipendium für ein Studium in der Sowjetunion. Vor der Abreise mussten sie eine medizinische Untersuchung absolvieren, bei der Wingstone und fünf andere HIV-positiv getestet wurden. Zu dieser Zeit lernte er einen Wiedergeborenen Christen kennen, der ihm erzählte, durch Beten könne er geheilt werden.

Bereit, alles nur Erdenkliche zu versuchen, betete Wingstone drei Monate lang regelmäßig und inbrünstig und unterzog sich dann wieder einem Test. Während er auf das Ergebnis wartete, betete er noch intensiver. Als er erfuhr, dass er immer noch HIV-positiv sei, war er so enttäuscht, dass er krank wurde. Er stellte den Christen zur Rede, warum er ihm falsche Hoffnungen gemacht habe.

»Du hast nicht genug gebetet«, antwortete dieser. »Ganz offensichtlich bist du ein Sünder.«

Wingstone erzählt diese Geschichte, um ein in Sambia allgemein verbreitetes Vorurteil zu veranschaulichen. Die Menschen glauben, Aidskranke hätten ihr Schicksal aufgrund ihres unlauteren, sündigen Lebenswandels »verdient«. In Sambia begegnet die Gesellschaft den Opfern mit Angst und Verachtung. Dieses Erlebnis war für Wingstone der Auslöser, an die Öffentlichkeit zu gehen.

»Aids ist schrecklich«, sagt Wingstone. »Es gibt nichts Vergleichbares. Ich stecke in einer Zwickmühle. Auf der einen Seite ziehe ich herum und sage, Aids ist normal, seht nur mich an, seht, wie ihr damit leben könnt, auf der anderen Seite weiß ich, es ist das Unnormalste überhaupt, das jemandem widerfahren kann. Ich halte Aids für das größte globale Problem seit dem Zweiten Weltkrieg.«

Während des Interviews bittet Wingstone um eine Pause. Er sagt, es lenke ihn ab, mir in die Augen zu sehen. Das ist mir peinlich. Ich weiß, dass ich mehr als professionelles Interesse zeige. Ich bin von ihm fasziniert – mehr noch von seinem Mut und seiner Heiterkeit als von seiner Schönheit. Ich versuche, unbeteiligt auszusehen, doch es fällt mir schwer, meine Gefühle zu verbergen, als er mit seiner Geschichte fortfährt.

»Er sollte nach Simbabwe kommen«, meint Peter danach. »Sie sollten ihn dort hören. Einen wie ihn gibt es bei uns nicht.«

Auch sonst nirgendwo, denke ich traurig.

Ich bin froh, dass wir am nächsten Tag zum Copperbelt aufbrechen. Mubi stößt am Flughafen in Ndola zu uns. Er hat für uns Zimmer in einem neuen Hotel reservieren lassen, einem seltsamen, motelähnlichen Gebilde, das mit schäbigen ausgestopften Antilopenköpfen dekoriert ist, was etwas makaber wirkt. Die Räume gehen von Steinfluren ab und öffnen sich zu kargen Blumenbeeten. Im Restaurant laufen vier Elvis-Songs in Dauerschleife. In meinem Zimmer stinkt es, und es ist voller Moskitos. Das Radio lässt sich nicht abstellen.

Wir fahren in das Bergbaugebiet hinaus, um das Interview mit Godfrey und seiner Frau zu führen. Godfrey trägt ein weißes Hemd, was das Drehen erschwert, weil Tzvika den Kontrast zwischen dem hellen Hemd und dem Gesicht nicht ausbalancieren kann. Ich ziehe mein Jeanshemd aus und leihe es ihm. Seine dünne Gestalt wirkt verloren darin.

»Ich weiß nicht, ob ich nächstes Jahr noch erlebe. Wenn es anfängt, weh zu tun, ganz tief da drinnen«, dabei zeigt er auf sein Herz, »spüre ich, das Leben weicht aus mir.«

Godfreys Frau fängt zu weinen an.

»Ich erzähle ihm dauernd Geschichten, damit er nicht immer nur an seinen Zustand denkt, aber nun liegt alles in Gottes Händen«, sagt sie. Sie neigt den Kopf und wischt sich mit dem Schürzensaum heftig die Augen.

Wir wollen Godfrey filmen, wie er, die Minen im Hintergrund, auf uns zugeht, doch seine Lungen sind von der fortgeschrittenen Tuberkulose so geschwächt, dass er alle paar Schritte stehenbleiben muss. Godfrey verkörpert die Auswirkungen von Aids auf die Industrie. Im Gegensatz zu den meisten Krankheiten, die vor allem die Schwachen, die Alten und die ganz Jungen treffen, sucht Aids die arbeitende Bevölkerung heim. Wenn die Minenarbeiter nicht selbst daran sterben, können sie trotzdem nicht zur Arbeit kommen, weil sie kranke Familienmitglieder versorgen oder an Beerdigungen teilnehmen müssen. Aufgrund fehlender Arbeitskräfte kommt der Abbau in den Minen zum Stillstand.

Unser nächstes Ziel ist das Krankenhaus von Wasikili, wo ein gutaussehender, aber erschöpfter Arzt uns Stationen voller Aids-Patienten zeigt, die auf ihren Tod warten. Für Menschen mit Krankheiten, die man behandeln kann, fehlt Platz. Es gibt nicht genügend Ärzte oder Krankenschwestern, um die Aids-Krise in den Griff zu bekommen, ganz zu schweigen von der Behandlung jener, um die es noch nicht ganz so schlimm bestellt ist. Es mangelt an Betten und Medikamenten.

»Häusliche Pflege ist die einzige Lösung«, sagt der Arzt. »Die Gesundheitsversorgung steht vor dem Kollaps.«

Anschließend fahren wir 50 Kilometer aus Ndola hinaus, um uns die Auswirkungen von Aids auf die Landwirtschaft anzusehen. In einem Dorf mit strohgedeckten Häusern scharren Hühner in sauberem, gelbem Boden, die Sonne scheint, Leute rennen heraus und lachen uns zu. Ich bin fast fröhlich. Dann machen wir ein Interview mit Sam, einem jungen Farmer, und seinem Großvater. Sam hat auf dem Land seiner Großeltern Mais und Sorghum angebaut, doch aufgrund seiner HIV-Infektion ist er nun zu krank zum Arbeiten. Er hat keine Maschinen, die ihm die Arbeit erleichtern würden.

Sam und sein Großvater nehmen uns mit auf die Felder und zeigen uns eine Fläche, die von Unkraut und Gras überwuchert ist.

»Hier war früher überall Mais«, erklärt uns Sam und macht eine Handbewegung, die bis zum Horizont reicht.

Sein Großvater steht aufrecht und stolz neben uns und hört seinem Enkel zu. Er besitzt keine Schuhe, trägt aber eigens für die Kamera ein abgewetztes weißes Sakko. Diese würdevolle Geste bringt mich fast zum Weinen.

»Jetzt wächst nur noch Gras auf dem Feld. Mir fehlt die Kraft, die man zum Pflügen braucht«, erklärt Sam.

Wenn Aids sich weiter ausbreitet, wird es nicht mehr genügend Menschen geben, um die Nahrungsmittel zu produzieren, die Sambia so dringend benötigt. Das scheint mir eine apokalyptische Botschaft, und ich möchte sie von den Berggipfeln auf die Verharmloser der Epidemie hinunterschreien, um sie aus ihrer auf falschen Informationen beruhenden, bedrohlichen Selbstgefälligkeit zu reißen.

Nach dem Aufenthalt im Copperbelt nehmen wir, wieder in Lusaka, die Dreharbeiten bei der Barclays Bank auf, an deren Beispiel wir die Auswirkungen von Aids auf die Geschäftswelt beleuchten wollen. Ein gewisser Mr. Bright Nyerende lädt uns ein, einem seiner Kurse beizuwohnen. Bright schmückt sich mit großen quadratischen Brillengläsern und langen Koteletten. Er hält eine Penisnachbildung aus Holz und ein Kondom hoch. Mit seiner Wortwahl ist er nicht zimperlich: »Damit eines klar ist: Ich werde hier freimütig über die Anatomie des Menschen sprechen. Heute brechen wir Tabus.«

Seine Zuhörer halten den Atem an. So deutliche Worte und Gesten sind selten. Einerseits pragmatisch und ernst, was die Risiken von ungeschütztem Geschlechtsverkehr betrifft, ist Bright andererseits sehr unterhaltsam und humorvoll. Immer wieder hält er mitten im Satz inne und, einen Stift oder eine Kreide (einmal auch den Holzpenis) in die Höhe haltend, fragt er: »Verstehen wir uns?«

Die Teilnehmer nicken eifrig. Am Ende bekommt er kräftigen Applaus. Bright ist Barclays Geheimwaffe.

»Ich besuche jetzt einen unserer Angestellten, der krank ist. Vielleicht möchten Sie mitkommen«, meint Bright zu mir und dem Team, während er immer noch den Holzpenis umklammert hält.

»Verstehen wir uns?«

»Ja«, antworten wir alle drei im Chor und zwängen uns in sein Auto. Während der Fahrt in die Randsiedlungen erzählt uns Bright mehr über die Auswirkungen von Aids auf die Wirtschaft.

»Ein HIV-positiver Mann kann noch fünf, sechs, vielleicht sogar zehn Jahre arbeiten. Es ist das Stigma, das ihn fertigmacht. Diese Menschen geben auf und sterben, wenn sie Zurückweisung erfahren – sie werden zu Außenseitern gestempelt. Wenn wir lernen, sie fair und mit Respekt zu behandeln, gibt es keinen Grund, warum sie nicht noch zehn oder sogar mehr Jahre der Firma nutzen können. Besuche zu Hause halten die Moral aufrecht und das Leistungsniveau hoch«, führt er aus.

Burns Lubinda ist bei Barclays einer der Topleute in der Devisenabteilung, nun aber infolge einer Tuberkulose schwer krank. Obwohl offensichtlich ist, dass Burns unter Aids in einem fortgeschrittenen Stadium leidet, weigert er sich, einen Test zu machen. Brights respektiert seine Entscheidung und möchte, dass er sich von seinen Kollegen und Vorgesetzten emotional gestützt fühlt.

Wir kommen zu Burns' Haus und treten in ein tadellos sauberes Wohnzimmer, in dem ein riesiger, mit weißer Spitzenborte dekorierter Fernseher alle Blicke auf sich zieht. Das Sofa, auf dem wir Platz nehmen, ist mit rosaroten Deckchen ausgelegt. Burns' Frau tritt schüchtern lächelnd mit einem Tablett Fantaflaschen hinter einem Perlenvorhang hervor. Sie trägt einen Faltenrock, Schuhe mit Schleifen und einen geblümten Pullover. Ihr Sohn, den sie uns vorstellt – ein hübscher Zwölfjähriger – hat neue Turnschuhe an.

Burns' Haut ist bleich, die Augen liegen farblos und fiebrig in dunklen Höhlen. Er ist stark abgemagert, und wenn er in sein

Handtuch hustet, ist der austretende Schleim mit Blut durchsetzt. Burns' Sohn zuckt jedes Mal zusammen, wenn sein Vater hustet. Er hört Bright mit größter Aufmerksamkeit zu, so als würde dieser freundliche Mann mit der Brille die Lösungen für die Probleme seines Vaters kennen.

»Als Erstes trinken wir alle Fanta, dann unterhalten wir uns ein bisschen, und außerdem glaube ich, tut es gut zu beten. Verstehen wir uns?«, fragt Bright und öffnet seine Flasche mit einem lauten Zischen.

Bright fängt an zu beten. Ich sehe auf seinen geneigten Kopf und auf Burns' Sohn, der seine Augen starr nach oben richtet, als würde er Gott um Hilfe anflehen. Aids ist in diesem blitzsauberen kleinen Raum präsent wie ein hochgiftiges Gas. Den stets pragmatischen Bright in das Gebet flüchten zu sehen verdeutlicht mir, wie hilflos wir alle im Angesicht dieses unerbittlichen Monsters sind. Als wir uns verabschieden, nimmt Burns' Frau meine Hand und bedankt sich, als hätte ich persönlich ein Heilmittel überbracht. Ich fühle mich klein und nutzlos und bin zu Tzvika und Peter während der ganzen Fahrt zurück ziemlich barsch.

Später drehen wir, wie Wingstone vor einer Gruppe Industriearbeiter spricht. In einem kargen, weißgekalkten Raum wurden einige Blechstühle in Reihen aufgestellt. Männer in orangefarbenen Arbeitsanzügen trudeln ein. Einer kommt auf mich zu. »Also, wie lange dauert es noch, bis wir ein Medikament gegen Aids haben?«, fragt er mich. Mit strahlendem, erwartungsvollem Lächeln erwartet er meine Antwort.

Ich entscheide mich für die Wahrheit.

»Ich fürchte, ich weiß es einfach nicht, ich nicht und alle anderen auch nicht.«

Die Miene des Mannes verdüstert sich.

»Danke, Madam«, sagt er förmlich, ehe er sich abwendet.

Wingstone kommt zusammen mit Joseph, der auch zu den Bewohnern von Hope House gehört. Josephs Haut sieht infolge einer Gürtelrose verheerend aus. Eine schlimme, zornige Falte zieht sich über die eine Seite seines Gesichts. Die Arbeiter sehen ihn voller Angst und Feindseligkeit an, befremdet von seiner physischen Erscheinung. Wingstone setzt sich eilig hinter den Schreibtisch, so dass nur wenigen sein verkrüppeltes Bein auffällt. Er fängt zu reden an, aber dies ist kein einfaches Publikum.

»Kann man jemals wieder mit einer Frau schlafen?«, fragt ein Mann.

Es folgt prustendes Gelächter. Wingstone nimmt es gelassen. Ich wünschte, ich besäße Brights Vertrauen in das Gebet. Ich würde alles tun, um glauben zu können, dass ein Heilmittel in Sicht ist.

Aufgrund seines Erfolges mit den abendlichen Fernseh- und Radiosendungen während der Cholerakrise wurde Dr. Manasseh Piri von Präsident Chilube ein neuer Posten angeboten. Er ist jetzt Generaldirektor von ZBC, der sambischen Rundfunkanstalt. Wenn das Interview aus dem Cholerafilm auch nur halbwegs repräsentativ für ihn ist, hat er zum Thema Aids sicher eine Menge zu sagen.

Außer einem Mann, der den Flur moppt, ist die ZBC menschenleer. Wir schleifen die Ausrüstung mehrere Etagen hoch. Als wir das Büro des Generaldirektors finden, ist es verschlossen. Tzvika zuckt mit den Schultern. »Der kommt nicht, das sage ich euch«, meint er.

»Das hast du letztes Mal auch gesagt«, gebe ich zurück.

Er ignoriert mich und zündet sich eine Zigarette an.

»Und jetzt?«, fragt Peter.

»Wir warten«, antworte ich kurz angebunden.

Eine halbe Stunde später taucht Dr. Piri auf. Sein Bart ist abrasiert, ein Lächeln liegt auf seinem Gesicht, Anzug und Krawatte sind makellos. Er umarmt mich herzlich.

»Der Film über die Cholera war fantastisch!«, begrüßt er mich. »Ich habe ihn schon zweimal im Fernsehen zeigen lassen.«

Er begrüßt das Team mit einem freundlichen Händedruck.

»Schön, Sie alle wiederzusehen«, fügt er an. »Ich gratuliere Ihnen zum Cholerafilm – wirklich. Er war ausgezeichnet.«

Tzvika ist versöhnt.

Dr. Piri gibt ein bestechendes, redegewandtes Interview. Sein scharfer Intellekt und die vollständige Erfassung der Lage verleihen ihm eine unglaubliche Präsenz, der sich die Zuschauer nicht entziehen werden können.

»Aids ist nicht nur ein Gesundheitsproblem. Es ist ein wirtschaftliches Problem, ein soziales Problem, ein politisches Problem. Und in allererster Linie ist es ein persönliches Problem. Jeder Einzelne in Sambia muss an sich selbst denken. Vor kurzem war eine Delegation indischer Ärzte bei mir zu Besuch. Sie fragten mich, welchen wichtigen Rat ich Indien erteilen würde, wenn man mich darum fragte.«

Dr. Piri beugt sich nach vorn und sieht angestrengt in die Kamera.

»Ich antwortete, wenn ich nur einen einzigen Rat frei hätte, würde der lauten: ›Ihr müsst euch eingestehen, dass die Krankheit bei euch existiert, und dann anfangen, etwas zu unternehmen.‹«

Danach fühle ich mich in Hochstimmung und sehr berührt. Ich weiß, Dr. Piri hat mir genau die richtigen drastischen, kritischen und aufrichtigen Worte geliefert, die mein Film braucht. Er muss schnell wieder weg, um die Abendnachrichten abzunehmen, aber im Gehen bietet er mir noch einen Job an.

»Ich kann Sie nicht nach britischen Maßstäben entlohnen, aber für sambische Verhältnisse ist es ein ordentliches Gehalt«, sagt er. »Denken Sie darüber nach.«

Beinahe wäre ich versucht, das Angebot dieses klugen, leidenschaftlichen, engagierten Mannes aus dem Stand anzunehmen.

Die Geschichte hat ein trauriges Ende. Dr. Piri ist sich natürlich darüber im Klaren, dass das Fernsehen eine schlagkräftige Waffe im Kampf gegen Aids darstellt. Überall in der Stadt empfehlen Plakate eheliche Treue oder Abstinenz. Dr. Piri kennt die menschliche Natur aber zu gut, um zu wissen, dass dies unrealistische Botschaften sind, vor allem unter den jungen Leuten. Die Menschen werden nicht aufhören, Sex zu haben. Die einzige realistische und finanzierbare Barriere zwischen Leben und Tod sind Kondome.

Die meisten jungen Männer, mit denen wir gesprochen haben, betrachten Kondome mit Verachtung und empfinden sie als Bedrohung ihrer Männlichkeit, aber Dr. Piri hat einen genialen Einfall. Er trommelt die sambische Fußballnationalmannschaft zusammen. Nachdem die vorherige Mannschaft auf tragische Weise bei einem Flugzeugabsturz ums Leben kam, besitzen Sambias Fußballspieler Heldenstatus. Bestätigen die Fußballer im Fernsehen, wie wichtig Kondome sind, wird jeder männliche Sambier unter Garantie zur nächsten Apotheke laufen, um es seinen Vorbildern gleichzutun.

Präsident Chilube bekommt Wind von der geplanten Kampagne und ist außer sich. Als Wiedergeborener Christ denkt er, Dr. Piri sei von allen guten Geistern verlassen und benutze das Fernsehen, um seine Landsleute in Schande zu stürzen und zu empören. Er wird unverzüglich seines Amtes enthoben. Aids wütet weiter in Sambia. Aktuelle Schätzungen gehen davon aus, dass inzwischen jeder Zweite betroffen ist.

Dr. Piris Entlassung veranschaulicht gut, was in Afrika nicht stimmt. Brillante Visionäre, die gleichzeitig mitten im Leben stehen, gibt es nur sehr wenige. Dr. Piri ist einer dieser Visionäre. Er sollte seine Stimme erheben, nicht nur in seinem eigenen Land, sondern in ganz Afrika und vor den Vereinten Nationen. Ich habe bisher noch nicht oft Menschen gehört, die so viel Vernünftiges gesagt haben. Aber man hindert ihn daran, das zu tun, was er am besten kann – die Ursachen der Krisen, von denen das moderne Afrika geschüttelt wird, zu analysieren und Lösungen dafür zu finden.

Nach dem Interview mit Dr. Piri sind unsere Dreharbeiten abgeschlossen. Zur Feier des Ereignisses lade ich die Crew zum Essen ein. Nachdem ich bezahlt habe und die anderen schlafen gegangen sind, treffe ich in der Lobby auf Paul, der dort auf mich gewartet hat. Er hat eine Flasche Wein und zwei Gläser besorgt. Wir setzen uns an den Pool und reden bis spät in die Nacht. Ich hätte mir vorstellen können, ihm näherzukommen, aber am nächsten Morgen breche ich in eine andere Welt auf, und so halte ich es, wenn auch widerstrebend, für besser, dass wir uns verabschieden. Ich habe ihn seither nicht wiedergesehen.

Ich schnitt den Film und legte der UNDP in New York eine Rohfassung vor. Eine Gruppe von Mitarbeitern sah ihn gemeinsam an. Niemand fand ihn gut. Sie wollten mehr Fakten und Zahlen, Grafiken und Informationen. Der Film war angeblich als Argumentationshilfe nicht ausreichend. Was für uns, das Team, die wirklich bewegenden menschlichen Geschichten darstellte, interessierte sie nicht. Lieber hätten sie ein illustriertes Drehbuch mit durchgehendem Kommentar gehabt.
Was mit dem Film passiert ist, weiß ich nicht. Aber ich weiß, dass in Afrika weiterhin Aids wütet und dass das meiste von dem, was in dem Film vorausgesagt wurde, tatsächlich eingetreten ist.

5 Der rote Terror
Äthiopien

Als mich der Anruf von Rags Ek aus London erreichte, lebte ich gerade in Kenia. Rags, eine dänische Geisteswissenschaftlerin, hatte, obwohl sie selbst keine Filmemacherin war, von der BBC einen Auftrag für einen Dokumentarfilm über Äthiopien an Land gezogen. Als Moderator hatte sie bereits den bekannten Journalisten George Alagiah verpflichtet, nun brauchte sie noch jemanden für die Regie. Ich konnte es kaum erwarten, mit der nächsten Maschine aus Nairobi zu starten. Ich hatte einige Monate dort verbracht, um auf Filme zu warten, die dann doch nicht realisiert wurden, und mir die Zeit vertrieben, indem ich ehrenwerte, aber langweilige lokale Dokumentationen und billige Werbefilme machte.

»Worum geht es in dem Film?«, erkundige ich mich, als ich mit Rags telefoniere.

»Mengistu«, antwortet sie.

»Wen?«

Ich bin erschreckend uninformiert, welche Gräueltaten der kommunistische Diktator Äthiopiens, Mengistu Haile Mariam, an seinem eigenen Volk begangen hat. Während des berüchtigten roten Terrors Ende der 1970er-Jahre schickte Mengistu Tausende Menschen in die Folterkammern oder verurteilte sie zum Tod – oder beides. Während ich zur selben Zeit in Cambridge in vollen Zügen mein Leben genoss, auf Maibällen tanzte und auf altehrwürdigem College-Rasen Pimms trank, übte Mengistu seinen roten Terror aus, war Pinochet in Chile an der Macht und kamen in Kambodscha unter den roten Khmer mehr als zwei Millionen Menschen um.

Mengistu floh 1991 nach Simbabwe und lebt seitdem unter dem Schutz Präsident Mugabes in Harare. Wir befinden uns jetzt im Jahr 1994, und Äthiopien beschreitet den mühsamen Weg zu einer funktionierenden Demokratie. Meles Zenawi, zu dem Zeitpunkt Übergangspräsident – 1995 wird er in umstrittenen Wählen gewählt –, hat das langwierige und komplizierte Verfahren eingeleitet, eine Auslieferung Mengistus zu erwirken, damit dieser vor Gericht gestellt werden kann. Mengistu und Tausende seiner Helfer werden zahlreicher Verbrechen gegen die Menschheit beschuldigt. Nach allgemeiner Auffassung dürften die zu erwartenden Gerichtsverfahren das Ausmaß der Nürnberger Prozesse erreichen.

Als ich in Addis Abeba ankomme, um den Film vorzubereiten, holt mich niemand ab. Rags hatte mir versichert, sie würde da sein, daher habe ich mich um keine Unterkunft gekümmert und auch keine Telefonnummer, wo sie zu erreichen ist. Warten bin ich in Afrika schon gewohnt, also setze ich mich erst einmal auf meine Tasche und beobachte die Leute. Was mich auf Anhieb fasziniert, ist das aparte Aussehen der Äthiopier – klein und schlank mit hohen Backenknochen, fast mandelförmigen Augen, langen, schmalen Nasen und fein geschnittenen Lippen.

Nach zwei Stunden taucht ein Mann auf, der ein ramponiertes Blatt Papier hochhält, auf das in grüner Tinte »Mr. Matcale« geschrieben steht. Stünde nicht auch noch in kleineren Buchstaben »Rags Productions« darauf, würde ich es vermutlich nicht weiter beachten.

Ich zwänge mich auf den mit rutschigem Plastik überzogenen Rücksitz seines Taxis, und wir fahren Richtung Stadtmitte.

Barackensiedlungen überziehen die Hügel rund um Addis. Im Stadtzentrum zeugen die breiten, nun heruntergekommenen Avenuen und Plätze noch vom Prunk der 44-jährigen Regierungszeit des Kaisers Haile Selassie, der 1974 gestürzt wurde. Beängstigend wirken dagegen die Monumente, die aus der Zeit Mengistus stammen, Standbilder und Bronzereliefs, nach sowjetischem Vorbild von Nordkoreanern hergestellt. Fahnen entrollen sich, Bauern strecken die Faust zum Gruß in den Himmel, Soldaten schwenken ihre Bajonette durch die Luft, und einvernehmlich wenden sich alle ihrem Führer Mengistu zu – Bilder eines heilen kommunistischen Staates.

Sogar mein Hotel, das Ghion, erinnert mich mit seiner gnadenlos trübsinnigen Fassade an den Ostblock. Die weniger heroischen Seiten des Kommunismus offenbaren sich in der Innenausstattung des Hotels. Überall hängt der Gestank von modrigem Teppich. Die langen, düsteren Flure sind khakifarben gestrichen und mit roten Läufern ausgelegt, die inzwischen verzogen sind und voller Flecken. Mein Zimmer ist graubraun gestrichen, die Einrichtung in Beige und verblichenem Gelbgrün gehalten. Ich packe aus und strecke mich auf dem durchhängenden braunen Bett aus.

Nach dem Mittagessen kommt Rags zusammen mit George Alagiah. Da die Themen seiner Fernsehreportagen meist eine getragene, unter Umständen sogar erschütterte Miene erfordern, habe ich ihn noch nie fröhlich gesehen und bin verblüfft, wie schön sein Lachen ist. Wir gehen gemeinsam in den riesigen Speisesaal, wo wir Gail treffen, die als Expertin in Sachen Mengistu gilt. Gail spricht mit Leidenschaft, als sie uns erklärt, wie sehr sich die internationale Staatengemeinschaft angesichts der großen Hungerkatastrophe in Äthiopien schuldig gemacht hat. Während ich ihr zuhöre, esse ich meinen Hühnereintopf.

Bis zum Ende unseres Mittagessens bin ich davon überzeugt, dass Mengistu im Zuge seiner Bestrebungen, an der Macht zu bleiben, einen Völkermord vergleichbar dem eines Pol Pot oder Stalin begangen hat. Ich war in aller Eile engagiert worden, und der Zweck des Films war mir erst einmal nicht klar gewesen. Jetzt bin ich aufgescheucht. Den weiteren Nachmittag verbringe ich damit, so viele Informationen wie nur möglich in mich aufzusaugen.

Ich bin mir nicht sicher, was ich von Rags halten soll. Ihre direkte Art wirkt entwaffnend auf mich. Ihr Äußeres ist für eine Frau, die erst Anfang 30 ist, ziemlich bieder. Sie trägt lange Faltenröcke mit Blumendrucken, Pumps und Blazer mit gepolsterten Schultern, oft aus smaragdgrüner Seide oder in Königsblau. Das Haar ist mit Henna gefärbt und in einem strengen Pagenkopf mit exaktem, vollem Pony geschnitten. Aus dem so gerahmten Gesicht blitzen strahlend blaue, sehr wachsame Augen, mit Sicherheit das Hervorstechendste an ihr.

Sie kann unglaublich charmant sein und wie ein kleines Mädchen kichern, vor allem in der Anwesenheit von Männern. Doch beim leisesten Anflug von Kritik wird sie ernst und distanziert, hebt drohend den Zeigefinger und protestiert in ihrem abgehackten dänischen Akzent.

Abends treffen wir uns meist in ihrem Zimmer, das sie sich mit ihrer kanadisch-japanischen Assistentin Vivien teilt, um die Kosten niedrig zu halten, und trinken den Asmara-Gin aus der Region. Der scharfe, klinische Geruch des Gins vermischt sich mit Rags' Parfüm. Sie benutzt das sehr blumige *Giorgio Beverly Hills*, das einen fast erschlägt. Es durchdringt sogar die Vorhänge, die eigentlich nach Morast riechen. Rags redet gern bis spät in die Nacht, und nachdem ich ins Bett entkommen bin – Vivien bleibt aschfahl und erschöpft zurück –, fängt Rags an zu tippen. Sie ist technikbegeistert, und ihr neuestes Spielzeug ist ein Laptop.

Jeden Morgen taucht sie adrett gekleidet auf, jedes einzelne Haar perfekt sitzend. Beim Frühstück lässt sie den Kaffee stehen und besteht stattdessen auf Papaya und Mineralwasser, weil das »die Haut aufpolstert«. Beim Verlassen des Hotels lässt Rags das Auto anhalten, damit sie zwei bettelnden Mädchen, die täglich an den Toren warten, Geld zustecken kann. Sobald sie den Wagen kommen sehen, erheben sich die beiden Lumpenbündel aus dem Graben am Straßenrand, wo sie zusammengekauert gesessen haben, und laufen mit leuchtenden Augen in den schmutzigen Gesichtern auf uns zu.

»Sind sie nicht nett?«, sagt Rags. Nachdem sie auf diese Weise ihre tägliche gute Tat getan hat, lehnt sie sich zurück und stößt einen zufriedenen Seufzer aus, während wir das Stadtzentrum ansteuern.

Zwei Tage nach meiner Ankunft wird bekannt, dass auf dem Gelände des Institute of Security Skelette ausgegraben wurden. Während dieser Aufklärungsperiode gibt es jeden Tag Hunderte schauerlicher Entdeckungen. Ein Massengrab mit den sterblichen Überresten hochrangiger Beamter der Regierung Kaiser Haile Selassies wurde bereits freigelegt. Sie waren im Zuge der ersten Exekutionswelle 1974 ermordet worden, als Haile Selassie gestürzt und durch eine Militärregierung unter General Teferi Benti ersetzt worden war. Im selben Jahr begann Mengistu seinen blutigen Weg an die Macht, der drei Jahre später damit endete, dass Teferi umgebracht wurde und Mengistu die Regierung an sich riss.

Jenes Massengrab barg die Gebeine eines Prinzen, zweier Premierminister, von 25 Ministern und Provinzgouverneuren, elf Generalleutnants, vier Generalmajoren, zweier Brigadegeneräle, eines Marinekommandanten, dreier Oberste und von sieben Offizieren anderer Ränge. Ich frage mich voller Bitterkeit, was wir nun in diesem neuen Grab finden werden.

Ein grauer Mercedes der Regierung holt uns ab. An der Einfahrt zum Institute of Security halten uns bewaffnete Wachen an. Die nächste Stunde verbringen wir mit Verhandlungen, weil man uns den Zugang verwehren will. Zum Glück kennt Rags einen Oberst, der uns schließlich weiterfahren lässt. Wachen bringen uns zu dem Grab, wo wir ein Team von Forensikerinnen aus Argentinien antreffen – junge, adrette Frauen in gebügelten Latzhosen und weißen T-Shirts. Sie entfernen den Schmutz von den Schädeln und holen die schauerlichen Beweisstücke ans Licht.

Wider Erwarten versetzt mir die Exhumierung keinen Schock. Die Fetzen von Kleidungsstücken und die wie geschrumpft wirkenden Skelette erscheinen mir unwirklich. Die Szenerie ist beinahe schön. Hoch aufragende Zypressen flüstern im Wind, und der Duft von Wildblumen erfüllt die Luft. Einzig das bunkerähnliche Gebäude in einiger Entfernung bildet einen Hinweis auf den Horror der Massenhinrichtung. Ich versuche mir vorzustellen, wie die Männer an diesen ruhigen Ort geführt und erschossen wurden.

Die Argentinierinnen plappern unbeschwert und lachen immer wieder während der Arbeit. Ihre frischen, lebhaften Gesichter wirken in dieser schmutzigen Hinrichtungsstätte fast grotesk gesund. Trotz der lebhaften Unterhaltung achten sie peinlich genau auf jeden einzelnen Zahn oder Fingerknöchel, führen über jedes Detail Buch und packen Knochenteile in Plastiktüten.

Wir brauchen Bilder von dieser Beweisaufnahme, also springe ich mit unserer Hi8-Kamera in einen leeren Abschnitt des Grabes. Der Schlamm haftet sich zäh wie Karamell an meine Schuhe. Mimi, die Teamleiterin, bürstet gerade Schmutz aus der Augenhöhle eines Schädels. Ihr kastanienbraunes Haar wird von einem rotgepunkteten Bandana zurückgehalten, und sie trägt einen Hauch rosafarbenen Lippenstift.

Wir legen eine Mittagspause ein, und Rags lädt uns in das Fine-Fine ein, ein Restaurant in einem alten Palast. Dort sitzen wir unter bemalten Balken auf niedrigen Stühlen. Durch die schmutzigen Fenster fällt milchiges Sonnenlicht. Wir essen das äthiopische Nationalgericht *njira* mit Fleisch und Gemüse. *Njira* ist ein riesiger Pfannkuchen aus *tef*, einer Art Getreide mit sehr hohem Eisengehalt. Die graue, schwammartige Konsistenz erinnert mich an die

Schleimhaut eines Schafmagens. Der Pfannkuchen wird auf eine runde Zinnplatte gestürzt und mit allen möglichen Zutaten belegt. Feucht, kühl und mild im Geschmack bildet er einen Ausgleich zu den scharfen Gewürzen, die über die vielen Knorpel im Fleisch hinwegtäuschen sollen. Man isst mit der rechten Hand, reißt vom *njira* ein Stück ab und nimmt damit die Speisen auf. Nachdem wir den ganzen Vormittag die sterblichen Überreste von Menschen gefilmt haben, esse ich jetzt mit einem Appetit, als müsste ich meine Dankbarkeit zeigen, dass ich noch am Leben bin.

Die Beweismittel, die aus der Erde zutage gefördert werden, sind so bedeutend, dass wir uns entschließen, einen Kameramann zu engagieren – angekaufte Hi8-Aufnahmen sind für die Fernsehausstrahlung nicht ausreichend. Außerdem bringt die Anwesenheit eines hochkarätigen Journalisten wie George die Medien auf die Fährte einer neuen Story. Wir müssen schnell sein und alle Kontakte von Rags mit großer Diskretion behandeln, wenn wir einen Exklusivbericht haben wollen. Ich tätige einen kurzen Anruf, handle ein Honorar aus und bestätige den Vertrag, so einfach kann es gehen.

Manchmal funktioniert das Netzwerk wirklich gut.

De Groot, ein holländischer Kameramann aus Nairobi, trifft am nächsten Tag mit seiner Ausrüstung ein. Er sieht aus wie der Golfer Bernhard Langer. Wir drehen den ganzen Tag am Institute of Security. Nach dem Abendessen teilt uns de Groot mit, dass er am nächsten Morgen nach Nairobi zurückfliegen werde. Wir haben ihn für zwei Tage engagiert, aber nun behauptet er, wir hätten ihm das Honorar von 1000 Dollar für einen Tag zugesagt. Als wir ihm darlegen, dass dies weit jenseits des üblichen Tagessatzes läge, wird er sehr heftig im Ton und aggressiv. »Glaubt ihr, ich bin billig zu haben?«, fährt er uns an.

De Groot beschuldigt uns, ihn über den Tisch ziehen zu wollen. Dann begründet er seine überstürzte Abreise damit, dass er seine

Ausrüstung nach Nairobi zurückbringen müsse. Ich erkläre ihm, dass wir ihn unter anderem auch deshalb engagiert hätten, weil er behauptet hatte, er könne gute Konditionen für die Ausrüstung aushandeln.

»Wollt ihr damit behaupten, ich sei ein Lügner?«, schreit er, rot im Gesicht.

Nun ist er von allen guten Geistern verlassen. Rags erhebt ihren Zeigefinger, George und Vivien sind peinlich berührt. De Groot verabschiedet sich schließlich ins Bett und sagt, er würde das Hotel um acht Uhr früh verlassen, wenn wir ihm nicht weitere 1000 Dollar bezahlen. Im Grunde bin ich froh, ihn von hinten zu sehen. Ich habe keine Lust, mit jemandem zu arbeiten, der sich so benimmt.

Manchmal lässt einen das Netzwerk dann doch im Stich.

Ich kann nicht schlafen. Es fängt an zu regnen, und Moskitos summen um mein Ohr. Um halb sieben in der Früh mühe ich mich aus dem Bett und schließe mich Rags beim Frühstück an. Nach der Aufregung des vorhergehenden Abends schlürfe ich meinen Kaffee in gedrückter Stimmung. Rags trinkt wie üblich Mineralwasser. Als gerade unsere Papaya serviert wird, stürzt Vivien herein und sagt uns, de Groot sei im Begriff abzureisen und weigere sich, die Videobänder herauszugeben. Er glaube, wir würden ihn nicht bezahlen und verlange eine schriftliche Auftragsbestätigung, bevor er uns das Material aushändige. Rags stellt schnell eine Bestätigung aus, Vivien wird losgeschickt, um ihn zu beruhigen und die Bänder zu holen.

Eine halbe Stunde später kommt sie mit sorgenvoller Miene zurück. De Groot ist mit den Bändern zum Flughafen unterwegs. Nun will er auch noch ein First-Class-Ticket. Niemand, der bei Dokumentarfilmen mitarbeitet, fliegt jemals erster Klasse. Nicht einmal Business Class.

Rags läuft zu Hochform auf. Sie ruft am Flughafen an und setzt durch, dass de Groots Pass vom Innenministerium eingezogen wird. Dann fährt sie sofort zum Flughafen los. Sie ist außer sich. Einige Stunden später kommt sie mit den Bändern zurück. De Groot war erst bereit, sie herauszugeben, als ihm klar wurde, dass der Pass auf unbestimmte Zeit einbehalten werden könnte.

Nach diesem kleinen Drama fühle ich mich erschöpft, und mein Kopf ist leer, aber die Arbeit muss weitergehen. Nach unseren Zeitplan müssen wir in nicht ganz einem Monat richtig mit der Produktion beginnen, und wir sind nach wie vor meilenweit von einer zusammenhängenden Geschichte entfernt.

Wir besuchen den Patriarchen, die äthiopische Entsprechung des Papstes. In seinem Palast führt man uns in einen Raum und bittet uns zu warten. Zwischen gänzlich unpassenden schäbigen Vorhängen in Beige mit Blumenmuster strömt die Nachmittagssonne durch eine Reihe langer Fenster herein und wirft Lichtrauten auf die tiefroten Teppiche. Kanariengelbe Sofas flankieren einen mit scharlachrotem Baumwollsamt überzogenen Thronstuhl. Dahinter befindet sich eine glitzernde Darstellung der Jungfrau Maria mit dem Kind, davor steht ein mit einem weißen Tuch umhüllter Tisch, auf dem eine silberne Vase und einiger wertloser Nippes arrangiert sind, der protzig in der Sonne aufscheint. Allmählich macht uns die Hitze benommen. Während wir warten, führen wir eine belanglose Unterhaltung.

Dann geht eine Seitentür auf, und der Patriarch tritt ein. Er ist ganz in Weiß gehüllt und mit Schmuck behängt. Elfenbeinperlen und ein riesiges, mit Rubinen besetztes Goldkreuz baumeln um seinen Hals. Auf dem Kopf sitzt ein großer Hut in Form einer Zwiebelkuppel. Er sieht uns mit eindringlichen, blitzenden Augen an und gibt ein glucksendes Lachen von sich. Dann bedeutet er uns, auf den Sofas Platz zu nehmen. Er selbst nimmt den Thronsitz ein. Männer in abgewetzten Mänteln huschen mit kleinen Tabletts herein und servieren Kekse und Tee in weißgeblümten Plastiktassen.

Inmitten von so viel Prunk und Pomp haben diese billigen Teetassen etwas Anrührendes.

Der Patriarch war von Mengistu festgenommen und sieben Jahre inhaftiert worden, ehe er ins Exil nach Amerika ging und an der Universität von Princeton studierte.

»Die Welt muss erfahren, wie unser Land unter Mengistu gelitten hat«, sagt er. »Ich möchte Sie ermutigen, diesen Film zu drehen.«

George wirft er einen eindringlichen Blick zu, während er Rags und mich beinahe mit einem Augenzwinkern anlächelt. Als Filmemacherin bin ich begeistert – der Patriarch und sein Umfeld sind ein Festmahl für die Augen.

Nach dem Abendessen sind wir mit einigen der Schlüsselfiguren in dem anstehenden Gerichtsverfahren verabredet. Wir treffen uns im *National Hotel* in einem schäbigen Raum mit schmutzigen Stores und trinken Asmara-Gin. Anwesend sind ein rosagesichtiger Amerikaner mit beginnender Glatze, der das Gerichtsverfahren überwacht, und ein öffentlicher Ankläger aus Atlanta, der bereits die Verurteilung des Peinigers einer äthiopischen Frau bewirkt hat, sowie einige Beobachter von der Menschenrechtsorganisation Africa Watch.

Man diskutiert heftig über die Todesstrafe. Amnesty International hat zugesagt, das Verfahren zu begleiten, solange keine Exekutionen angestrebt sind. Da könnte es schwerwiegende Probleme geben. Die äthiopische Kultur ist stark im orthodoxen Christentum verwurzelt und hält es mit der alttestamentlichen Form der Justiz – Auge um Auge, Zahn um Zahn. Die Bevölkerung hat unter Mengistu Jahre des Terrors erlitten und will nun verständlicherweise Blut sehen.

Wenn Mengistu vor Gericht gestellt und für schuldig befunden wird, werden die Äthiopier nur schwerlich akzeptieren, dass er mit einer Gefängnisstrafe davonkommt, während die meisten von ihnen durch ihn unmittelbare Erfahrungen mit Folter und Mord gemacht haben. An diesem Abend teile ich den Standpunkt von *Amnesty*. Ich habe mir meinen liberalen Mantel umgestülpt und wende mich entschieden und unter allen Umständen gegen die Todesstrafe. Erst als wir mit den Dreharbeiten zu dem Film anfangen, entwickle ich allmählich tiefe, von Rachegedanken erfüllte Verachtung gegenüber Mengistu.

Zur Komplettierung unserer Informationen brauchen wir passendes Archivmaterial. Vivien und ich machen uns auf den Weg zum äthiopischen Fernsehen. Das triste, bröckelnde Gebäude sagt bereits alles über den derzeitigen Zustand Äthiopiens aus. Die Fenster sind eingeschlagen, die Korridore menschenleer. Offene Transportkoffer liegen achtlos und verstaubt herum. Halb zusammengebaute Kameraausrüstungen und kaputte Mikrofone wurden zu Haufen aufgetürmt. Wackelige Stapel aus verrosteten Filmdosen und Videohüllen aus Plastik sind mit einer klebrigen Schmutzhülle überzogen. Ein Luftzug, der durch ein eingeworfenes Fenster dringt, erfasst ein großes Staubknäuel und treibt es den Flur entlang auf uns zu.

Schließlich kommt uns gemächlich ein Wachmann entgegen und führt uns in ein überraschend gut organisiert wirkendes Filmarchiv, wo uns Mitarbeiter Bilder ihres Landes aus der Zeit des roten Terrors zeigen. Als Erstes sehen wir Ausschnitte von Präsident Mengistu, wie er seine Truppen inspiziert, die im Stechschritt an ihm vorbeiparadieren, gefolgt von Panzern, die über den riesigen Constitution Square von Addis rollen. Eine Machtdemonstration so bombastisch und protzig wie die Aufmärsche der Stalinisten. Unter Mengistu wuchs die Armee auf das Zehnfache an und umfasste schließlich eine halbe Million Soldaten.

Es folgen Aufnahmen, in denen Mengistu ähnlich wie Hitler vor großen Menschenmengen schwadroniert. »Blut wird Blut ernten«, brüllt er, die Stimme heiser vor hasserfüllter Leidenschaft. »Wir müssen Blut sehen. Unsere Feinde müssen für das äthiopische Volk bluten.«

Dazu schleudert er mit blutroter Flüssigkeit gefüllte Glasflaschen auf den Platz. Die Flüssigkeit ergießt sich aus den zerborstenen Flaschen, verfärbt den Beton und steht symbolhaft für den Ausbruch des roten Terrors.

Als Nächstes kommen grauenhafte Bilder von geschwärzten toten Körpern, blutüberströmten Kindern und wehklagenden Frauen, nachdem zwecks Niederschlagung eines Aufstands Dörfer in Tigray im Norden bombardiert worden waren. Das Betrachten der Aufnahmen ist bedrückend, und ich bin erstaunt, dass die Äthiopier, die das Archivmaterial für uns herausgesucht haben, so gelassen davorsitzen. Ich versuche mir vorzustellen, wie es wäre, nur fünf Jahre nach einem solchen Vorfall ähnliches Filmmaterial über Großbritannien zu sehen.

»Zeigen Sie der Welt einfach, was bei uns passiert ist«, sagt eine junge Frau. Dabei lächelt sie und bietet mir noch eine Tasse Tee an.

Wieder im Hotel setzen Rags und ich uns zusammen und machen uns Gedanken, wie wir unter Einbeziehung des geplanten Archivmaterials und potenzieller Mitwirkender den Film aufbauen können. Inzwischen bereitet es mir erhebliches Kopfzerbrechen, dass wir noch keinerlei Drehplan haben. Morgen soll ich wieder in Nairobi sein, und Rags und George fliegen nach London, um die BBC davon zu überzeugen, dass hier ein eindrucksvoller Film entstehen kann. Rags scheint es nicht wichtig zu finden, vorab Interviewpartner und Mitwirkende zu verpflichten.

»Ach, die finden wir dann schon, wenn es so weit ist«, meint sie und tut meine Bedenken ab, indem sie hektisch ihren Pagenkopf schüttelt.

»Es gibt haufenweise Leute, die reden wollen.«

»Ich weiß, aber wir sollten sie kennenlernen, bevor wir anfangen«, erwidere ich. »Außerdem brauchen wir mehr als nur Leute, die reden. Was haben wir für Motive?«

»Genügend«, sagt Rags voller Zuversicht und wendet sich wieder ihrem Laptop zu.

Später statten wir Castelli, meinem Favoriten unter allen italienischen Restaurants auf der Welt, einen unserer seltenen Besuche ab. Vielleicht bin ich in diesen Ort so verliebt, weil er für Zivilisation steht, für Feiern nach schwerem Tagwerk und vor allem für wohltuende Betäubung, wenn das köstliche Essen und der Wein uns so narkotisieren, dass uns selbst die schlimmsten Nachwirkungen der quälenden Geschichten und Anblicke, mit denen wir konfrontiert werden, nichts mehr anhaben können.

Ein Türsteher kommt mit einem Schirm durch den Regen auf unser Taxi zugelaufen. Aus dem Eingang hinter ihm fällt gelbes Licht auf die nasse Straße. Er begleitet uns hinein und führt uns an einem langen Buffet vorbei, auf dem Delikatessen arrangiert sind, mit denen man in Afrika nicht rechnet – Berge von Rucola und Basilikum, glänzende schwarze und grüne Oliven, sonnengetrocknete Tomaten, in Olivenöl eingelegte Auberginen und geschmorte Paprika, kleine weiche Mozzarellakugeln, Parmesankeile, in Scheiben geschnittenes rotes Carpaccio und Bresaiola, Schinken und Salami, marinierte Anchovis, Scampi, Langusten, Muscheln, Taschenkrebse und Hummer.

Über diesen Überfluss wacht eine üppige Frau in einem voluminösen knallroten Kleid. Sie sitzt auf einem erhöhten Podest und zählt Geld aus einer Ladenkasse, die vor ihr steht. Die halb geschlossenen Augenlider unter einem Turm aus wasserstoffblondem Haar sind türkis geschminkt, die blasse Haut ist gepudert und mit Rouge akzentuiert. Sie ist die Schwester des *maître*, der sofort beflissen zur Stelle ist und uns mit übertriebenem Charme begrüßt.

Unser Wirt, weißhaarig und korpulent, trägt einen ärmellosen Kittel. Er lebt seit mehr als 30 Jahren in Addis und ist eines der letzten Relikte der Kolonialzeit. Er begleitet uns in einen hell erleuchteten Raum mit polierten Holzböden und gestärkten weißen Leinendecken auf den Tischen. Silber und Glas blinken. Kellner in makellosen weißen Jacken mit Messingknöpfen kümmern sich um den Service. Nachdem wir die mit Antipasti vom Buffet vollgehäuften Teller bewältigt haben, essen wir Spaghetti mit grünen Chilischoten und Safran, gefolgt von fleischigen, kräftig gewürzten Scampi. Das alles lassen wir in Pinot Grigio schwimmen.

Später gönnen wir uns cremigen Cappuccino und nippen an hausgebranntem, grünem Grappa und einem aromatischen Fruchtsaft, wie ich ihn besser noch nie getrunken habe. Derartig entspannt, in meinem Lieblingsrefugium, nach einer Woche harter Arbeit, in der wir nichts außer *njira* gegessen haben, bin ich ausgesprochen glücklich, als wir auf die Auftragserteilung für den Film anstoßen. Morgen reisen wir ab. Ich kann es kaum erwarten, wieder nach Addis zu kommen.

Zehn Tage später, Anfang April, kehre ich zurück, um die Produktion in Gang zu bringen. Wir sollen in ein paar Tagen mit dem Drehen anfangen, sind aber mit dem Zeitplan noch keinen Schritt weiter.

»Entspanne dich«, sagt Rags, »heute Abend haben wir alles in trockenen Tüchern.«

Sie hat eine Verabredung mit Kinfe organisiert, dem stellvertretenden Minister des Inneren und Sicherheitschef. Er und sein Freund Beyene holen uns ab. Beide tragen schicke, diskotaugliche Hemden unter modischen Sakkos. Erstaunt stelle ich fest, dass sie beide höchstens Anfang 30 sind.

Kinfes Haus liegt in einem von hohen Mauern umgebenen Compound, der von Soldaten bewacht wird. Wir schlendern durch neonbeleuchtete Zimmer in einen grässlich eingerichteten Salon. Dort setzen wir uns auf geblümte Samtsofas, umstellt von kleinen, mit Plastikdeckchen belegten Tischen. Auf diesen drängen sich Vasen mit künstlichen Blumen neben Bilderrahmen – der größte und prächtigste von ihnen enthält das Bild der Präsidententochter.

Kinfes Mutter bringt uns bitteres Gerstenbier, Tigrayan-Brot und das unerlässliche *njira*. Kinfe teilt seine Aufmerksamkeit zwischen seinem Mobiltelefon, das unablässig läutet, und zwei winzigen, flauschigen, weißen Hündchen. Gelegentlich entsendet er ein entschuldigendes Lächeln in unsere Richtung.

Ein Mann stößt zusammen mit seinem siebenjährigen Sohn zu uns, und die Geschichten kommen ins Laufen. Das Kind trinkt Coca-Cola und hört mit runden, feierlichen Augen zu. Der Mann erzählt uns von Aferworki oder dem »Mann in Rot«. Zu Zeiten des roten Terrors war Aferworki ein berüchtigter Folterer, der regelmäßig die Straßen von Axum, einer Stadt im Norden des Landes, auf der Suche nach Opfern durchstreifte. Zum Zeichen, dass er sich auf Beutejagd befand, band er sich eine rote Schleife an den Lauf seines Gewehrs.

Eines seiner Opfer war so schrecklich gefoltert worden, dass der junge Mann, als seine Mutter ihm einen Teller mit Essen in das Gefängnis brachte, den Teller zerbrach und sich mit einer Scherbe selbst die Zunge herausschnitt. Dieser Akt des Widerstands versetzte Aferworki dermaßen in Rage, dass er den Mann an seinen Landrover band und ihn durch Axum schleifte, bis er tot war.

Zu meinem Erstaunen teilt uns Kinfe mit, dass dieser bestialische Mann in Rot ein entfernter Verwandter seiner Mutter war. »Sie sehen«, meint er, »wir haben alle irgendwie damit zu tun. Es betrifft jeden von uns.«

Ich frage, ob Aferworki noch am Leben sei. Doch er war, nach seiner Flucht aus Äthiopien, in einem kenianischen Flüchtlingslager von einer wütenden Menge in Stücke gerissen worden.

Es sollten noch viele weitere solcher Horrorgeschichten folgen. Am nächsten Morgen bringt mich Jered, ein Mann mit Zahnlücken und in einer schwarzen Lederjacke, zum Komitee gegen den roten Terror. Jereds Augen sind stark blutunterlaufen, und er wirkt ausgebrannt. Er führt mich in einen kleinen, kahlen Raum, der früher als Folter- und Arrestkammer gedient hat. Hier haben sich Folteropfer eingefunden, die mit mir sprechen möchten.

Mathias ist ein ernster 32-Jähriger mit leiser Stimme. Er verlor während des roten Terrors drei Brüder, alle noch keine 20. Der erste wurde mit einem Auto zu Tode geschleift. Dem zweiten wurden die Augen ausgestochen und die Hände abgehackt, dann ließ man ihn verbluten. Dem dritten wurden die Schulterblätter gebrochen, bevor er bei lebendigem Leib in heißes Öl geworfen wurde.

Ein Mann mit eindringlichem Blick hat mich die ganze Zeit beobachtet, während ich zuhöre. Je aufgewühlter ich werde, umso intensiver beäugt er mich. Ich versuche, mich für die nächste Geschichte zu sammeln, als er unterbricht. Er wirkt aufgeregt und fordert eine Antwort. Seine Augen glühen. Er spricht kein Englisch, aber Jered übersetzt: »Er möchte wissen, ob Sie an die Todesstrafe glauben.«

Unter den Blicken des Mannes verlässt mich der Mut: »Ich weiß es nicht mehr.«

Der Mann steht auf und bewegt sich langsam auf mich zu, dabei fordert er Jered mürrisch auf, er solle weiterübersetzen.

»Stellen Sie sich vor, Ihr achtjähriger Sohn wird vor Ihren Augen gefoltert«, sagt er. Inzwischen ist er so nahe, dass ich seinen Atem riechen kann. »Und dann stellen Sie sich vor, er wird in den Kopf geschossen und die Mörder verlangen von Ihnen, dass Sie für diese Kugel bezahlen.« Er hält inne und kneift die Augen zusammen. »Was würden Sie dem Mann, der solche Gräueltaten angeordnet hat, wünschen, wenn Sie die Mutter des Jungen wären?«, fragt er mich.

Ohne zu zögern, antworte ich: »Ich würde ihn umbringen wollen.«

Voller Genugtuung setzt er sich wieder an seinen Platz und hebt die Hände. »Genau«, erwidert er. »Und dann muss man sich einmal überlegen, dass die Amnesty-Leute hier sind, sich in unsere Kultur einmischen und uns sagen, was wir tun dürfen. Mengistu muss sterben. Alles andere ist undenkbar.«

Ich erinnere mich noch lebhaft an diese Unterhaltung. Während ich einerseits froh bin, aus einem Land zu kommen, in dem es keine Todesstrafe gibt, sehe ich sie aber andererseits auch nicht mehr als Thema, das schon ausdiskutiert ist. Ich weiß, dass ich ebenfalls Mengistus Blut sehen wollte, hätte ich den roten Terror am eigenen Leib erfahren.

Am Wochenende trifft das Team ein. Ich fahre mit Abi, unserem äthiopischen Mitarbeiter, zum Flughafen, um die Leute abzuholen. Abi trägt marineblaue Sakkos und Van-Heusen-Hemden mit Seidenkrawatten. Seine Haut ist glänzend und makellos, und er spricht mit einem Lispeln, das ihm etwas unfreiwillig Tuntenhaftes verleiht. Am Flughafen scheint er jeden zu kennen und manövriert uns mit äußerster Eleganz an den Beamten vorbei.

Tzvika, der Kameramann, mit dem ich bereits die Filme über Cholera und Aids gedreht habe, ist aus Harare eingeflogen, und Rags hat Patrick aus Schweden als Tonmeister eingekauft. George Alagiah ist noch in Ruanda gebunden, wo er über den Völkermord berichtet.

»Wie lange noch?«, frage ich. Rags zuckt mit den Schultern.

»Ist doch egal. Wir kommen auch gut ohne ihn zurecht.«

Da bin ich anderer Meinung, aber im Moment habe ich ganz andere Sorgen. Wir haben noch immer keinen Drehplan festgelegt, und ich möchte unbedingt Vereinbarungen treffen, mit wem wir Interviews führen. Wir sollten zu diesem Zeitpunkt bereits eine genaue Liste haben, was wir filmen, doch Rags schlägt meine Bedenken nach wie vor in den Wind. Die Spannungen nehmen zu. Was wir dringend brauchen, sind Opfer des roten Terrors, die bereit sind, über ihre persönlichen Erlebnisse zu sprechen, doch Rags macht uns unablässig mit Experten und Akademikern bekannt.

Jetzt ist das Team mit der gesamten Ausrüstung vor Ort, und wir vergeuden an jedem Tag, den wir nicht nutzen, bares Geld.

»Geht raus und nehmt GV's auf!«, sagt Rags.

Ein GV ist in der Filmsprache ein *general view* oder eine Szene mit Lokalkolorit. Wir haben vermutlich jedes Denkmal in Addis Abeba aus jeder nur möglichen Perspektive aufgenommen.

George ist inzwischen in Nairobi, wird aber immer noch aufgehalten, also führen wir das Interview mit dem Patriarchen ohne ihn. Die Antworten des Patriarchen auf Rags Fragen sind langatmig und teilnahmslos. Trotz des optisch üppigen Drehorts wird das Interview später nicht in den Film aufgenommen.

Ich bin zunehmend frustriert und kurz davor, das ganze Projekt fallenzulassen. Dazu kommt noch, dass Rags absolut knauserig mit dem Geld ist. Sie mietet ein Auto von einem steinalten Verwandten von Abi, der kein Englisch spricht. Das macht es ausgesprochen kompliziert, sich den Anforderungen entsprechend in Addis zu bewegen. Außerdem ist das Auto viel zu klein, und wir müssen während der Fahrten die schweren Metallkisten mit den Lampen auf dem Schoß halten.

Endlich kommt George an. Es tut mir ausgesprochen gut, dass er auf Anhieb mein Bedürfnis teilt, den Zeitplan auf Vordermann zu bringen. »Was zum Teufel ist hier den ganzen Monat passiert?«, fragt er mich.

Gleich am nächsten Abend sprechen wir mit Rags und weisen darauf hin, dass wir keines der Interviews oder Bilder haben, die der BBC versprochen sind.

»Wenn wir bis übermorgen keinen Drehplan haben, müssen wir der BBC wohl mitteilen, dass es keinen Film geben wird«, merkt George an.

Wir sind ruhig, aber bestimmt. Rags ist keineswegs glücklich darüber, sieht jedoch, dass wir es ernst meinen. Innerhalb von zwei Tagen führen wir ein Interview mit dem Premierminister.

6 Die Gefolterten

Äthiopien und Eritrea

Der Raum, in dem wir das Interview mit Premierminister Meles Zenawi führen, ist riesig und gesichtslos. Möbliert ist er mit mehreren Ledersofas, die in einem Meer von Teppichen ganz verloren wirken. An den Wänden hängen Vergrößerungen kitschiger Bergaufnahmen in Technicolor. Ich finde, dass es im Fernsehen komisch aussähe, wenn der Premierminister vor einem See in den Alpen sitzt, also nehme ich eine äthiopische Flagge aus einer Halterung und drapiere diese als Hintergrund.

Der Premierminister ist winzig und trägt einen Zweireiher mit überbreiten Schultern. Er sitzt in einem befremdlichen Winkel, doch nachdem ich ihn bereits einige Male gebeten habe, sich etwas zu drehen, gibt er mir deutlich zu verstehen, dass er sich keine Anweisungen geben lässt. Ich mache mir Sorgen, weil sein Kopf im Bild wegzukippen scheint. Doch als er zu reden anfängt und in Fahrt kommt, schaut er George unmittelbar in die Augen, um einer Aussage Nachdruck zu verleihen. Das hat beeindruckende Wirkung.

»Wir können vergeben, aber wir können niemals vergessen«, äußert sich Meles Zenawi über das Mengistu-Regime und erinnert daran, dass 150 000 Menschen ermordet wurden.

Weitere 400 000 starben während der großen Hungerkatastrophe 1984. Obwohl die Hungersnot bereits immense Ausmaße angenommen hatte, untersagte Mengistu jegliche Flucht und ließ Nahrungsmittellieferungen in die betroffenen Gebiete einstellen, weil es sich angeblich um Rebellenhochburgen handelte. Wenn er über diese Zeit spricht, färben sich die Augen des Premierministers rot und füllen sich mit Tränen.

»Das war der tiefste Punkt in meinem Leben«, sagt er.

Seine Stimme zittert und ist kaum noch mehr als ein Flüstern. Eindringlich sieht er George an: »Der Völkermord wäre beinahe gelungen. Es ist sehr wichtig, den Äthiopiern zu beweisen, dass es eines Tages Vergeltung geben wird«, sagt er im Hinblick auf das bevorstehende Gerichtsverfahren. Ich finde, das Interview ist gut gelaufen und George hat seine Arbeit hervorragend gemacht.

Das Problem, vor dem die äthiopischen Anwälte stehen, ist die große Masse an Beweismitteln. Außer in Nazideutschland wurden nie solche Mengen an Beweisen für Menschenrechtsverletzungen angehäuft. Es existieren eine viertel Million Seiten an Dokumenten und 5000 Zeugenaussagen. Unter Mengistu gab es allein in Addis 300 sogenannte Nachbarschafts-Vereinigungen – Vorposten des Regimes, die ein gigantisches Informationssystem etablierten. Die Anführer dieser Vereinigungen besaßen die Befugnis zu töten, und alles wurde dokumentiert. Bei jeder Exekution wurden sämtliche Details festgehalten, einschließlich der Kosten für die Kugel.

Bei so vielen schriftlichen Berichten erstaunt es nicht, dass die Beweise eine Überforderung darstellen. Wir filmen Räume, in denen sich Dokumente bis an die Decke stapeln. Es würde ein ganzes Jahrhundert dauern, diese Materialberge einfach nur durchzulesen. Wir finden Wandschränke voller Videokassetten. Folterungen waren aufgezeichnet und die Bänder sorgfältig registriert worden.

Trotz dieser Erlebnisse gibt sich unser Mitarbeiter Abi unbeschwert und will dauernd mit mir flirten. Ständig flüstert er mir etwas über meine »überwältigende Schönheit« ins Ohr. Dabei sehe ich, ehrlich gesagt, alles andere als überwältigend aus, wenn ich bei solcher Hitze angespannt arbeiten muss, eher aufgelöst und mit wirren Haaren. Trotzdem tun mir die harmlosen Schmeicheleien ganz gut, und ich weiß, dass Abi ein Freund ist. Er bringt mich zum Lachen, und wenn wir an einer so deprimierenden Geschichte arbeiten, ist es wichtig, auch einmal fröhlich zu sein. Und vor allem denkt Abi praktisch und effizient und erkennt die Dringlichkeit eines Zeitplans.

Wir essen mit dem Team im Restaurant Blue Posts zu Abend. Die Unterhaltung dreht sich um den Film. Mich treibt immer noch die Sorge um, dass wir bis jetzt kein Folteropfer gefunden haben, das mit uns sprechen möchte.

»Ich mache das Interview mit euch«, sagt Abi mit ruhiger Stimme. Ich bin überrascht. Er passt nicht in mein vorgefertigtes Bild von einem Folteropfer. In seinem gut geschnittenen Sakko, Button-down-Hemd und den auf Hochglanz polierten Slippern wirkt er wie ein wohlhabender, geschniegelter junger Mann, der gerade frisch von der Universität oder Wirtschaftsschule kommt. Ich muss noch viel lernen.

»Ich war Student, deshalb nahmen sie mich gefangen«, erzählt er. Unter Mengistu galten Studenten als gefährliche Radikale, weil sie sich an dem Volksaufstand beteiligt hatten, mit dem Kaiser Haile Selassie gestürzt worden war. Sie wurden zu Tausenden festgenommen, gefoltert und exekutiert. Auf dem Höhepunkt des roten Terrors waren 250 000 Menschen, manche erst zwölf Jahre alt, inhaftiert, und man schätzt, dass mehr als 500 000 getötet wurden.

Der Kellner bringt ein Tablett mit Getränken. Wir haben eine teure Flasche weißen Burgunder bestellt. Gerade als Abi beginnt, sein Martyrium zu schildern, ploppt der Korken.

»Als Erstes banden sie mich so zusammen«, sagt er lispelnd.

Dabei stellt er mit seinem Körper unglaubliche Verrenkungen an. Er musste sich hinknien, dann rissen sie ihm die Arme nach hinten, bogen seine Wirbelsäule durch und banden die Hände mit den Füßen zusammen. Schließlich zogen sie ihn an einem großen Fleischerhaken vom Boden hoch und versetzten ihm Schläge mit heißen Eisenstäben und Peitschen.

Als Abi seine Qualen beschreibt, beginnt seine geschliffene, selbstbewusste Hülle zu schmelzen, und ich sehe ein kleines, verängstigtes Kind vor mir. Von einem der Nachbartische brandet Gelächter zu uns herüber. Ein Kellner lächelt und stellt einen Teller mit Essen vor mir ab. Er gießt Wein nach. Die Atmosphäre im Blue Posts scheint so überhaupt nichts mit Abis Erlebnissen zu tun zu haben, und doch war Folter für Tausende unschuldiger Äthiopier Normalität. Ich habe keinen Hunger mehr.

»Wie lautete eigentlich die Anklage?«, frage ich.

»Sie brauchten keinen Grund. Ich war Student, das reichte.«

Abi zuckt mit den Schultern, gewinnt seine Fassung wieder und wirft mir ein entwaffnendes Lächeln zu, in dem eine Aufforderung zum Flirten mitschwingt.

»Ehrlich, Charlotte«, sagt er. »Ich mache dieses Interview gern für euch. Meine Erinnerungen sind noch so präsent.«

Abis weltläufiges Auftreten und die Art, wie er seine teure Kleidung trägt, zeichnen das Bild eines sorgenfreien, fast behüteten jungen Mannes ohne jeden Hinweis auf ein traumatisches Erlebnis in der Vergangenheit. Meine Achtung vor ihm steigt.

»Warum hast du mir das bisher nicht erzählt?«, frage ich ihn.

»Weißt du, die meisten Leute, für die ich arbeite, wollen hier einfach eine nette Zeit verbringen. Sie wollen über all das gar nicht so viel nachdenken, dann würden sie sich nur schuldig fühlen oder so«, erklärt er mir.

»Noch Wein?«

Rags möchte das Interview nicht mit Abi führen. Aber immerhin bringt Abis Angebot sie endlich dazu, den Zeitplan zu forcieren. Abi zu interviewen hieße, sie habe nicht genügend Kontakte. Nach wenigen Tagen befinden wir uns auf dem Weg nach Eritrea.

Als wir in Asmara landen, fühle ich mich wie in Süditalien. Häuser in Ocker, Rosé und Terrakotta mit grünen Fensterläden und schmiedeeisernen Balkonen leuchten in der frühen Morgensonne. Jacaranda und Spanischer Flieder strecken ihre Triebe himmelwärts, und papierartige, purpurrote Bougainvillea-Blüten schmiegen sich um altes Mauerwerk.

In Kirchtürmen hoch über steilen, engen Straßen läuten Glocken. Auf den Friedhöfen zerfallen steinerne Engelsfiguren unter Zypressen still vor sich hin. Palmen und streng beschnittene Bäume spenden Schatten, in dem alte Männer in kleinen Schlückchen Espresso schlürfen. Aus den nahegelegenen Bars hört man das Zischen vom Aufschäumen der Milch für Cappuccino. Wenn die Menschen nicht alle schwarz wären, könnten wir auch in der Basilicata sein.

Mein Hotelzimmer ist kühl, weiß getüncht und hat eine hohe Decke. Und, die Freude ist unermesslich, das perfekt geflieste Bad verfügt über ein großes Fenster und warmes Wasser. Als ich die Fensterläden aufschwinge, sehe ich auf eine Palme. Es ist eigenartig, in einer afrikanischen Stadt zu sein, die sich so vertraut europäisch anfühlt. Aber wir haben keine Zeit, uns im Hotel aufzuhalten. Vom Augenblick unserer Ankunft an ist unser wertvoller Zeitplan völlig durcheinander.

Der Mann vom Ministerium, der die belastenden Dokumente bringen soll, die uns versprochen sind, taucht nie auf. Unsere wichtigste Interviewpartnerin, Mama Abeba, kommt Stunden vor ihrem Dolmetscher, also sitzen wir uns in befremdlichem Schweigen gegenüber und grinsen uns gegenseitig an. Als der Dolmetscher endlich eintrifft, führt uns Mama Abeba in ein dunkles Schlafzimmer hinter einem Laden. Hier wollen wir sie eigentlich filmen, aber es gibt keine Steckdosen oder andere Stromquellen, und der Platz reicht nicht für die Kamera. Allmählich fange ich an zu verzweifeln.

Wir wollen Mama Abeba aufnehmen, wie sie *njira* zubereitet. Wir schaffen es, die große runde Heizplatte in den Laden zu hieven, wo genügend Licht ist, doch gerade als wir so weit sind, dass wir mit dem Drehen anfangen können, brennt eine Sicherung durch. Als Patrick und Tzvika das Problem mit der Elektrik gelöst haben, ist Rags verschwunden. Mama Abeba sieht müde und ängstlich aus und ist völlig unvorbereitet. Draußen hat starker Regen eingesetzt, was uns zu allem Überfluss noch Schwierigkeiten mit dem Ton beschert.

Schließlich bewirken das heimelige Zischen des *njira* auf der heißen Platte und das stille Halbdunkel im Laden dafür, dass Mama Abeba gelassener wird. Sie setzt sich zwischen die Körbe voller Tomaten und fängt allmählich an, George von ihren Erlebnissen zu erzählen. 1978 wurde sie gemeinsam mit zwölf Freunden inhaftiert, aber allein in eine Zelle gesperrt. Sie erfuhr nie, was man ihr zur Last legte. Jeden Abend wurde einer ihrer Freunde getötet und der tote Körper zu ihr in die Zelle geworfen. Ihr blieb nichts anderes übrig, als neben den Leichen ihrer Freunde zu leben und zu schlafen.

Dann war sie an der Reihe. Man brachte sie in eine Folterkammer und fügte ihr schwere Verbrennungen am Bauch, am Hals und an den Füßen zu. Als die Erinnerung an ihr Martyrium wieder lebendig wird, verliert sie die Beherrschung.

»Sehen Sie! Sehen Sie meine Füße an!«, ruft sie uns zu.

Unter ihrem Rock zieht sie einen bizarr angeschwollenen Fuß hervor und hält ihn in die Kamera. Er ist gelähmt. An den Stellen mit den Verbrennungen ist die Haut farblos.

»Sie haben meinen Körper geschändet und meinen Bauch verbrannt«, weint sie.

George fragt nach ihrem Bauch. Sie sackt in sich zusammen und schlingt beschützend die Arme um ihren Körper.

»Durch das, was sie mir angetan haben, konnte ich niemals Kinder bekommen«, sagt sie und verfällt in tonloses Weinen.

Am selben Abend möchte Tzvika mich allein sprechen.

»Ich muss morgen nach Jo'burg abreisen«, klärt er mich auf.

Mir ist übel. Die Nachricht trifft mich wie eine Bombe. Im Umkreis von 1000 Kilometern gibt es keinen Kameramann von Tzvikas Kaliber, und unser Zeitplan ist ohnehin schon eng. Er erzählt mir, dass er für eine Berichterstattung über die Wahlen in Südafrika engagiert worden ist. Darüber hatte er mich bereits informiert, bevor er den Job bei uns annahm. Damals versprach er mir aber, er würde mit Hilfe von Paul, der Mighty Movies betreibt und die Termine für Tzvika organisiert, schon eine Lösung finden. Doch nun traut er sich nicht, Paul mitzuteilen, dass er später nach Jo'burg kommen würde.

Ich bin ziemlich wütend auf Tzvika, und er weiß es. Er zuckt mit den Schultern. Dann folgt eine Pause.

»Mist«, entfährt es mir schließlich.

Wieder ein Schulterzucken von seiner Seite. Das kann er wirklich gut. »*Oi vey*«, meint er. »Was soll ich tun?«

»Du kannst ihn anrufen und ihm sagen, dass du hier bleibst.«

Wieder eine Pause. »Es tut mir leid, Charlotte«, erwidert er dann. »Das kann ich nicht mit ihm machen.«

»Aber mit mir schon?«, frage ich.

Noch ein Schulterzucken. »Paul kann damit nicht umgehen. Du schon. Du machst das schon.«

»Nein, eben nicht«, wende ich ein. »Gib mir eine Zigarette.«

Ich habe seit sechs Jahren nicht geraucht. Wir führen ein langes Gespräch, aber Tzvika gibt nicht nach. Er kann Paul nicht im Stich lassen. Wir gehen zu Rags, Patrick und George in den Speisesaal des Hotels und sagen ihnen Bescheid.

»Und wie lautet die Lösung?«, erkundigt sich Rags und sieht dabei Tzvika finster an. Der drückt sorgfältig seine Zigarette aus, um ihr nicht in die Augen sehen zu müssen.

»Paul wird auf Charlotte hören«, meint sie.

Ich melde ein Gespräch nach Harare an, ohne zu wissen, was ich eigentlich sagen werde. Als ich Paul am Telefon habe, erkläre ich ihm, dass ich Tzvika nicht gehen lassen kann.

»Das kannst du mir nicht antun, Charlotte«, erwidert er.

Ich schildere ihm, was für Schuldgefühle Tzvika und ich haben, bleibe aber standhaft. Wir wissen beide, dass es in Simbabwe noch andere gute Kameramänner gibt. Ich sage, wenn er nicht einen von ihnen auftreibt und dafür sorgt, dass er über Nacht nach Asmara kommt, bleibt Tzvika bei mir. Eine halbe Stunde später kapituliert Paul.

»Dafür schuldest du mir aber was«, sagt er.

Auf Tzvika bin ich noch immer so wütend, dass ich ihn nicht ansehen kann. Ich rauche meine fünfte Zigarette.

Am nächsten Morgen fahren wir nach Massawa am Roten Meer, mit Blick über den Golf nach Saudi-Arabien und Jemen. Es ist ein strategisch wichtiger Hafen und einer der Gründe, warum Äthiopien 1962 Eritrea annektierte. Seitdem führt die *Eritrean People's Liberation Front* einen fast pausenlosen Kampf um die Unabhängigkeit, in dessen Verlauf sie Massawa 1990 eroberte. Zur Vergeltung ließ Mengistu den Hafen acht Monate lang bombardieren.

Die Eritreer mussten bis 1993 warten, dass Äthiopien ihre Unabhängigkeit anerkannte. Nun, gerade ein Jahr später, finden wir eine Geisterstadt vor. Mir fällt auf, dass ich noch niemals in einem so jungen Land gewesen bin.

Massawa ist ein tragischer Ort, aber auch von surrealer Schönheit. Marmortreppen winden sich aus großen Kieshaufen Richtung Himmel und enden im Nichts. Türme stürzen ein. Häuserfassaden sacken in sich zusammen. Stahl verwindet sich ohne jeden sichtbaren Anlass. Geschwärzte, zerborstene Balken liegen herum. Glaslose Fenster starren leer aus Mauern, die mit Maschinengewehreinschüssen durchlöchert sind. An einem Minarett hängt merkwürdig schief ein Halbmond. Gefährliche Berge aus Schutt und Beton waren einmal Gebäude. Zerbrochene Statuen liegen einsam und vergessen herum. Fetzen von Kleidungsstücken flattern im Wind, und wild wachsende Blumen zwängen sich aus den Verwüstungen hervor. Bougainvillea ziehen sich über Haufen aus Ziegelsteinen und Putzstücken. Hunde hinken durch die Ruinen und suchen nach Skeletten, die sie abnagen können.

Wir sind so in unsere Dreharbeiten vertieft, dass wir nicht bemerken, wie heiß es inzwischen ist. Schließlich liegen sogar die Hunde zwischen den Trümmerhaufen und hecheln nach Luft. Wir sind die einzigen Menschen, die sich in der gleißenden Sonne durch dieses Bild der Verwüstung bewegen. Mir laufen Schweißperlen an Rücken und Beinen entlang. George macht vor dem zerbombten Palast ein paar Aufnahmen, sein Hemd ist klitschnass, und die Stirn glänzt.

Zur Abkühlung fahren wir hinab ans Rote Meer, wo wir am Strand eine Reihe hässlicher, funktionaler Betonbungalows vorfinden. Wir schwimmen in dem heißen, salzigen, klebrigen Wasser – alle außer George, der unbeirrbar im Schatten bleibt. In einem blauen Button-down-Hemd und Khakihosen trinkt er genüsslich ein Bier und beobachtet uns hinter einer teuren Sonnenbrille, Zentimeter für Zentimeter der korrekte BBC-Korrespondent. Nach dem Schwimmen essen wir Fisch und Chips und trinken an Kunststofftischen warmes Bier. Ich mag die brandneue, irgendwie sozialistische Atmosphäre dieses Orts.

Wir fliegen zurück nach Addis. Abi begrüßt uns auf der Rollbahn. Da es Wochenende ist, hat er zugunsten eines blau-roten Seidenhemds und gebügelter Jeans auf das gewohnte Sakko verzichtet.

»Ich habe dich furchtbar vermisst«, sagt er und besteht darauf, meine Tasche zu tragen. Er hat unseren ganzen Zeitplan organisiert. Ich könnte ihn küssen.

Als Erstes besuchen wir einen alten Mann namens Omar. Das Büro des Sonderanklägers hat vor kurzem Beweise gefunden, dass Omars Sohn 1978 exekutiert wurde. Wir begleiten Omar und seine Familie, um die Dokumente einzusehen. Tatsächlich liegen ausführliche Aufzeichnungen vor über die Befragung des Sohns und eine unterschriebene Exekutionsanordnung.

Omar steht auf, um sich die Anordnung genau anzusehen. Langsam und sorgfältig rückt er die Brille zurecht, dann beugt er sich mit höchster Konzentration über die Akte. Voller Respekt fährt er über den billigen Karton, als handle es sich um ein seltenes und kostbares Dokument. Sein Atem wird kürzer, als er den Namen seines Sohns sieht. Seine Frau und Tochter beobachten ihn genau.

Dann fängt Omar ganz plötzlich zu weinen an. Eine einzige Träne läuft sehr schnell über sein Gesicht. Er nimmt die Brille ab und wischt sie weg. Die Frauen beginnen zu wimmern und ziehen sich ihre weißen Schleier über das Gesicht. Omars Gesicht ist nun mit Tränen überzogen, dennoch bedankt er sich ausgesucht höflich bei dem Beamten und kehrt wie ein Schlafwandler zu seinem Stuhl zurück.

Wir kehren zum Kaffeetrinken in Omars Haus zurück. In der äthiopischen Kultur ist das ein wichtiges Ritual. Man muss sich viel Zeit dafür nehmen und es genießen. Ist man in Eile, sollte man sich in einem äthiopischen Haushalt niemals eine Tasse Kaffee anbieten lassen. Zunächst zieht die Frau des Hauses das traditionelle Gewand an und legt einen Teppich aus Gras, Salbei und gelben Blumen aus. Dann entzündet sie ein Holzkohlefeuer und bestreut es großzügig mit Myrrhekörnchen. Die rohen Kaffeebohnen werden verlesen und dann geröstet.

Die Mischung aus Kaffee und Myrrhe, die vom Holzkohlefeuer aufsteigt, ist einer der typischen Gerüche Äthiopiens. Nach der Röstung werden die Bohnen in einem Mörser zerstoßen und zermahlen, dann über den aromatisierten Kohlen in einem schwarzen, bauchigen Krug mit schlankem Hals aufgebrüht. Schließlich – bis dahin kann schon bis zu einer Stunde vergangen sein – wird der Kaffee in winzige Porzellantassen gegossen und stark, schwarz und kochend heiß getrunken.

Nachdem wir unsere Tassen geleert haben, erzählt uns Omar, dass sein Sohn einer oppositionellen Gruppe angehörte und von einem Freund verraten wurde. Er wurde inhaftiert, verhört und gefoltert. Mit russischen Instrumenten wurden ihm die Fingernägel und Zehennägel herausgerissen, bis er nicht mehr in der Lage war zu gehen. Zusammen mit seinem Vater wurde er in das Gefängnis geworfen. Omar schildert uns, wie sein Sohn dort lag, die Füße auf die Schultern des Vaters gelegt, um sich Erleichterung von den höllischen Schmerzen zu verschaffen. Dann wurde er exekutiert.

»Ich wünschte, ich wäre nie geboren worden«, sagt Omar und wischt sich eine Träne weg. »Ich werde bis zu meinem Tod kämpfen, um das Blut meines Sohns zu rächen«, erklärt er. Mit Wut kann er besser umgehen als mit Trauer.

Eines Morgens fühlt sich Tzvika schwach. Wir sollen am folgenden Tag nach Tigray aufbrechen, aber bis zum Abend geht es ihm so schlecht, dass er sich überhaupt nicht mehr bewegen kann. Es ist kein Arzt für einen Hausbesuch aufzutreiben, also fährt ihn Rags ins Krankenhaus, wo eine Lebensmittelvergiftung diagnostiziert wird.

Eigentlich sollten wir ein Interview mit Meaza führen, einem weiteren Folteropfer, das wir nun absagen müssen. Da behauptet Patrick, er könne filmen. Wir treffen am Haus von Meazas Mutter ein. Meaza, nun in den Dreißigern, wirkt wie eine gepflegte Geschäftsfrau. Sie führt uns in das kleine Vorderzimmer ihrer Mutter, das mit Möbeln vollgestopft ist, und erzählt uns ihre Geschichte.

Als sie 18 war, wurde sie zusammen mit ihrem kleinen Bruder verhaftet – beiden wurde vorgeworfen, in der Studentenbewegung aktiv zu sein. Sie wurden mit einem Plastikseil gefesselt und mit den Händen an der Decke so aufgehängt, dass sie sich gegenseitig ansehen konnten. Meazas Bruder musste zusehen, wie sie misshandelt wurde. Dann musste Meaza mit ansehen, wie ihr Bruder zu Tode gequält wurde.

»Können Sie sich vorstellen, wie es ist, wenn man seinen kleinen Bruder so sehen muss?«, fragt sie uns. Ihre wunderschönen Augen füllen sich mit Tränen. Sie zieht vornehm die Nase hoch.

»Es tut mir leid«, sagt sie. Dabei wirkt es absurd, dass sie sich bei uns entschuldigt.

»Sehen Sie sich meine Hände an«, fordert sie uns auf und streckt sie uns entgegen. Im Gegensatz zu ihrer ansonsten grazilen schlanken Gestalt sind die Hände formlos und plump. Sie zittern.

Auf einmal lächelt Meaza. »Übrigens«, erzählt sie uns, »ich habe mein Kind Stephen genannt, nach meinem kleinen Bruder.«

Sie zieht ein passbildgroßes Schwarz-Weiß-Foto eines ernst dreinblickenden jungen Mannes hervor und legt es auf ihre Handfläche. »Das ist er«, sagt sie liebevoll. »Als Katholikin kann ich ihnen vergeben. Ich will nicht, dass sie getötet werden, dann das würde mir meinen kleinen Bruder nicht zurückbringen, aber ich will, dass Sie und die ganze Welt wissen, was sie uns angetan haben.«

Als wir ins Hotel zurückkommen, geht es Tzvika besser, aber er liegt noch im Bett. George und ich versuchen – vergebens – Rags zu überzeugen, dass sie vor uns nach Tigray fahren muss. Sie beharrt darauf, dass es nicht notwendig sei, alles sei dort bestens organisiert, denn der Drehplan liegt in den Händen von Bridget, einer Irin, die für eine Hilfsorganisation arbeitet. Also sitzen wir schließlich alle gemeinsam, einschließlich Tzvika, in einem kleinen Flugzeug Richtung Norden.

In Mekele treffen wir nur Verwirrung und Chaos an. Bridget ist eine Frau mit wilder Haarmähne und übler Laune. Sie hat keine

Ahnung, was sie eigentlich hätte organisieren sollen, also hat sie gar nichts unternommen. Zum Glück (und aus reinem Zufall) hält sich Tesfai, einer der Interviewpartner, die sie hätte kontaktieren sollen, gerade am Flughafen auf. Er wartet auf eine Frau von der britischen Hilfsorganisation Oxfam, die aber nicht gekommen ist.

»Greifen wir ihn uns gleich jetzt«, schlage ich vor. Bridget rechtfertigt sich, warum sie es nicht geschafft hat, schon früher Kontakt zu ihm aufzunehmen.

»Tun wir's doch einfach«, fahre ich sie gereizt an.

Auf abenteuerlichen Straßen, die sich durch zerklüftete braune Berge ziehen, bringt uns Tesfai zu seiner ehemaligen Folterkammer. Der Ort ist verlassen. Den Eingang zu dem verfallenen Gebäude umranken Brombeersträucher. Im Inneren ist es überraschend kühl. Die grünen Wände sind voller Löcher und Flecken, und durch Ritzen im verdreckten Betonboden kriecht Unkraut. Dazwischen liegt Ziegenkot. Durch die zugewachsenen Fenster dringen einzelne Lichtstrahlen. Tzvika runzelt die Stirn, zuckt mit den Achseln und hievt die Kamera auf die Schulter.

Tesfai holt tief Luft, betritt die Folterkammer und erzählt seine Geschichte. Als Distriktbeamter übte er 1984 Kritik an einer landwirtschaftlichen Maßnahme der Regierung. Daraufhin wurde er angeklagt, der *Tigrayan People's Liberation Front* anzugehören, einer von sieben ethnischen Gruppierungen, die sich mit Waffengewalt gegen Mengistus Regime stemmten. Er wurde verhaftet.

George besitzt einen Bericht, der von einer Menschenrechtsgruppe angelegt wurde und unter anderem Zeichnungen von Gefangenen unter dem Regime Mengistus enthält. Eine dieser Zeichnungen zeigt einen Mann, der wie ein Fisch zusammengebunden ist. Mit einem Seil, das durch seinen Mund geführt ist, werden Hände und Füße zusammengeschnürt, so dass er eine gekrümmte Haltung einnehmen muss. George zeigt Tesfai das Bild.

»Genauso haben sie es gemacht«, bestätigt er und zeigt dabei auf die Zeichnung. Er wird ganz aufgeregt. »So kann der Inquisitor richtig gut zuschlagen«, erklärt er. »Und da das Seil durch den Mund läuft, schneidet es einen ein, sobald man die Hände oder die Füße bewegt. Man kann auch nicht sprechen oder schreien. Die einzige Möglichkeit, sich mit dem Folterer zu verständigen, besteht darin, im Rücken einen Finger zu heben.«

Das Interview ist unglaublich beeindruckend. Zurück im Hotel, möchte ich einen Blick auf das gedrehte Material werfen. Tzvika, Patrick und ich stellen einen Monitor auf, damit wir uns die Bänder ansehen können.

Wir sehen, wie Tesfai zusammen mit George das Gebäude betritt, dann ist das Band schwarz. Ich schaue zu Tzvika. Er wirkt überrascht, aber nicht alarmiert. »Es muss auf dem nächsten Band sein«, meint er.

»Es gibt kein anderes Band«, sagt Patrick.

Mir wird kalt. Ich räuspere mich. »Was ist passiert«, kreische ich.

Patrick und Tzvika beugen sich über die Kamera und spulen das Band vor und zurück. Aber es ist und bleibt schwarz.

»Du kannst es nicht gelöscht haben«, sage ich, nun schon ziemlich schrill. »Das kannst du unmöglich.«

»Tut mir leid, Charlotte«, sagt Tzvika.

»Das ist nicht dein Ernst«, beharre ich. Aber es ist so. Er hat zurückgespult, um die ersten paar Bildsequenzen des Interviews zu überprüfen, und dann vergessen, wieder vorzuspulen. Außer den ersten paar Wörtern ist alles gelöscht.

Im Leben eines jeden Regisseurs gibt es irgendwann einmal den Moment, in dem du das Gefühl hast, ganz unten aufzuschlagen. Das ist jetzt mein Moment. Mein Kameramann hat soeben das wichtigste und bewegendste Interview des gesamten Films ruiniert, und noch dazu das Interview, das am schwierigsten zu wiederholen ist.

Wieder bin ich wütend auf Tzvika, besonders weil ich auch noch Rags die Hiobsbotschaft überbringen muss.

»Es bleibt uns nichts anderes übrig«, sage ich. »Du musst ihn bitten, alles noch einmal zu erzählen.« Rags sammelt Pluspunkte bei mir, indem sie sich ruhig, verständnisvoll und pragmatisch zeigt.

Tesfai zögert, willigt dann aber ein, am nächsten Tag wiederzukommen. Das Interview ist nach wie vor sehr bewegend, aber dieses erste Zurückschrecken, die körperliche Reaktion auf die Rückkehr in die Folterkammer nach Jahren, die ist für immer verloren.

Am folgenden Tag machen wir uns auf den Weg nach Adigrat, einer staubigen kleinen Stadt, deren Mittelpunkt eine schöne, italienisch anmutende Kirche mit einer meisterhaft bemalten Kuppel und einem Campanile bildet. Wir wollen Pater Kevin O'Mahoney interviewen. Der Priester hat einen Roman geschrieben, der zur Zeit des roten Terrors spielt.

Als wir eintreffen, stellen wir fest, das Pater O'Mahoney uns gar nicht erwartet – ein weiteres Interview, um das sich Bridget nicht gekümmert hat. Ich überlasse es George und Rags, mit ihm zu sprechen, und gehe mit Patrick, Tzvika und unserem eritreischen Fahrer Samira in die Stadt, um eine Übernachtungsmöglichkeit zu suchen.

Das einzige Hotel hat vorübergehend (so teilt man es uns zumindest mit) weder Strom noch fließendes Wasser. Es gibt zwei schmuddelige Waschbecken auf dem Flur und zwei übelriechende Stehtoiletten für alle Gäste. Wir werden bei Kerzenschein zu unseren Zimmern geführt und befinden sie als zu verkommen. Wir nehmen sie erst, als uns gar nichts anderes mehr übrigbleibt.

Wir sind gerade beim ersten Schluck kaltem Bier in einer örtlichen Bar, als Rags mit Pater O'Mahoney kommt und uns abzieht. Bei zu warmem Bier müssen wir uns einen langweiligen Vortrag über Forstwirtschaft von einem überheblichen jungen Iren anhören. Darauf folgt die Geschichte Äthiopiens nach Pater O'Mahoney.

Beide meiner Schulmeister glauben, ich sei noch nie in Afrika gewesen und hätte von rein gar nichts eine Ahnung.

Als wir ins Hotel zurückkehren, ist immer noch kein Strom da. Mit Patricks Taschenlampe inspizieren wir die Bettlaken. Wir schlagen die Decken zurück und entdecken Flecken und Schamhaare. Als wir aushandeln, wer wann die schmutzverkrusteten Waschbecken auf dem Flur benutzen darf, brechen wir alle in hysterisches Gelächter aus. Was bleibt uns auch anderes übrig?

Am nächsten Morgen um halb acht treffen wir, immer noch schmutzig und müde, bei Pater O'Mahoney ein, um ihn zu interviewen. Es läuft überhaupt nicht gut und endet damit, dass – mehr oder weniger vorhersehbar – ein weiteres Interview auf dem Boden des Schneideraums landet.

Am Tag darauf starten wir morgens nach Tigray. Wir erreichen ein weitläufiges, staubiges Plateau, einen großen, braunen Streifen aus Steinen, wie ein Höllenkrater, geschaffen von einer prähistorischen Atombombe. Tzvika schwenkt die Kamera über die trockene Ödnis, bis sie eine Gruppe kleiner Kinder einfängt. Sie beugen sich über einen Steinhaufen und sind in eine Art Spiel vertieft. Dass sie sich in dieser Steinwüste aufhalten, ist ganz und gar unwirklich, weil sie wie ein Ort jenseits des Todes anmutet.

In den 1980er-Jahren war Tigray eine Rebellenhochburg. Dann brach der Hunger aus. In den Jahren 1984/85 ließ Mengistu die Lebensmittellieferungen nach Tigray einstellen, um die Rebellen auszuhungern. Außerdem verhängte er ein Verbot, die Region zu verlassen, und leitete ein sogenanntes Umsiedlungsprogramm in die Wege. Damit befolgte er den Rat Maos: Willst du die Fische aus dem Meer entfernen, musst du das Meer trockenlegen.

Mengistu nutzte die Hungersnot für seine Zwecke. Er trieb die Menschen in Nahrungszentren zusammen und ließ sie dort auf Lastwagen verladen. Die Russen stellten ihm Flugzeuge zur Verfügung, mit denen er sie schnell aus dem Gebiet abtransportieren konnte. Tausende starben in Umsiedlungslagern oder beim Versuch, aus solchen zu fliehen. 300 000 Menschen traten lieber den mörderischen fünfwöchigen Marsch in den Ostsudan an, als den Nahrungszentren der Regierung zu vertrauen.

Wir machen eine Familie ausfindig, die zwangsumgesiedelt wurde und vor kurzem in ihr altes Heim zurückgekehrt ist. Der Mann pflügt gerade das Feld. Auf mich hat es den Anschein, als würde in dieser unwirtlichen Erde niemals irgendetwas gedeihen, doch er peitscht die Ochsen beharrlich vorwärts, und der alte Holzpflug kämpft sich durch Steine und Kies.

Die Frau baut das Haus wieder auf, buchstäblich Stein um Stein. Dazu schleppt sie große Brocken. Ich mache einen Versuch, ihr zu helfen, und will einen Stein aufheben, strauchle aber unter seinem Gewicht, als ich ihn noch nicht einmal eine Handbreit vom Boden angehoben habe. Zum ersten Mal höre ich die ernsten Kinder kichern, die sich um mich versammelt haben. Mit viel Dramatik hebe ich den Stein weiter an und lasse ihn dann fallen. Bald biegen sich alle vor Lachen. Das Gelächter breitet sich unter dem weiten Himmel aus, und ich spüre ganz allmählich etwas Leben an diesen unglückseligen Ort zurückkehren.

Die Frau erzählt mir, dass man sie auf einen Lastwagen gezerrt hat. »Der Boden war voller Frauenhaar«, sagt sie. »Wir waren wie Heuballen aufgeschichtet. Kinder wurden erdrückt. Menschen mussten sich übergeben und wurden in der Hitze ohnmächtig.«

Die Einwohner, die der Umsiedlung entkommen konnten, wurden bombardiert. 1988 wurde Hawzen, die wichtigste Handelsstadt in Tigray, angegriffen. Sterbliche Überreste von Zivilisten fand man in Massen. Menschen waren zu Klumpen verbrannt.

Wir interviewen Major Petros, einen Piloten, der während dieser Zeit Regierungsmaschinen flog. Er trägt eine Pilotenbrille und eine

Lederjacke. Weißgraue Koteletten rahmen sein schönes Gesicht. Auf hartnäckiges Nachfragen von George räumt er ein, dass viele zivile Ansiedlungen auf den Karten als militärische Ziele gekennzeichnet waren. Es war »undenkbar«, diese Karten anzuzweifeln oder sich Anordnungen zu widersetzen. Also warfen sie ihre Bomben ab, sonst wären sie ins Gefängnis gekommen.

Die historische Stadt Axum, die einige der wichtigsten Sehenswürdigkeiten Äthiopiens beherbergt, ist unsere letzte Station. Hier terrorisierte der berüchtigte Aferworki, der Mann in Rot, die Bevölkerung. Ich bin mir nicht sicher, wie ich seine Geschichte am besten darstellen soll. Es gibt genügend Menschen, die bereit sind, uns von seinen Untaten zu berichten, aber es ist sehr schwierig wiederzugeben, welche Stimmung in der Stadt herrschte, als sie von der Gnade eines einzigen Mannes abhängig war. Ich entschließe mich, einige Szenen nachzustellen. Wir binden ein rotes Band um einen Gewehrlauf und filmen einen Einwohner, der den Mann in Rot spielt, wie er durch die Straßen der menschenleeren Stadt patrouilliert.

Die Idee ist gut, aber in der Praxis nicht durchführbar. Hunderte Menschen schwärmen herum und wollen uns neugierig bei der Arbeit zusehen. Sobald Tzvika zu filmen anfängt, schiebt sich ein Kind in den Bildausschnitt und starrt in das Objektiv. Je mehr wir versuchen, die Kinder in Schach zu halten, desto größer wird die Menge. Schließlich sind es so viele Leute, dass Tzvika das Handtuch wirft. Schon den ganzen Vormittag versuchen wir, bei grellem Sonnenlicht, in Staub und lähmender Hitze, diese Aufnahmen zu machen. Tzvika schaltet die Kamera aus und steckt sich eine Zigarette an.

»Da ist einfach zu viel los«, sagt er und zuckt mit den Schultern.

Ich tue etwas, was ich beim Drehen sonst nie tue – ich breche in Tränen aus. Mir ist heiß, ich bin müde, hungrig, durstig, überreizt und wütend auf die Kinder.

»Ich filme weiter, wenn du willst, aber es kommt nichts dabei heraus«, sagt Tzvika.

Sobald er sich der Kamera zuwendet, kreischen die Kinder vor Ausgelassenheit und hüpfen davor herum.

»Siehst du«, sagt Tzvika und zieht genüsslich an seiner Zigarette.

In diesem Augenblick tauchen zwei in Khaki gekleidete Polizisten auf, die mit langen Stöcken bewaffnet sind. Als sie unsere Notlage erkennen, schwingen sie ihre Stöcke gegen die Beine der Leute und vertreiben die Kinder von der Kamera. Ich bin entsetzt, würde andererseits aber lügen, wenn ich nicht zugäbe, dass es mir auch irgendwie willkommen ist. Einer der Polizisten wendet sich mit breitem Lächeln zu mir und teilt mir gestikulierend mit, wir könnten nun weitermachen. Die Menge ist jetzt zurückgedrängt und hat sich an zwei Seiten des Platzes aufgereiht.

Wir fangen wieder mit dem Drehen an. Gerade als unser Mann in Rot es bis zum Ende der Einstellung geschafft hat, drängt sich das Kind, das am nächsten an der Kamera steht, in den Bildausschnitt. Ich heule auf vor lauter Frustration, und die Polizisten schlagen wieder mit ihren Stöcken um sich. Wir wiederholen diese Einstellung sechs- oder siebenmal und geben schließlich auf. Ich stecke mir eine Zigarette an, sage jedes Schimpfwort, das mir einfällt, und beschließe, es gut sein zu lassen. Überraschenderweise sind die Aufnahmen später doch zu verwenden.

Im Flugzeug zurück nach Addis, können wir kaum glauben, dass wir mit dem Drehen fertig sind. Wir beschließen, das Abschlussfest bei Castelli zu feiern. In diesem Moment würde ich mein ganzes Honorar dafür geben, dort noch einmal essen zu können. George ist so heiß darauf, dass er noch vom Flughafen aus anruft, um einen Tisch zu reservieren, und es klappt. Ich zahle den Champagner, George den Wein, Rags übernimmt den Rest. Einen Abend lang sind Dreck, Verwahrlosung, Leid, Schmerz, ja sogar unsere Auseinandersetzungen vergessen. Am Ende umarme ich sogar Tzvika und sage ihm, wie toll er ist.

Unmittelbar nach diesem Film wurde bei meinem Vater Krebs diagnostiziert. Er starb zwei Monate später nach einem langen, schmerzhaften Kampf. Es gelang mir damals, stark zu sein, denn immer, wenn ich einfach zusammenbrechen und weinen wollte, erinnerte ich mich an die Menschen in Äthiopien, die zusehen mussten, wie ihre Angehörigen gefoltert und hingerichtet wurden. Wenn auch unter Schmerzen, so starb mein Vater doch im Kreis seiner Familie und mit hervorragender ärztlicher Betreuung. Dieser Gedanke hielt mich aufrecht.

Der Film wurde gesendet, ehe mein Vater zum Sterben nach Hause kam. Er sah ihn vom Krankenhausbett aus mit dem Expertenblick eines erfolgreichen Werbemannes. Die Schwestern erzählten mir, er habe vor ihnen geprahlt, wie klug ich sei. Zu mir hatte er lediglich gesagt: »Nicht schlecht, altes Mädchen, nicht schlecht.«

7 Undankbare Aufgabe
Uganda

Habitat, das Wohn- und Siedlungsprogramm der Vereinten Nationen, gab eine Reihe von Kurzfilmen quer über alle Erdteile in Auftrag. Sie sollten von jeweils einheimischen Filmemacherinnen stammen und sich mit Themen beschäftigen, die in ihrem Alltag eine wichtige Rolle spielten. Meine Aufgabe bestand darin, eine Gruppe Producerinnen von Uganda Television anzuleiten, fünf 30-Sekunden-Filme für diese Reihe zu erstellen.

15 Frauengesicher sind auf mich gerichtet. Kein einziges Lächeln. Kein Zeichen von Interesse. Ich stehe vorn im Unterrichtsraum und will alles hinwerfen, heimgehen und heulen. Stattdessen lächle ich. »Irgendwelche Fragen?«, erkundige ich mich aufmunternd.

Eine Frau schlägt im Zeitlupentempo die Beine übereinander. Zwei andere klappen ihre Notebooks zu. Sonst keine Reaktionen. Ich muss mich zusammenreißen, um nicht ein Stück Kreide nach ihnen zu werfen und einfach zu gehen.

Ich bin gestern früh in Kampala angekommen, ungeduldig, Uganda kennenzulernen, weil das Land nach Jahrzehnten des Chaos unter Idi Amin und anschließend in den Fängen der Aids-Epidemie nun angeblich eine neue Blüte erlebt. Es heißt, Uganda habe sich unter dem erst kürzlich gewählten Präsidenten Museveni erholt – die Demokratie funktioniere, die Asiaten kehrten allmählich zurück und die Ugander machten sich daran, ihre zerrüttete Wirtschaft neu zu organisieren.

Irene Zukosoka ist Programmdirektorin bei Uganda Television. Sie träumt davon, UTV würde eines Tages Sendungen produzieren, die auf der ganzen Welt ausgestrahlt werden, und schwelgt in der Vorstellung, ein panafrikanisches Frauennetzwerk aufzubauen. Irene hat samtige Augen in einem rundlichen Gesicht, ihr lockiges Haar riecht intensiv nach Kokosöl. Bei ihr ist alles etwas größer, sowohl ihre äußere Erscheinung als auch ihre Lust auf Essen und Trinken. Beim Mittagessen vergräbt sie ihre weißen Zähne in ein halbes gebratenes Hähnchen mit einer Riesenportion scharfer Sauce und Chips. Wenn sie geht, raschelt ihr fülliger Körper in leuchtend bunten, eng anliegenden afrikanischen Kleidern.

Auf ihre Bitte hin habe ich ihr eine Ladung *White Musk* aus dem Body Shop mitgebracht. Mit einem gierigen Ausruf sprüht sie den Duft in ihr Haar und über ihren ausladenden Busen, der kleidsam in grünen und gelben Stoff drapiert ist.

»Es riecht so gut und kühlt so schön«, sagt sie und klopft sich dabei auf den Hals. »Es ist so erfrischend.«

An ihr riecht es tatsächlich gut – an mir hingegen wie mit Karamell parfümierter Urin.

UTV ist in einem alten kolonialen Krankenhaus inmitten eines großzügigen Geländes untergebracht. Über eine ganze Seite des Gebäudes zieht sich eine offene Veranda. In dieser vielversprechenden Behausung befindet sich eine unterfinanzierte, entmutigte und um das Überleben kämpfende Firma. Sie beschäftigt jede Menge schlecht bezahlter, desillusionierter Mitarbeiter, aber praktisch verfügt sie über kein Produktionsmaterial. Als Irene mich herumführt, kommen wir am Nachrichtenstudio vorbei. Ich schaue hinein, weil ich auf die technische Einrichtung neugierig bin und sehen möchte, ob sie anders ist als bei mir zu Hause.

An einer Seite des höhlenartigen, dunklen Studios steht eine Tischplatte auf Böcken, im Hintergrund ist eine Bahn schwarzer Molton festgetackert. Auf dem Tisch steht ein Strauß verstaubter Plastikblumen in einem Stanniolbehälter. Dahinter sitzt ein einsamer Nachrichtensprecher, der aus einigen handgeschriebenen Notizen vorliest, die von einem linierten Block abgerissen wurden. Er spricht in eine unbesetzte Fernsehkamera, die auf einem hölzernen Stativ angebracht ist. Einen Beleuchter oder einen Kameramann gibt es nicht. Der Nachrichtenmann spricht ganz allein mitten in dem großen Raum.

Nicht einmal Irene als Programmdirektorin hat Zugriff auf eine elektrische Schreibmaschine, von einem Computer ganz zu schweigen. Ihre Sekretärin sitzt draußen vor ihrem Büro an einer mechanischen Schreibmaschine und einem schwarzen Telefon mit nur einer Leitung. Die Damentoilette, zu der Irenes Sekretärin den Schlüssel verwahrt, ist ein feuchtes Kabuff und stinkt nach verfaultem Fisch und Bleichmittel. Die Glühbirne ist durchgebrannt, und nie gibt es fließendes Wasser. Toilettenpapier muss man sich aus einer Schublade im Schreibtisch der Sekretärin holen.

Irenes Büro ist dunkel, an den braunen Wänden hängen mit vergilbtem Tesafilm festgeklebte UNICEF-Plakate. Hinter ihrem unordentlichen Schreibtisch, wo sie einen Vorrat an Knabbereien, Sprudelgetränken und eine Flasche *White-Musk*-Bodylotion hortet, wirkt Irene ganz klein.

Was mir in London als interessante Herausforderung erschien, entpuppt sich schnell als eine der schwierigsten Aufgaben meines gesamten bisherigen Arbeitslebens. Anstatt der versprochenen fünf oder sechs Teilnehmerinnen sitzen nun 17 Frauen in meiner Gruppe. Ich beschwere mich bei Irene.

»Sie schaffen das schon. Sie müssen ihnen beibringen, wie man Filme macht wie Sie«, beschwatzt mich Irene. »Bitte. Wir brauchen Ihr Know-how hier.«

Bevor sie geschäftig wegeilt, bietet sie mir noch einen Keks an.

Später erfahre ich, dass Irene die Frauen im Sender einberufen und ihnen gesagt hatte, sie müssten an meinem Kurs teilnehmen.

Ich bilde also hier nicht nur Producerinnen aus, sondern praktisch die gesamte weibliche Belegschaft von UTV. Die Frauen arbeiten für spärliche Beamtengehälter ohne große Aussicht auf bessere Verdienste, also sind sie nicht motiviert, sich zu engagieren oder für ihre Arbeit zu interessieren.

Ein guter Kurs muss meinem Verständnis nach sein Geld wert sein. Er sollte die Teilnehmer anstacheln und ihnen helfen, ihre Grenzen auszuloten. Der hiesigen Kultur ist diese europäische Sichtweise fremd und erscheint ihr sinnlos. Uganda ist jahrelang mit Einsätzen gutmeinender Hilfsorganisationen überschwemmt worden, und es hat sich eine «Workshop-Kultur« entwickelt, in der die Leute dafür bezahlt werden, dass sie sich bei den endlosen Schulungen, die angeboten werden, einfach nur sehen lassen.

Jetzt stehe ich einer Gruppe mir feindlich gesonnener Frauen gegenüber, für die es völlig undenkbar ist, dass sie für eine Schulung etwas bezahlen. Sie sehen keinen Gewinn darin, sich neue Fertigkeiten anzueignen, da sie nicht an längerfristige Perspektiven für ihre Jobs glauben. Geld ist die einzige Motivation. Sie sind trotzig, und ich bin am Verzweifeln.

Bis zu meiner ersten Mittagspause bin ich schon so weit, dass ich aufgeben möchte. Bereits jetzt hinken wir unserem Zeitplan hinterher. Um fünf Uhr nachmittags bin ich erschöpft. Die Frauen haben sich inzwischen mit dem Kurs arrangiert, was meine Sorgen in Bezug auf einen erfolgreichen Abschluss eher vermehrt als vermindert. Ich bemühe mich, ihnen die Grundregeln zu erklären, wie man innerhalb einer knappen Zeitvorgabe eine Geschichte erzählt, und bitte sie um eigene Vorschläge für eine solche kurze Geschichte. Zögernd hebt sich die erste Hand. Rose, ein stilles Mädchen mit kompliziert geflochtenen Zöpfen, sagt, sie habe eine gute Idee. In der Folge breitet sie eine weitschweifende und vielschichtige Handlung aus, bei der es um einen Aidswaisen geht. Dem

Thema hätte wohl nicht einmal ein Spielfilm in voller Länge gerecht werden können.

»Ich erkläre es noch einmal«, unterbreche ich nach ungefähr acht Minuten und noch, bevor sie zum Schluss gekommen ist. »Sie haben höchstens zehn Einstellungen zur Verfügung, um die Geschichte zu erzählen. Sie muss einfach sein.«

Leere, gelangweilte Blicke.

»Überlegen Sie sich Ihre Einstellungen«, fordere ich sie auf. »Zeichnen Sie ein Storyboard.«

Eine weitere Hand geht hoch.

»Was ist ein Storyboard?«

Endlich habe ich etwas Konkretes, was ich ihnen erklären kann, aber meine Schülerinnen packen ihre Taschen und wollen gehen.

»Ich zeige es Ihnen morgen«, sage ich. »Vielen Dank Ihnen allen.« Ohne mich noch eines Blickes zu würdigen, schlurfen sie aus meinem Unterrichtsraum.

Mir ist zu Ohren gekommen, dass sich der in Simbabwe lebende Amerikaner John Riber in der Stadt aufhält. Ich habe John mehrmals in Harare getroffen, wo er eine Firma namens Media for Development betreibt, die für das afrikanische Kino Filme mit einer Bandbreite von Aids bis zu den Rechten von Witwen produziert. Er ist in Afrika so berühmt, dass Irene ihn unbedingt kennenlernen möchte. In Kampala hält er sich auf, um einen Film zu drehen, und an diesem Abend gibt er in meinem Hotel eine Party. Ich besorge eine Einladung für Irene und mich.

Das Hotel Equatoria ist ein großer, nicht sehr ansprechender Betonbau an einem der meistbefahrenen Verkehrskreisel in Kampala. Irene und ich gehen über den Kunstrasen am Pool in den mit beigefarbenem Teppich ausgelegten Veranstaltungssaal, wo sich eine vorwiegend weiße Menschenmenge drängt. Gerade als ich John Ribers klargeschnittene Züge und seinen blonden Haarschopf entdecke, höre ich einen Yorkshire-Akzent: »Was zum Teufel tust du denn hier?« Ich drehe mich um und sehe Alan Graham, meinen ehemaligen Redakteur und Kollegen aus Nairobi. »Rate mal, wer hier ist?«, fragt er in ein Mobiltelefon. »Die gute Charlotte«. Er spricht mit einem Kameramann in Nairobi. »Ich glaube es einfach nicht«, ereifert er sich.

Irene kichert und bestellt beim Kellner Bier. Wenn es darum geht, Getränke zu ordern, ist Irene sehr energisch.

Immer auch ein bisschen Geschäftemacher, passt Alan viel besser in den gerade erst aufbrechenden Markt von Uganda als in das betuchte Filmestablishment in Nairobi. Er ist erst unlängst nach Kampala gezogen und stellt nun die Ausrüstung und ein lokales Team für John Ribers Film.

»Es ist wunderbar hier«, sagt er und lächelt Irene einnehmend an, während er eine Visitenkarte aus der Brusttasche zieht.

»Ich mache dir einen super Preis«, verspricht er mir. »Ruf mich an. Wir kommen ins Geschäft. Ich bin hier, um zu helfen.« Dabei zwinkert er wieder Irene zu. Er hat sich nicht verändert. Meine Stimmung hebt sich. Es ist typisch für Afrika, dass man in den unwahrscheinlichsten Situationen Bekannte trifft. Auf einem riesigen Kontinent tummelt sich ein winziger Zirkel weißer Filmleute.

Irene trinkt extrem schnell einige Biere und taumelt bereits leicht. Ihre Augen sind blutunterlaufen, die Zunge scheint zu groß für ihren Mund, aber sie ist entschlossen, sich John zu schnappen, also wagen wir uns in die Menge.

John umarmt mich mit einer Heftigkeit, als wäre ich ein Mann, klopft mir auf den Rücken und hält mir seine glattrasierte Wange hin. Vor Irene prahlt er mit seinen vielen Kinoerfolgen, ein echter Steven Spielberg. Sie saugt alles, was er sagt, wie Sauerstoff ein.

Doch als sie ihn fragt, wie man eine Finanzierung für einen Film bekommt, wirkt er urplötzlich gelangweilt und gereizt. Er bittet sein

Team zum Essen, und Irene und ich sind ganz klar nicht eingeladen. Es ist Zeit zu gehen. Ich locke Irene in die Bar am Pool, wo sie Drambuie bestellt. Danach besteht sie darauf, selbst nach Hause zu fahren. Meine Besorgnis tut sie mit einem Schulterzucken ab.

»Mir geht es gut«, meint sie und fährt mit quietschenden Reifen los.

Ich überlege, was ich am nächsten Tag mit meinem Kurs mache, und sitze noch lange wach, entwerfe eine Vorlage für ein Blanko-Storyboard, in das meine Schülerinnen ihre Ideen einfügen können. So sollen sie lernen, visuell zu denken. Früh am nächsten Morgen gehe ich zu UTV, um es kopieren zu lassen. Man schickt mich in eine Abteilung mit der optimistischen Bezeichnung »Betriebsmittel«.

Dort verweist man mich an das Büro des Verwaltungschefs, vor dem sich bereits eine Schlange gebildet hat.

»Ich will nur den Kopierer benutzen«, erkläre ich.

»Warten Sie bitte!«, bellt mich die Frau hinter dem Schreibtisch an.

Ich warte über eine halbe Stunde und habe schon Angst, zu spät zu meinem Kurs zu kommen. Ich trete noch einmal an den Schreibtisch vor. Die Frau ordnet unbeirrt ihre Bleistifte, ohne mich eines Blickes zu würdigen.

»Bitte«, flehe ich, »ich leite einen Kurs für Irene Zukosoka und brauche diese Kopien wirklich dringend.«

»Wer ist Zukosoka?«, fragt sie mich, ohne den Blick zu heben.

»Sie ist die Programmdirektorin«, antworte ich barsch. Das muss sie doch wissen. Offensichtlich jedoch nicht.

Ich zeige ihr mein rudimentäres Storyboard. Sie nimmt es widerwillig.

»Was ist das?«, fragt sie und gibt es mir sofort wieder zurück.

»Es ist ein Storyboard«, antworte ich. Sie zuckt mit den Achseln und sieht mich ausdruckslos an.

»Bitte warten Sie«, fordert sie mich auf.

Schon hat sie mich wieder vergessen. Aber ich bleibe hartnäckig.

»Mein Kurs beginnt in zehn Minuten, und ich komme zu spät.«

»Wie viele brauchen Sie?«

»Ungefähr 50«. Sie reißt die Augen weit auf.

»50? Ich dachte, Sie wollen nur diese eine. Sie müssen erst zum Chef der Abteilung für Betriebsmittel. Aber der ist nicht da.«

Ich greife mir mein kostbares Storyboard und gehe.

Draußen auf dem Flur zeigt jemand die Veranda hinab auf eine Tür mit der Aufschrift »Abteilungsleiter Betriebsmittel«. Ich betrete ein verlassenes Büro und sehe einen Kopierer. Es gelingt mir, ihn einzuschalten, und ich fange gerade an zu kopieren, als eine Frau hereinkommt.

»Guten Morgen«, grüßt sie mich. »Kann ich Ihnen helfen?«

Ich bemühe mich um einen unbeschwerten Tonfall, als ich ihr erkläre, was ich tue. Ihr Lächelt droht zu gefrieren, als sie mich bittet, ihr zu folgen. Ich trotte hinter ihren roten Stöckelschuhen den Flur entlang in ein weiteres Büro, in dem ein Mann in einem gestreiften Hemd hinter einem Schreibtisch sitzt.

»Ja?«, murmelt er unfreundlich und sieht auf.

»Ich weiß nicht genau, warum ich hier bin«, erkläre ich ihm. »Ich habe nur den Kopierer benutzt und ...«

Er unterbricht mich.

»Sie haben den Kopierer benutzt?«

»Ja.«

»Wofür?«

»Ich gebe einen Kurs für Irene Zukosoka und brauche dazu einige Storyboards.«

»Woher kommen Sie?«, fährt er mich an.

»London.«

»Warum haben Sie Ihr Material nicht von dort mitgebracht?«

Ich erkläre es ihm.

»Warum bereichern Sie sich an unseren Betriebsmitteln? Sie kommen aus Großbritannien – warum bringen Sie keinen Kopierer mit?«

Beinahe breche ich in Lachen aus, reiße mich aber doch zusammen. »Sehen Sie, ich will Ihren Producerinnen ja nur einen möglichst guten Kurs anbieten.«

Er erkundigt sich, wie viele Kopien ich gemacht habe.

»Etwa 20.«

Nun ist er außer sich. Er fordert Bezahlung dafür. Außerdem weiß er nicht einmal, wer Irene ist.

Ich komme zu spät und verärgert zu meinem Kurs. Es sind nur fünf Mädchen da. Während ich meine Storyboards verteile, kämpfe ich gegen den Drang loszuheulen und fordere sie auf, dass jede von ihnen eine Filmhandlung entwirft. Dann mache ich mich auf die Suche nach Irene.

Die sitzt auf einem Sofa in ihrem Büro, die Beine hochgelegt, eine Flasche Fanta in der Hand, und pflegt ihren Kater. Sie tut sich selbst unglaublich leid und hat sich vorgenommen, nach Hause zu gehen, sobald sie eine schöne Tasse süßen Kaffee getrunken und die Zeitung gelesen hat.

»Ich kann nicht mehr weitermachen«, erkläre ich ihr. »Das ist ein Kampf gegen Windmühlen«. Ich schildere ihr, was ich in der Abteilung Betriebsmittel erlebt habe.

»Kannst du den Kurs nicht ohne dieses Story-Dingsda halten?«, will sie wissen. »Denk dir nichts deswegen. Komm heute zu einem netten Abendessen zu mir nach Hause, und wir sprechen darüber. Ach je, wo ist mein Kaffee?«

Ausgebrannt gehe ich zu meinem Kurs zurück und zeichne den ganzen Tag Storyboards, während sich die Teilnehmerinnen angestrengt Filmhandlungen überlegen.

Irene lässt mich von ihrem Cousin Cosmos zum Essen abholen, einem hageren jungen Mann mit eulenhafter Brille. Irene hat ihm einen Job als Kameramann bei UTV zugeschanzt. Wir fahren auf der Kampala Road in östliche Richtung aus der Stadt hinaus, bis die Straße die Eisenbahnschienen überquert und der Teerbelag in Schotter übergeht.

Schließlich erreichen wir eine Anlage aus Apartmentblocks nach sowjetischem Muster. In dem aufgewühlten Morast zwischen den Häuserreihen spielen kleine Jungen neben Lagerfeuern und unter Hühnern mit einer Blechdose Fußball. Aus den Fenstern dringen Hundegebell und Babygeschrei. Frauen rufen sich von den Hausaufgängen aus etwas zu. Über allem liegt ein beißender, aber anheimelnder Geruch nach gebratenen Zwiebeln. Auf Leinen, die sich wie Girlanden zwischen den Häusern hinziehen, hängen Wäscheteile und sorgen für eine beinahe festliche Stimmung – wie auf Ozeanriesen, die mit Flaggen herausgeputzt sind.

Mit Spitzenvorhängen, Deckchen und Textiltapeten ist Irenes Wohnung ein Ausbund des Geschmäcklerischen. Sie selbst hat es sich in einem mit moosgrünem Baumwollsamt bezogenen Lehnstuhl bequem gemacht. Sie trägt ein Haarnetz und eine rosafarbene Weste, die ihre dicklichen, mit Dellen durchzogenen Oberarme freigibt. Die drei Fernseher, die parallel laufen, flimmern und rauschen allesamt. Keiner von ihnen gibt ein erkennbares Bild wieder.

Trotz ihrer 38 Jahre ist Irene, ungewöhnlich für Afrika, noch nicht verheiratet. Sie lebt gemeinsam mit ihrer Cousine Rose und Tony, einem schüchternen Jungen im Alter von etwa zehn Jahren, der Aids-Waise ist. Und sie hat ein Hausmädchen, das ebenfalls bei ihr wohnt.

Irene hat ein Festmahl vorbereitet: gebratenen Nilbarsch, Ziegenfleisch und Kartoffeln, *matoke* – das Nationalgericht, ein stärkehaltiger Brei aus grünen Bananen – und schließlich Käse und

Salat. Wir essen vor dem Fernseher von Tabletts, die mit bestickten Deckchen ausgelegt sind und die wir auf dem Schoß balancieren. Immer wieder wird das Mädchen gerufen, um eine der Antennen auszurichten, jedoch ohne Erfolg. Wir betrachten ein aus Schneeflocken bestehendes Bild und lauschen dem begleitenden Knistern.

Zum Trinken gibt es eine kleine Flasche Moët & Chandon rosé, die Irene auf einer ihrer jüngsten Auslandsreisen aus der Club Class der British Airways mitgehen lassen hat. Sie ist häufig außer Landes, um an Workshops teilzunehmen. So hat sie auch von dem Habitat-Filmprojekt erfahren.

Dann zeigt sie mir ihre Sammlung von Miniaturflaschen, die sie auf Europaflügen eingesammelt hat – Gordons Gin, Smirnoff Wodka, White Horse Whiskey, zwei Viertelliterflaschen Soave und etwa sechs Chianti, alle in einer Plastiktüte gehortet. Ich bringe meine Bewunderung zum Ausdruck, und Cosmos zieht eine Miniflasche Courvoisier hervor, die wir trinken sollen. Irene besitzt außerdem noch einen Vorrat an kleinen Salz- und Pfefferpackungen sowie Schokoladentäfelchen der British Airways. Sie mag mir diesen Höllenjob vermittelt haben, aber sie ist gastfreundlich, und nach Unmengen Ziegeneintopf fange ich allmählich an, mich wohlzufühlen.

Ich fahre mit dem Taxi zurück in die Stadt. Der Fahrer ist nett und hat tolle Musik aus Zaire laufen. Der Himmel ist immer noch mit purpurroten Streifen durchzogen, und die leichte Brise weht den heimeligen, rauchigen Geruch der afrikanischen Nacht durch die offenen Fenster herein. Ich komme zu dem Schluss, dass es – egal welcher Art mein Auftrag auch sein mag – einfach wunderbar ist, wieder in Afrika zu sein.

Am nächsten Tag entwickeln sich die Dinge positiver. Ein Mann namens George taucht auf, verkündet, er sei dem Kurs als Dramaturg zugeteilt, und macht sich daran, einheimische Darsteller aufzutun. Meine Schülerinnen vereinfachen und optimieren ihre Storyboards. Wir haben mehrere brauchbare Ideen, allen voran die Geschichte eines Mädchens, das vom Dorf in die große Stadt zieht, und eine über häusliche Gewalt. Sogar ein Kameramann kommt dazu. Fast können wir mit dem Drehen beginnen. Einen erfolgreichen Nachmittag lang legen wir Drehorte und Besetzungen fest und stellen einen Drehplan für die kommende Woche auf.

Es ist Freitagabend, und ich bin mit Alan Graham in der Bar des Equatoria verabredet. Er bringt seine Freundin Catherine mit, mit der er zusammen wohnt, eine schöne Kenianerin, die halb so alt ist wie er. Sie sitzt reglos neben uns, die Augen mit den langen Wimpern niedergeschlagen, nippt an ihrem Bitter Lemon und schweigt. Ich versuche mehrmals, sie in das Gespräch mit einzubeziehen, doch Alan geht darüber hinweg.

Ursprünglich hatten wir zusammen essen wollen, doch nach ein paar Getränken kündigt Alan an, sie würden jetzt gehen. Catherine schüttelt mir höflich die Hand und lächelt. Beim Hinausgehen führt Alan sie zwischen den Sonnenschirmen durch und klopft ihr auf den Po. Die Getränkerechnung überlässt er mir.

Am Montagfrüh fängt es zu regnen an. Als ich bei UTV ankomme, ist keine Kamera da, kein Kameramann und kein Kleinbus. George, der bereits unersetzliche Dramaturg, treibt ein Fahrzeug auf, aber ganz offensichtlich verfüge ich nicht über die »Zuteilung« einer Kamera, und unser Kameramann ist schlicht und ergreifend verschwunden. Der Kleinbus darf das Gelände ohne Genehmigung des Verwaltungschefs nicht verlassen. Aber der ist nicht auffindbar.

Nachdem ich ziemlich viel herumgeschrien habe, taucht ein mürrischer Mann aus der Abteilung Betriebsmittel mit einer uralten Kamera auf. Irenes Cousin Cosmos sagt, er würde einspringen und für uns filmen. Wir zwängen uns in den Bus und machen uns auf den Weg in das Dorf, in dem wir drehen wollen.

Nach dem Regen ist der Boden im Dorf schlammig, und in den Pfützen tummeln sich Enten. Ich springe aus dem Bus, aber meine Schülerinnen zieren sich. Sie tragen frisch gebügelte Faltenröcke aus Seide, Blusen mit Spitzenkragen, vom Schneider angefertigte Blazer und flauschige Strickjacken. Dazu tragen sie Lackhandtaschen oder Imitationen von Chaneltaschen mit Steppmuster und Goldketten. Voller Bestürzung schaue ich auf acht Paar Füße in weißen Pumps, Lackschuhen, hochhackigen Slingbacks oder Riemchensandalen. Ich bin die Einzige in Jeans und T-Shirt.

Ich versuche, die (für mich) selbstverständliche Vorstellung von praktischer Arbeitskleidung zu erklären. Sie können mir nicht folgen. Bessere Kleidung ist der Hinweis auf eine bessere Arbeit und eine höhere soziale Stellung. Diese Regel wollen sie nicht unterwandern, und schon gar nicht in einem Dorf auf dem Land. Sie steigen erst aus dem Bus aus, als ich ihnen verspreche, wir werden uns die Aufnahmen auf dem Monitor ansehen, so dass ihre Kleider nicht schmutzig werden. Zimperlich bewegen sie sich durch die Pfützen und Haufen von Ziegenkot, ihre Absätze bohren sich in den Schlamm.

Cosmos spielt gegenüber den Mädchen den Chef und ist barsch zu ihnen. Auf ihre ersten zaghaften Versuche, Regieanweisungen zu geben, reagiert er überhaupt nicht. Den Mädchen scheint es nicht geheuer, ihrem männlichen Kollegen zu sagen, was er tun soll, und als Cousin der Chefin hat Cosmos noch mehr Grund, sich ihnen gegenüber als Herr aufzuspielen. Um fünf Uhr sind die Mädchen so weit, aufzugeben und heimzugehen. Sie haben das Interesse an ihren Storyboards verloren, und der Film scheint ihnen völlig egal zu sein.

Am Tag darauf weigert sich der Fahrer des Kleinbusses, sich von der Stelle zu rühren, bis um elf Uhr der Verwaltungschef kommt, um das Formular zu unterschreiben. Eine ziemlich imposante

»Schauspielerin« erscheint in einem Seidenplisseerock, weißen Schuhen und roter Jacke mit Goldknöpfen. Sie weigert sich, ein armes, obdachloses Mädchen zu spielen. Ihr »Stolz« verbiete ihr das. Es bleibt uns nichts anderes übrig, als ihr eine Menge mehr Geld zu bezahlen.

Im Bus tuscheln meine Schülerinnen in ihrer Sprache. Meinen Blicken weichen sie aus.

»Ich merke doch, dass etwas nicht stimmt«, bohre ich nach. »Sagt es mir.«

Eine von ihnen behauptet, ich würde sie ausbeuten.

»In welcher Hinsicht?«

Sie sagen, ich sei nach Uganda gekommen, um sie als billige Arbeitskräfte für mein eigenes Projekt einzusetzen. Ich würde meine eigene Karriere auf ihrem Rücken vorantreiben.

»Es ist nicht mein Projekt, es ist eures«, erkläre ich ihnen überdrüssig.

»Warum werden wir dann nicht dafür bezahlt?«, sagt ein Mädchen, das von Anfang an aufsässig war. »Sie behandeln uns wie Sklavinnen.«

Ich erkläre zum wiederholen Mal den Zweck des Kurses, aber sie wendet sich angewidert ab. Eine der Frauen macht eine obszöne Geste an meine Adresse. Eine andere beschimpft mich in ihrer Sprache. Mir reicht es. Ich will jetzt einfach diese verdammten Filme fertigbekommen und dann nach Hause.

Wir drehen auf einem Markt, als zwei Männer auf uns zueilen.

»Sie beuten uns aus«, sagt er eine. »Sie wollen Ihrem Land Bilder der Armut zeigen«, sagt ein anderer und sieht mich herausfordernd an. »Gehen Sie heim nach Amerika!«

Seine Zähne sind stark verfärbt. Ich erkläre geduldig, dass ich aus Großbritannien komme und UTV helfe, einige Unterrichtsfilme zu produzieren.

»Sie werden mit dem Chef reden müssen«, erklärt ein weiterer Mann.

Durch ein Labyrinth von Ständen werden wir in die Mitte des Marktes geschleust, wo ein unglaublich dicker Mann mit blutunterlaufenen Augen von einer strohgedeckten Hütte aus über die Vorgänge wacht. Er sieht mich voller Abscheu an.

»Sie! Sie sind von der BBC!«, wirft er mir vor.

Ich erkläre ihm, dass es nicht so ist, aber er glaubt mir nicht. Auch er denkt, ich schade Uganda absichtlich, indem ich Arme filme. Auch wenn ich erschöpft und geladen bin, verstehe ich seinen Standpunkt. Die Nachrichten, die es von Uganda in die europäischen Sendeanstalten schaffen, sind negativ – meist Geschichten über Dörfer, die durch Aids dezimiert werden. Über Jahre hinweg sind Nachrichtenteams in Uganda eingefallen, um sich über die Armen, Kranken und Elenden auszulassen. Warum sollte er von mir etwas anderes erwarten?

Um die Mittagszeit folgt ein weiterer Aufstand. Meine Schülerinnen bekommen nicht ausreichend Tagesspesen, um sich in der Stadt ein Essen kaufen zu können, doch den ganzen Weg zu UTV zurückzufahren würde weit mehr als eine Stunde in Anspruch nehmen. Vernünftigerweise sagen sie, sie seien auch mit einem kleinen Imbiss und Sandwiches zufrieden, damit wir nicht zu viel Zeit verlieren, doch Cosmos kündigt an, er werde keine weitere Einstellung drehen, bevor er nicht ein ordentliches Essen bekommen hat. Er verlangt gekochtes Fleisch mit Kochbananen und Reis und streckt sich erschöpft im Heck des Kleinbusses aus, als kehre er soeben von einem Schlachtfeld zurück.

»Nun komm schon«, fordere ich ihn auf. »Sei nicht kindisch. Wir haben einen wirklich engen Zeitplan. Wir werden niemals fertig, wenn wir jetzt die ganze Strecke zu UTV hin und zurück fahren.«

Er sieht mich kaltschnäuzig und höhnisch grinsend an.

»Ist das die Art, wie du afrikanische Filmteams sonst behandelst? Sie aushungern?«

Ich gebe es auf. Meine Schülerinnen machen einen niedergeschlagenen Eindruck. Offensichtlich flößt ihnen dieser hagere Tyrann Ehrfurcht ein. Wir fahren zu UTV zurück, so dass Cosmos sein Mittagessen bekommt.

Danach ist unser Fahrer verschwunden, und es fängt zu regnen an. Ich versuche, einen anderen Fahrer aufzutreiben. Es sitzen einige untätig herum, doch wie üblich kann keiner ohne die entsprechenden offiziellen Formulare meinem Projekt zugeteilt werden. Schließlich schlendert unser eigentlicher Fahrer daher, anderthalb Stunden zu spät und mit Unmengen von Lebensmitteln beladen. Cosmos befindet sich, anstatt durch die warme Mahlzeit versöhnt zu sein, in übelster Laune. Meine Schülerinnen sind unterdessen in Lethargie verfallen.

Als wir zum Drehort zurückfahren, hört es zu regnen auf, und in der Hitze dampft es aus den Pfützen. Wir drehen eine Szene an der Bushaltestelle. Es ist laut, heiß, schlammig, schmutzig und voller Menschen, und wir arbeiten inmitten einer toxischen Wolke aus Kohlenmonoxid. Der Monitor ist ausgefallen, so dass ich Cosmos' Aufnahmen nicht überprüfen kann. Immer wenn ich ihn etwas frage, legt er eine mürrische Miene an den Tag. »Soll ich das Band zurückspulen«, fragt er aggressiv.

Das kommt nicht in Frage. Die Bildköpfe sind verschmutzt, und unsere ersten drei Bänder sind bereits ziemlich in Mitleidenschaft gezogen.

»Nein, mach weiter. Aber versuche bitte, die Einstellung etwas länger zu halten«, bitte ich ihn zaghaft.

Am folgenden Tag fangen wir mit dem Schneiden an. Die Geräte sind in mehreren stickigen, fensterlosen Räumen mit Gitterstäben anstelle von Türen untergebracht. Ein Schnittplatz besteht aus empfindlichen Geräten, die eigentlich eine klimatisierte und staubfreie Umgebung brauchen. Unsere enge Betonzelle ist schmuddelig und heiß. Die schweißnassen Finger unserer Cutterin rutschen ab und hinterlassen auf der verstaubten Tastatur feuchte Stellen. Durch die Gittertüren dringt etwas frische Luft herein, aber auch widerhallender Lärm von vorbeigehenden Leuten.

Am Nachmittag sollten wir mit dem Drehen für unsere zweite Geschichte, über häusliche Gewalt, anfangen. Wie gewohnt gibt es Fahrzeugprobleme.

»Es gibt keine Zuteilung für Ihr Projekt«, vermeldet der Mann von den Betriebsmitteln. Mein Hass gegen diese Abteilung kennt inzwischen keine Grenzen mehr.

»Vielen Dank für Ihre Hilfe«, erwidere ich.

»Kein Problem«, antwortet er. Mein Sarkasmus ist bei ihm reine Verschwendung.

Ich beschließe, einfach ein Fahrzeug zu entwenden. Der Schlüssel steckt, und wir haben einen Fahrer. Das einzige Problem besteht darin, wer die Verantwortung auf sich nimmt – respektive die Schuld. Ich bin dazu bereit. Ehrlich gesagt freue ich mich schon auf die Auseinandersetzung mit dem Verwaltungschef. Es kann losgehen.

Unsere Geschichte handelt von einem jungen Mädchen, das auf der Straße endet, weil ihr Vater trinkt und die Mutter gewalttätig ist. In unsere Regisseurin Joanne setze ich große Hoffnungen. Sie ist intelligent, relativ begeistert und erscheint heute in Shorts und einem Sweatshirt, also offensichtlich bereit, Einsatz zu zeigen. Ich freue mich.

Aber leider verliert Joanne jegliches Interesse, sobald wir anfangen zu drehen. Sie sitzt auf dem Boden und erwartet, dass ich die Arbeit für sie erledige. Mit Cosmos habe ich schon wieder eine Auseinandersetzung, weil sich herausgestellt hat, dass seine Bildausschnitte schlecht und die Bilder verwackelt sind, er also insgesamt ein erbärmliches Ergebnis abliefert.

Wir drehen eine eindrucksvolle Szene. Der Vater verspätet sich, die Mutter sieht ängstlich auf die Uhr, lächelt den Kindern beruhigend zu, nimmt aber eine erschrockene Miene an, als sie den Ehemann heftig gegen die Tür pochen hört. Die Schauspieler agieren wunderbar, doch im entscheidenden Moment fallen die Scheinwerfer aus. Meine Schülerinnen stehen teilnahmslos herum. Es ist kurz vor sechs Uhr, die Dämmerung bricht herein, und sie wollen nach Hause.

»Nun los«, muntere ich sie auf, »das ist ein Härtetest. Technische Probleme tauchen ständig auf. Ihr müsst heute mit dem Drehen fertig werden – was tut ihr jetzt?«

Joanne sieht auf ihre Uhr.

»Ich muss wirklich gehen«, sagt sie.

»Ist es dir egal, ob wir deinen Film fertigbekommen?«, frage ich sie.

»Ich muss meine Kinder bei meiner Schwester abholen. Mein Mann ist sauer, wenn ich zu spät komme.«

Die anderen Frauen pflichten ihr murmelnd bei. Es ist eine Ironie in sich, dass sie ein Drehbuch über häusliche Gewalt geschrieben haben – und ihre Lebensumstände ihnen diktieren, dass sie ihre Ehemänner und Familien unter allen Umständen über ihre Arbeit stellen müssen.

»Nun gut«, lenke ich beschwichtigend ein. »Ich verstehe. Aber lasst uns doch nur noch schnell überlegen, wie wir diese letzte Einstellung noch drehen können.«

Sie wirken energielos.

»Ich habe eine Idee«, sage ich. »Hat jemand eine Taschenlampe?«

Das macht sie noch einmal neugierig, und schließlich schaffen wir noch eine sehr aussagekräftige und stimmungsvolle Einstellung, wie der betrunkene Vater im unsteten Licht der Taschenlampe nach Hause wankt und zornig mit der Faust gegen die Tür hämmert. Endlich ist alles im Kasten, und die Frauen ergreifen erleichtert die Flucht.

Als wir so weit sind, dass wir das Sendeband erstellen können, hat Irene keine neuen Bänder mehr.

»Das ist der wichtigste Fernsehsender in Uganda. Hier muss es doch irgendwo ein Band geben«, hake ich nach, aber es klingt nicht besonders überzeugt. Nach längerer Suche hält sie mir zwei Bänder entgegen. Auf dem einen befinden sich die Nachrichten des vorherigen Tages, auf dem anderen das Fußballspiel der vergangenen Woche. Mehr kann sie nicht tun.

Ich stelle mir vor, wie diese Filme auf der Habitat-Konferenz gezeigt werden, neben all den geschliffenen Einsendungen aus Europa und Amerika, und ich verzweifle. Andererseits weiß ich auch, dass unsere kleinen Filme, so primitiv sie in technischer Hinsicht auch sein mögen, doch Kraft besitzen, besonders der eine über häusliche Gewalt. Ich bin entschlossen durchzuhalten.

Schließlich sind die Filme fertig geschnitten, und Irene will ausgehen und das feiern. Alan kommt mit, zusammen mit seinem Mitbewohner Peter, einem Computerexperten. Sie bringen ihre kenianischen Freundinnen mit, Catherine und Natalie. Was finden diese hübschen jungen Mädchen nur an rotgesichtigen Engländern mittleren Alters? Peter trägt einen unansehnlichen Schnurrbart und hat schlechte Zähne.

»Für ein Freibier sind wir immer zu haben«, verkündet er, während er unter schallendem Gelächter Irene die Hand schüttelt. In mir zieht sich alles zusammen. Das wird ein teurer Abend für mich.

Zur Einstimmung fahren wir zum Hotel Diplomate, um dort den Sonnenuntergang zu beobachten. Kampala erstreckt sich über mehrere Hügel, die sich sanft und grau wie Taubenbrüste gegen den korallenrot gefärbten Himmel absetzen. Als die Dämmerung hereinbricht und tief unter uns die ersten Lichter angehen, wirkt die Stadt wie ein Arrangement aus Strängen glitzernder Diamantketten, die auf dunklem Samt ausgelegt sind. Ich spüre förmlich, wie Frustration, Ärger und Enttäuschung aus mir weichen. Es wird trotz allem ein schöner Abend werden.

Der Film über häusliche Gewalt erregte überraschenderweise große Aufmerksamkeit bei Habitat. Die schlechte technische Qualität wirkte gar nicht störend, im Gegenteil, es verstärkte die Wirkung und sagte mindestens genauso viel über den Zustand des modernen Uganda aus wie der Inhalt. Die Frauen von UTV ernteten großes Lob für ihre Arbeit, und mein Kurs gewann später auch noch einen Commonwealth-Preis. Außerdem gab es zahlreiche Anfragen nach Kopien des Films. Als Einblick in den Alltag einer ugandischen Frau war er überzeugend und übte nachhaltige Wirkung aus. Es hat sich also gelohnt, trotz all der Widrigkeiten durchzuhalten.

8 Ein erbarmungsloser Schnitt
Uganda

Beschneidung von Frauen ist in vielen Ländern Afrikas gang und gäbe – wodurch sich die Praktiken unterscheiden, ist die Schwere des Eingriffs. In Uganda wird sie nur von den Sabiny praktiziert, die in einem entlegenen Teil des Landes, nahe der Grenze zu Kenia, leben.

Nun sollte, finanziert vom Bevölkerungsfonds der Vereinten Nationen, ein Film darüber entstehen, allerdings nur unter der Bedingung, dass ein afrikanischer Producer beteiligt war. Irene, meine Freundin und Programmdirektorin beim ugandischen Fernsehen, erklärte sich einverstanden, diese Position zu übernehmen, wollte aber eine geplante Reise nach New York nicht absagen, um mich zu den Dreharbeiten zu begleiten. Immerhin stellte sie wenigstens vor Ort ein Filmteam zusammen. Also hieß es für mich zurück nach Uganda.

Müde und schlecht gelaunt komme ich in Entebbe an. Der Flug hat Verspätung, und ich muss am Flughafen von Nairobi warten, um mich herum die Mitglieder der kenianischen Frauen-Bowlingmannschaft mit blaugetönten Haaren, die zu einem Turnier nach Lusaka reisen. In ihren kastanienbraunen Blazern und Blusen mit Blümchenmuster rennen sie wie aufgescheuchte Hennen um mich herum. Der angekündigte Fahrer ist nicht am Flughafen aufgetaucht, also nutze ich zusammen mit einer Amerikanerin, die über und über mit afrikanischen Perlenketten behängt ist und mir den ganzen Weg bis nach Kampala dumme Fragen über Armut stellt, einen Zubringerbus zum Hotel.

Und um noch eines obendrauf zu setzen, ist mein Zimmer im Fairways Hotel deprimierend. Das Fenster geht auf einen von einer

Mauer eingefassten Hof, auf dem ein Pepsi-Automat steht, eine aus Ziegelsteinen gemauerte Bar und eine strohgedeckte Hütte, an der man *nyama choma* kaufen kann – gegrilltes Fleisch. Das Zimmer verfügt über die typische Einrichtung: zwei Einzelbetten, ein beigefarbener, muffig riechender Teppich, zwei braune samtene Lehnsessel, ein vor sich hin rostender Kühlschrank, der mit einer Flasche Wasser bestückt ist, ein defekter Fernseher, ein riesiges, aufwendig gearbeitetes Sideboard aus einer Teakimitation und ein Spiegel, der besser in eine Cocktailbar passen würde. Im Bad hängt ein schimmeliger Plastikduschvorhang, die von Grauschleier überzogenen Handtücher sind dünn und verschlissen, das Toilettenpapier fühlt sich rau und kratzig an.

Am Abend meines Ankunftstages treffe ich Irene zum Essen. Sie nimmt mich herzlich in den Arm und umhüllt mich mit dem an ihr vertrauten Duft nach *White Musk*.

»Es ist so schön, dich zu sehen«, begrüßt sie mich. »Komm, essen wir. Ich habe Hunger.«

Irene hat immer Hunger. Wir essen in dem trostlosen Innenhof, auf den ich aus meinem Zimmer sehe. Aus einer primitiven Lautsprecheranlage dröhnt scheppernde Musik. Irene überwacht die Zubereitung unseres *nyama choma.*

»Du musst es probieren«, fordert sie mich auf. »Es ist köstlich.«

Es entsteht eine heftige Diskussion über die Temperatur des Backblechs, und Irene weist wiederholt den jugendlichen Koch zurecht, weil er angeblich die falschen Fleischstücke verwendet. Verunsichert schwitzt er über der Flamme, auf der unser Fleisch brutzelt.

Als es fertig ist, betrachte ich mit großem Vorbehalt die fetten, knorpeligen Spiralen aus verbranntem Rindfleisch. Das Hähnchen ist unter der rußschwarzen Haut noch roh. In der ihr eigenen unerschütterlichen Begeisterung findet Irene das Essen hervorragend.

Sie erzählt mir, dass simple Freiheiten wie zum Beispiel die Möglichkeit, sich abends nach Belieben draußen bewegen zu können, nach dem Leben unter dem Regime von Idi Amin ein kostbares Gut darstellen.

»Das ist herrlich«, ruft sie aus und schwenkt einen Hähnchenflügel.

»Komm, wir bestellen noch was!«

Mein Kameramann, John Stephen Okurut, möchte die Hälfte seines Honorars im Voraus, also fährt mich Irenes Fahrer Alex zur Bank. Alex hatte mir nach England geschrieben und mich gefragt, ob ich nicht die Kosten für seine Ausbildung als Automechaniker übernehmen wolle – 250 US-Dollar –, und ich musste ihm eine Absage erteilen. Aber er ist unverkrampft und freundlich. So ist das immer in Afrika. Im einen Moment ärgert man sich, dass die Leute einen ständig um Geld bitten, und im nächsten Moment plagen einen die Schuldgefühle, dass man es ihnen nicht gegeben hat.

Ich komme mit einem dicken Bündel Geldscheine aus der Bank – für ein englisches Pfund bekommt man Tausende Uganda-Schillinge. Okurut wartet in Irenes Büro auf mich. Er ist ein sehr großer, eleganter Mann. Der feine weiße Haarflaum auf seinem sonst glatten, kahlen Kopf verleiht ihm die Aura eines Elder Statesman. Er gibt sich sehr förmlich und spricht zurückhaltend und höflich.

Ich händige ihm seinen Vorschuss aus. Sein Gesicht wirkt wie aus Stein gemeißelt, kantig und verschlossen, als er die Banknoten zählt. Er faltet sie zusammen und steckt sie in eine seiner feinen, beigefarbenen Socken. Ich bin verwundert, dass er plötzlich so eisig ist.

»Alles in Ordnung?«, frage ich ihn freundlich.

»Ja«, antwortet er.

»Sicher?«

»Sicher.« Er weicht meinem Blick aus.

»Das ist der Betrag, den wir vereinbart hatten, oder?«, versichere ich mich.

»Wenn Sie das sagen, wird es schon stimmen«, gibt er mir zur Auskunft.

»Wie meinen Sie das?«, frage ich ihn.

Er wendet sich langsam zu mir und sieht mich an, die Augen leblos. Ich versuche zu lächeln.

»Sie haben den Betrag, um den Sie gebeten hatten, also passt alles, nicht wahr?«

Er zuckt sehr langsam mit den Schultern und wirkt angewidert.

Allmählich werde ich ungeduldig.

»Okurut, wenn Sie mir nicht sagen, was nicht stimmt, kann ich Ihnen auch nicht helfen.«

Er steht auf. Seine Haltung ist aufrecht und stolz. »Es ist gut.«

Ich sage: »Na dann gehe ich jetzt.« Ich würde ihm gern die Hand schütteln, aber er steht steif und abweisend vor mir. Ich gehe.

Zwei Stunden später, ich will mich gerade auf meinem Balkon in ein Buch vertiefen, läutet das Telefon. Es ist Irene.

»Etwas Unangenehmes ist passiert«, teilt sie mir mit. »Okurut ist ziemlich aufgebracht.« Sie klingt außer Atem, gestresst.

»Das habe ich bemerkt«, erwidere ich. »Was zum Teufel ist mit ihm los?«

»Du hast ihm nur 30000 Schillinge gegeben, aber abgemacht waren 300000.«

Bei einem Wechselkurs mit so vielen Schillingen zum Pfund und solchen gigantischen Barauszahlungen habe ich anstatt mit Hunderterstellen mit Zehnerstellen gerechnet. Ich könnte mich in den Hintern treten, aber es ein offensichtliches Versehen, und ich habe ihm genügend Möglichkeiten eingeräumt, meinen Irrtum anzusprechen. Aber Okurut hat die Situation falsch interpretiert und so dargestellt, als wolle ich ihn über den Tisch ziehen. In Afrika

Geschäfte machen kann einen manchmal an den Rand des Wahnsinns treiben.

»Kannst du noch mal kommen?«, fragt mich Irene.

Es ist Spätnachmittag, der Verkehr wird dicht sein, aber wenn es darum geht, Okuruts Würde angemessen zu wahren, wird mir wohl nichts anderes übrig bleiben, als in ein Taxi zu steigen und noch einmal in Irenes Büro zu fahren.

Okurut strahlt über das ganze Gesicht, als ich mit dem Differenzbetrag erscheine.

»Kein Problem«, sagt er mit heiterer Miene und klopft mir gönnerhaft auf den Rücken.

Nicht nur Okurut besteht auf einen Vorschuss. Ich bin so eine Art Goldesel. Bargeld im Voraus für den Mietwagen, 100 Dollar für einen vollen Tank Benzin, auch der Tonmeister will einen Vorschuss und zusätzlich eine Kaution, damit er ein weiteres Mikrofon leihen kann. Am Ende des ersten Tages kommt es mir vor, als hätte ich schon den Großteil unseres Budgets ausgegeben.

Um mich aufzuheitern, verspricht mir Irene, am Wochenende mit mir auszugehen. Unser Ausflug besteht darin, dass wir meilenweit aus der Stadt hinausfahren zu einem neuen, aber völlig abgelegenen »Gasthaus«, das mit Whirlpool und Sauna wirbt. Ein verschlafenes, ungepflegtes Mädchen taucht auf, die Zehensandalen über den Boden schleifend.

Irene überredet mich, eine Massage zu nehmen. Eine hünenhafte, finster dreinblickende Frau führt mich in einen kahlen, weiß getünchten Raum. Das hier ist himmelweit entfernt von den in Dämmerlicht getauchten New-Age-Massagesalons in London.

»Hinlegen«, fährt sie mich an und deutet dabei auf eine hohe, mit Plastik bedeckte Liege. Eine Spinne verzieht sich eilends in eine Ecke.

Ich fühle mich bleich und verletzlich, als ich mich ausziehe und auf die Liege klettere. Sie knetet mich kräftig mit Babyöl. Meine

Gliedmaßen wirken in ihren fleischigen Händen wie dünne Zweige. Auf meinen Bauch hämmert sie mit einer Gewalt ein, die schon fast kriminell ist. Zum Abschluss klopft sie die Hinterseiten meiner Oberschenkel, bis sie brennen.

»Gut«, merkt sie gedehnt an, »Sie können gehen.«

Ich bin so voller Öl, dass ich wie eine Robbe von der heimtückischen Liege gleite und wie ein Häufchen Elend auf dem Betonboden lande. Zum ersten Mal lächelt meine Masseurin.

Irene würde den ganzen Abend in der Sauna verbringen wollen, aber ich muss in die Stadt zurück. Ich bin mit Elaine Eliah, einer amerikanischen Journalistin, zum Essen verabredet. Sie hat einen hervorragenden Artikel über die Beschneidung bei Frauen verfasst, und ich will sie unbedingt treffen.

Elaine hat einen Buckel und trägt eine Brille. Bekleidet ist sie mit einer türkisfarbenen Jogginghose und einem weiten T-Shirt, das in der Taille durch einen Geldgürtel zusammengeschnürt wird. Sie führt mich in das beste Restaurant Kampalas, Le Chateau. Mir ist nach viel Wein und einem Riesensteak. Elaine runzelt die Stirn und erklärt, sie sei Abstinenzlerin und nehme auch nur einen Gang. Ich frage mich, ob ich den Abend überstehe.

Ich lasse das Steak bleiben und bestelle Coq-au-vin. Elaine erzählt mir ihre Geschichte. Sie arbeitete früher als Köchin auf einem Schleppdampfer in Seattle, verließ dann ihren Ehemann und kam in Uganda mit nicht mehr als einem Rucksack an. Sie ging in die Berge auf der Suche nach Gorillas, verliebte sich in das Land und blieb. Ihren Lebensunterhalt verdiente sie sich mit Restaurantkritiken und machte schnell Karriere als Journalistin.

Als habe er das Zeichen zum Einsatz bekommen, tänzelt der belgische Besitzer des Restaurants mit seinem schlaff herabhängenden blonden Haar und gefalteten Händen auf unseren Tisch zu. Er schwänzelt um Elaine herum und bedankt sich bei ihr für einen kürzlich erschienenen Zeitungsartikel, der ihm neue Gäste gebracht hat. Er lässt Pistazien- und Bananeneis für uns auffahren, dann belgischen Kuchen, der mit gefrorener Bavarois gefüllt ist. Schließlich spendiert er uns auch noch einen Irish Coffee.

»Das muss ja ein ordentlicher Artikel gewesen sein«, sage ich zu Elaine, den Mund voll himmlischen Eises mit einem Schuss Brandy.

»Na sicher. Wie, glauben Sie, könnte ich es mir sonst leisten, hier zu essen?«, erklärt sie mir.

Ich fange an, Miss Elaine zu mögen.

Am folgenden Tag bildet der Regen eine graue Wand, unbarmherzig und undurchdringlich. Ein nasses Wochenende in Kampala ist nicht lustig.

»Ich hasse das verdammte Afrika«, murmle ich.

Ich überlege gerade, was ich tun könnte, als Irene anruft.

»Du musst heute Abend herauskommen«, sagt sie. »Das ist eine riesige Sache.«

Irene und ihre Freundin holen mich ab. Sie tragen aufregende schwarze Kleider, Schmuck und knallroten glitzernden Lippenstift. Irenes *White Musk* versucht, sich gegen den schweren Duft von Gardenien zu behaupten, den ihre Freundin aufgetragen hat. Sie nehmen mich mit ins Casino zur Endausscheidung um den Titel der Miss Kampala. Wir bahnen uns den Weg durch eine pulsierende, unberechenbare männliche Menge. Preisrichter an runden Tischen füllen stapelweise Karten aus. Wir holen uns etwas zu trinken und finden einen Platz, von dem aus wir gerade noch auf die Bühne sehen können.

Die Moderatorin ist eine hellhäutige Frau in einem weißen Halterneck-Abendkleid mit extrem gelangweiltem Gesichtsausdruck.

»Bitte etwas mehr Ruhe«, wiederholt sie mehrmals laut und unfreundlich an die Menge gerichtet. Aber es zeigt nicht die geringste Wirkung.

Es präsentieren sich an die 50 Teilnehmerinnen in Bikinis und Badeanzügen. Da sind pickelige, pummelige Teenager, Mädchen mit riesigen, schlaffen Gesäßen, mit stämmigen Oberschenkeln und nicht erkennbaren Knien, untersetzte Mädchen, massige Mädchen mit riesigen Brüsten. Nur eines oder zwei sind nach westlichen Vorstellungen elegant. Ich denke mir insgeheim: »Wenn die vom Schlankheitswahn besessenen Vasallen der britischen Modewelt das sehen könnten!«

Die Männer befinden sich in heller Aufregung. Sie brüllen, pfeifen, jubeln, lachen, klatschen und geben laut ihre Kommentare zum Besten, als die Mädchen ihre Reize zur Schau stellen. »Hey Dickbein!« oder »Fettarsch, gib mir einen Kuss!«, schreien sie.

Der Preis für die Siegerin ist ein schnittiger neuer Mercedes, mit einer rosafarbenen Schleife geschmückt. So attraktiv er auch sein mag, scheint er doch diese Erniedrigung nicht verdient zu haben. Die meisten Mädchen wirken verunsichert, als sie in die grellen Scheinwerfer sehen und sich Mühe geben, in die brodelnde Menge zu lächeln. Eine stolpert mit ihren Plateausandalen. Ein Brüllen hebt an. Eine andere will über den falschen Ausgang von der Bühne gehen. Eine ist so fasziniert, dass sie überhaupt nicht von der Bühne geht und von der Moderatorin weggezogen wird. Die Menge quittiert das mit gnadenlosem, johlendem Gelächter.

Irene murmelt etwas über die Jury.

»Das ist alles eine abgekartete Sache«, sagt sie und sieht mit zusammengekniffenen Augen dorthin.

»Schau dir doch die Kerle an, das sind Betrüger.«

Die Preisrichter kippen massenhaft Weißwein hinunter, während sie die Teilnehmerinnen beäugen, Karten und Punkte sind längst vergessen.

»Ich bleibe nicht länger hier und sehe mir diese Korruption an«, verkündet Irene hochnäsig. Man könnte meinen, sie redet über eine

Gerichtsverhandlung, bei der es um Verstöße gegen die Menschenrechte geht. Wer gewinnt, erfahre ich nicht, denke aber, Glück haben vor allem die, die von dieser Erfahrung so entmutigt sind, dass sie niemals wieder irgendwo als Model oder Ähnliches auftreten.

Am nächsten Tag reise ich nach Kapchorwa ab. Mit mir kommen Okurut, Godwin, der Tonmeister, und Peter, unser Fahrer. Acht Stunden lang schrauben wir uns auf einer holprigen Straße aus rotem Lehm hinauf in die Berge. Peter sorgt sich, dass es regnen könnte, und krümmt sich über das Lenkrad, um die Wolkenstreifen über den üppigen Tälern, in denen Bananenbäume und Kaffeepflanzen grünen, zu beobachten.

Wir kommen in der Abenddämmerung an. Es ist kalt und feucht. Kapchorwa ist eine unwirtliche Ansammlung aus Lehm- und Betonbauten, die sich an den Straßenrand reihen. Vor dem Paradise Hotel sitzt, als wir vorfahren, ein Albino mit einem zerbeulten Hut und starrt ins Leere. Kinder geraten in Aufregung, als sie mein weißes Gesicht sehen, und kommen die Straße entlanggelaufen.

»*Muzungu, muzungu!*«, rufen sie im Chor. »Eine Weiße, eine Weiße!«

Das Paradise Hotel könnte von dem, was man sich unter einem Paradies vorstellt, nicht weiter entfernt sein. Es handelt sich um einen Verschlag mit rostigem Blechdach, beherbergt aber die einzige Bar und das einzige Restaurant im Ort. Im Inneren sitzen Männer geduldig im Dunkeln und warten auf den Strom, der jeden Abend drei Stunden lang eingeschaltet wird. Bis dahin gibt es nichts anderes zu tun, als mich anzustarren. Ich bin das Beste an Unterhaltung, was ihnen seit Wochen geboten wurde. Aus einem schmutzverkrusteten Plastikkrug wird uns süßer, milchiger Tee eingeschenkt.

Godwin gibt sich gutgelaunt, während Okurut mir eine langweilige Unterweisung über die geografischen Gegebenheiten in Uganda zuteilwerden lässt. Um sieben Uhr leuchtet die einzige Glühbirne auf. Die Männer starren mich noch immer an, aber nicht mehr ganz so lüstern. Jetzt sind sie mit ihrem Essen beschäftigt. Wir bekommen Reis und Bohnen und trinken noch mehr Tee.

Okurut und Godwin bleiben im Paradise. Mich hat die UN im offiziellen Gästehaus der Stadt untergebracht, einem großen, weißgekalkten Bungalow, der verheißungsvoll aussieht. Ein schielender, geistig zurückgebliebener Junge führt mich humpelnd zu einem Zimmer mit rotem Lehmboden, das mit einem Holzbett möbliert ist. Das einzige Badezimmer hat eine dreiteilige Einrichtung in Türkis aus dem Hause des bekannten britischen Sanitärherstellers Armitage Shanks aufzuweisen, aber kein fließendes Wasser. Um die Wanne zieht sich ein dicker Schmutzrand, das Waschbecken ist mit Haaren gesprenkelt.

Ich bitte den Jungen, mir Wasser zu bringen. Er schreckt zurück und kichert manisch. Schließlich gelingt es mir, ihm zu erklären, was ich möchte, und er kommt mit einem kleinen Krug wieder. Ich wasche mich in dem schmutzigen Bad, so gut es geht. Wir sind so hoch oben in den Bergen, dass es bitterkalt ist. Ich verkrieche mich in meinem harten, kleinen Bett und warte, bis das Licht ausgeht.

Mitten in der Nacht kommt jemand an. Er zieht in das Nachbarzimmer, poltert lärmend mit dem Mobiliar und kommandiert den Jungen herum. Dann folgt lautes Schleimhochziehen, Husten, Spucken, Würgen und Furzen. Am nächsten Morgen, bei Tee und Eiern, stellt er konsterniert meine Anwesenheit fest, findet aber schnell wieder seine Fassung und ist sehr charmant. Es handelt sich um den ugandischen Arbeitsminister.

Nun ist die Mutter des zurückgebliebenen Jungen im Dienst, bringt uns dünn mit Margarine bestrichene Weißbrotscheiben und schleppt eimerweise Wasser in das Bad, um das Waschbecken zu spülen. Der Minister bekommt sogar einen Krug heißes Wasser zum Rasieren. Laut summend schabt er sich den Bart ab. Die Vorstellung, mir über dem nun mit noch mehr Haaren verschmutzten Waschbecken die Zähne putzen zu müssen, gleicht fast einem Alptraum.

Peter soll mich um Viertel vor sieben abholen. Er taucht nicht auf. Um acht Uhr wandere ich den Hügel hinab und verscheuche übelgelaunt die Kinder, die mich verfolgen. Ich treffe Okurut und Godwin im Paradise an, wie sie sich gerade genussvoll einer ordentlichen Portion Eier widmen.

»Wo bleibt ihr?«, frage ich sie. »Ich warte schon anderthalb Stunden.

Okurut reißt die Augen weit auf.

»Oh, wir dachten, du sollst ruhig ausschlafen, und haben inzwischen die Frauen gefilmt, wie sie Wasser aus dem Fluss holen.«

»Ich sollte aber dabei gewesen sein«, beharre ich.

»Ach, das war nicht notwendig«, meint Okurut.

»Doch, es ist notwendig, Okurut«, widerspreche ich. »Ich bin die Regisseurin und muss bei sämtlichen Dreharbeiten dabei sein, damit ich weiß, was wir an Material haben.«

Er zuckt mit den Achseln, die Augen zusammengekniffen und kalt. Das fängt nicht gut an.

Als Nächstes müssen wir uns darum kümmern, dass wir im Postamt unsere Batterien laden können. Es ist der einzige Ort in der Stadt mit einer zuverlässigen Stromversorgung. Wieder versammelt sich eine Menschenmenge, die von uns Fremden fasziniert ist. Ein kleiner Junge befühlt ständig meinen Po und versteckt sich dann ganz schnell hinter den Röcken seiner Mutter, um mich von dort aus mit einem engelsgleichen, schelmischen Lächeln zu beobachten.

Dr. François Farah, der nationale Repräsentant des UN-Bevölkerungsfonds, ist angekommen, um einen Workshop zu leiten. Im Libanon geboren und in Kanada aufgewachsen, spricht François Englisch mit einem starken französischen Akzent und versprüht eine Menge Charme. Sein Lächeln, eingerahmt von einem sorgfältig gestutzten Bart, wirkt sehr professionell. Das graumelierte Haar verleiht ihm eine würdevolle, autoritäre Aura.

François ist fest entschlossen, alles zu tun, um die weibliche Beschneidung in Uganda abzuschaffen. Zusammen mit einem einheimischen Mitstreiter, Jackson Chekweko, hat er auf kommunaler Basis ein Projekt mit dem Namen *Reach* initiiert und auch die Vereinten Nationen dazu gebracht, unseren Film zu finanzieren.

Jackson Chekweko ist ein hagerer junger Mann mit breitem Grinsen. Seine guten Manieren und fast schon blumige Beredsamkeit täuschen über eiserne Entschlossenheit und großen Ehrgeiz hinweg. Jackson stieß aufgrund seiner eigenen Geschichte zu der Kampagne. Seine Schwester Rose war mit ihrem ersten Kind schwanger, als die Familie ihres Ehemannes verlangte, dass sie beschnitten werden sollte. Dabei verblutete sie fast. Jackson wurde damals klar, dass der Brauch abgeschafft werden müsse, er wusste aber auch, wie schwierig es sein würde, das Denken der Menschen zu verändern.

»Bei vorhergehenden Versuchen, die Beschneidungen zu stoppen, lag das Problem darin, dass dies mit Zwang durchgesetzt werden sollte«, erklärt er. »Man berücksichtigte nicht die Fähigkeit der Gemeinschaft, eigenständig zu denken. Das war der Grund für die negativen Reaktionen. Die Gemeinschaft will ihre Kultur bewahren.«

Und im Gegensatz zu so vielen anderen Aktivisten ist Jackson noch etwas klar: In einer von Männern dominierten Gesellschaft hat es keinen Sinn, die Frauen anzusprechen. In Gemeinden wie Kapchorwa gelten Regeln, die von Männern aufgestellt wurden. Es sind die Männer, die keine unbeschnittenen Mädchen heiraten wollen. Die Männer sorgen dafür, dass den Frauen nichts anderes übrig bleibt, als sich ihren Normen zu fügen. Jackson weiß genau, dass sich nichts ändern wird, solange nicht die Männer beschließen, die Beschneidung von Frauen einzustellen.

Jackson geht mit uns in eine »Bar«, eine kleine Hütte, in der Männer im Kreis auf hölzernen Stühlen kauern und Hirsebier trinken. Der schlammfarbene Schaum wird in riesigen ausgedienten Margarinebechern serviert. Selbst Plastikbecher sind hier zu teuer. Jackson setzt sich zu ihnen, und sie hören ihm zu, während sie Bier trinken. Bald wollen sie mehr Bier, und ihre Aufmerksamkeit schwindet, als sie nach der Bedienung rufen. Jackson, immer ganz Politiker, bittet mich um Geld, um eine Runde auszugeben. Es ist absurd billig und jeden Uganda-Schilling wert. Die Becher wieder gefüllt, hören die Männer weiter zu.

Jackson spricht über die gesundheitlichen Risiken bei der Beschneidung von Frauen, und zwar nicht nur für die Frauen selbst, sondern auch für die ungeborenen Kinder. Schlau erklärt er ihnen das Risiko, dass ihre Söhne oder Enkelsöhne bei der Geburt möglicherweise im Unterleib der Frau feststecken, weil sich die starken Vernarbungen im Genitalbereich nicht genügend dehnen können. Manche Babys sterben, bevor die Hebamme die Scheidenöffnung aufschneiden kann. Die Männer hören mit großem Ernst zu und nehmen zur Kenntnis, dass ihre so wichtigen männlichen Nachkommen in Gefahr sein könnten.

Der Workshop, den François leitet, beginnt am Nachmittag im Gemeindesaal. Auch Jacksons Schwiegermutter wird teilnehmen.

»Sie sollten sie sehen«, sagt Jackson. »Es ist wirklich furchtbar.«

Weiter äußert er sich dazu nicht.

Sie kommt, auf zwei klobige Holzkrücken gestützt. Die Beine zieht sie unter einem Schlingern und Verdrehen ihres Körpers, das einem schon beim Zusehen Schmerzen bereitet, hinter sich her. Jackson hilft ihr die Treppen hoch in den Saal, wo sie sich dankbar in einen Stuhl sinken lässt. Ich bin von der Schwere ihrer Behinderung schockiert. Das kann sicher nicht alles von der Beschneidung kommen.

»Ich bin 35 Jahre alt«, erzählt sie in ihrer Sprache. Jackson übersetzt.

»Wie bitte?«, frage ich ungläubig nach.

Trotz ihrer lebhaften Augen wirkt ihr Gesicht verhärmt und ausgezehrt. Tiefe Furchen ziehen sich über ihre Stirn und um den Mund. Jahrelange quälende Schmerzen haben ihre Gesichtszüge schnell altern lassen. Ihr Lachen gibt den Blick auf hohes Zahnfleisch mit wenigen Zähnen frei.

»Ich nehme an, Sie hätten mich älter geschätzt.«

Ihr Vater besorgte einen Ehemann für sie, als sie 15 war. Im selben Jahr, 1976, wurde sie in dem dafür vorgegebenen Zeitraum beschnitten. »Beschneidungssaison« ist in Kapchorwa immer im Dezember eines Jahres mit gerader Jahreszahl. Man verwendete bei ihr eine verschmutzte Rasierklinge, daraufhin bekam sie Fieber, und die Genitalien eiterten und bluteten. Durch die Blutvergiftung, die sich in das linke Bein zog, verlor sie in diesem jegliches Gefühl. Das Bein verkümmerte und ist seither gelähmt. Im selben Jahr erfuhren drei weitere Frauen ähnliche Verstümmelungen. Als sie mit ihrer Geschichte fertig ist, greift Jacksons Schwiegermutter meine Hand und lächelt. Ich finde nur ein Wort: »Danke.«

Danach treffen wir Rose, die ebenfalls in einer Kampagne aktiv ist. Sie setzt sich gegen das Ritual ein, seit sie 1994 selbst beschnitten wurde. Sie ist bereit zu sprechen, bittet uns aber, an einen ruhigen Ort zu gehen. Etwa einen halben Kilometer entfernt finden wir einen grasbewachsenen Hügel, von dem aus sich ein wunderbarer Blick über das Tal und die Berge öffnet. Weiter entfernt kräht ein Hahn, als Rose in kaum verständlichem Flüstern anfängt, ihre Geschichte zu schildern. Godwin rückt mit dem Mikrofon näher an sie heran und gibt sich Mühe, die besondere Stimmung nicht zu stören. Okurut verharrt wie ein Stein, das Auge fest an das Okular gepresst. Ich halte den Atem an.

Rose beschreibt den Abend vor ihrer Beschneidung. Die Mädchen, die beschnitten werden sollen, werden gezwungen zu tanzen, um damit zu zeigen, dass sie nicht ängstlich oder schwach sind. Wenn sie essen oder trinken, werden sie mit Schlägen bestraft, denn Hunger und Durst sind Zeichen von Schwäche. In der Morgendämmerung werden die Mädchen zu einem rituellen Bad zum Fluss hinuntergeführt. Sie sind erschöpft und frieren und zittern in dem eiskalten Wasser. Eine Kuh wird geschlachtet, und mit dem Inhalt ihres Magens werden die Gesichter der Mädchen beschmiert. So erhalten sie eine starre weiße Maske. Dann bringt man sie mitten ins Dorf. Sie blasen wie besessen Flöten und tanzen immer weiter. Damit sollen sie ihre Begeisterung für das ausdrücken, was ihnen bevorsteht. Die Beschneiderinnen warten schon.

Roses Gesicht wird nun ganz verhärmt. Inzwischen steht die Sonne hoch am Himmel. Okurut, der spürt, dass wir uns einem emotionalen Höhepunkt nähern, erhebt sich kurz von der Kamera und wischt sich über das Gesicht. Als sie fortfährt, ballt Rose die Hände zu Fäusten und zieht vor Anstrengung, nicht in Tränen auszubrechen, die Stirn in Falten.

»Ich wollte es nicht, doch um ein Mitglied der Gemeinschaft zu werden, musste ich mitmachen. Nach der Beschneidung fließt eine Menge Blut, und es tut so weh«. Sie hält inne. Als sie wieder zu sprechen beginnt, zittert ihre Stimme. »Man muss die ganzen Schmerzen hinunterschlucken. Man darf sie nicht herauslassen. Man muss sie für sich behalten. Wenn die Beschneiderin die Klinge ansetzt, soll man nicht einmal mit den Augen blinzeln.«

Jetzt versagt ihr die Stimme ganz, und sie schaut weg.

Zuckt ein Mädchen während des Beschneidens mit den Augen – von Schreien ganz zu schweigen –, gilt sie als feige und wird ausgestoßen. Wirklich genial von den Männern, eine solche Tradition zu pflegen. Was für eine durchtriebene Methode, dafür zu sorgen, dass die Frauen ihre Pein ohne Jammern ertragen und sich ihr auch noch freiwillig mit erbarmungsloser Entschlossenheit unterziehen!

Nach dem Gespräch mit Rose gehe ich in das Gästehaus zurück, um mich etwas zu erholen, und treffe dort auf François, der mit den Dorfältesten zusammensitzt. Etwa ein Dutzend von ihnen haben auf gegenüberstehenden Sofas Platz genommen. Die meisten tragen Anzüge oder traditionelle Kleidung mit fließenden weißen Schals und bieten eine beeindruckende Präsentation von Kopfbedeckungen aller Art, darunter feinbestickte Scheitelkäppchen, eine flache Tweedkappe und ein Khakischlapphut, mit dem sich das Oberhaupt der Ältesten, Mr. Cheborion, schmückt.

François wirkt fahl. Ganz offensichtlich glauben die Ältesten, die Vereinten Nationen verfügten über niemals versiegende Finanzquellen, mit denen sie die desolate wirtschaftliche Lage des Dorfes verbessern könnten.

Mr. Cheborion liest im Stehen eine lange handgeschriebene Liste vor. Die Ältesten fordern Bildung für alle und wollen eine neue Schule, Schulbücher, Lehrer und Schuluniformen sowie Strom und Radios für sämtliche Männer. Doch sie sind auch übereingekommen, ihre Meinung zur Beschneidung von Frauen zu ändern, und Mr. Cheborion will sich für den Film interviewen lassen. Er trägt eine dickrandige schwarze Brille und verscheucht die Fliegen von seinem Gesicht, die es sich im angenehmen Schatten seines Sonnenhuts bequem machen wollen.

»Ich war selbst einer von denen, die es gut fanden, Mädchen beschneiden zu lassen«, bekennt er. »Aber inzwischen weiß ich, wie gefährlich es ist, und jetzt bin ich dagegen. Mein Rat lautet: Wenn ein Mädchen beschnitten werden möchte, soll sie es tun, aber wenn sie es nicht möchte, dann soll man sie in Ruhe lassen.«

Das ist nicht ganz die eindeutige Ablehnung, die sich François erhofft hatte, aber ein ermutigender Beginn. Bezieht das Oberhaupt der Ältesten Stellung gegen das Ritual, werden viele Männer seinem Beispiel folgen.

Der dünne Tee mit leicht säuerlicher Milch, den wir gegen Abend im Paradise Hotel trinken, schmeckt köstlich. Godwin gibt erheiternde Geschichten über weiße ugandische Cowboys zum Besten. Wäre Okurut nicht schon so ein distinguierter älterer Herr, würde ich schwören, er flirte mit mir. Er nutzt jede Gelegenheit, meinen Arm oder mein Bein zu berühren, legt seinen Arm auf die Rücklehne meines Stuhls und drückt unter dem Holztisch, an dem wir beengt sitzen, seinen Oberschenkel gegen meinen. Er sagt, Männer brauchen Frauen als »Decken«, um gut zu schlafen, und beklagt den Mangel an guten Decken im Paradise. Ich fliehe ins Gästehaus.

Jackson hat ein Programm der »Erziehung durch Gleichaltrige« eingeführt. Mädchen, die sich der Beschneidung entziehen konnten, warnen ihre Freundinnen vor den Gefahren, die damit verbunden sind. Er nimmt uns in die örtliche Schule mit und stellt uns Justine vor, den Star unter seinen »Gleichaltrigen-Beraterinnen«. Justine ist groß und kantig, und ihr schmaler Hals wächst wie ein dünner Blütenstängel aus dem übergroßen, sackartigen Hemd ihrer Schuluniform heraus.

Das Schulhaus liegt auf einem Hügel mit Blick über das Tal. In den Pausen versammeln sich die Schüler unter Bäumen. Das ist Justines Gelegenheit, mit ihnen zu sprechen. Heute befindet sich auch ein Junge in der Gruppe.

»Es heißt, wenn man den Mädchen die Klitoris wegschneidet, schützt sie das vor der Prostitution«, sagt er.

Ich würde ihn nur allzu gern zurechtweisen, aber eines der Mädchen ergreift das Wort: »Das geht schon seit meiner Ururgroßmutter so. Wie soll ich meinen Eltern beibringen, dass ich es nicht mache?«, fragt sie. »Wenn ich es nicht freiwillig tue, nehmen sie ein Seil und binden mich so lange fest, bis ich dazu bereit bin.«

Justine argumentiert unermüdlich. »Damit drohen sie nur, damit sie dich kleinkriegen.«

Ein anderes Mädchen meldet sich zu Wort: »Mein Bruder sagt, wenn man ein unbeschnittenes Mädchen heiratet, hat man nur Probleme, weil sie immer, wenn man nicht da ist, nach anderen Jungen und Männern Ausschau hält.«

»Ich glaube, wir werden von bösen Geistern verfolgt, wenn wir es nicht tun«, meint ein schüchternes Mädchen mit gesenktem Blick.

Ich habe Mitleid mit Justine. Sie ist nicht wirklich gewappnet, um gegen jahrhundertealten Aberglauben und festgefahrene Traditionen anzukämpfen.

»Was diese Geister angeht, glaube ich nicht, dass sie auftauchen«, ist alles, was sie dagegen aufzubieten hat.

Aber es gibt auch Grund zur Hoffnung. Judith und Grace sind Schwestern im Teenageralter, deren Vater aufgrund seines christlichen Glaubens gegen das Ritual ist. Die Schwestern servieren vor dem strohgedeckten Haus Tee in geblümten Porzellantassen, während ihr Vater mir erzählt, dass er unmöglich mitansehen kann, wie einem von Gott geschaffenen Wesen Schaden zugefügt wird. Seine Mädchen werden niemals dem Messer ausgeliefert werden.

Grace möchte gern auf die Universität gehen. Sie hat ein schönes, ebenmäßiges Gesicht, und ihre Augen leuchten, wenn sie spricht. Judith ist die Extrovertiertere von beiden.

»So viele Mädchen gehen hier nicht zur Schule. Warum?«, fragt sie und schlägt dabei mit der Faust in das Gras.

Sie sieht mich direkt an. Ich fordere sie auf, weiterzusprechen.

»Wegen dieser Beschneidung!«, erklärt sie. »Sobald sie beschnitten sind, hören sie mit der Schule auf. Es ist furchtbar. Das ist einer der Gründe, warum die Frauen hier keine Schulbildung haben.«

Der Vater erhebt sich. Ich merke, dass er zu einer Rede anhebt. Er sagt, Gott habe uns zusammengeführt und er fühle sich geehrt, dass ich eine so weite Reise gemacht habe, um ihm zu helfen, das Ritual abzuschaffen. Seine Augen füllen sich vor Dankbarkeit mit Tränen.

Ich komme mir klein und scheinheilig vor, weil ich für ein paar Tage eingeflogen komme, den Film abdrehe und dann wieder in mein bequemes Leben zurückkehre. Ich will unbedingt die Redakteure von der BBC überzeugen, dass sie mich noch einmal nach Kapchorwa schicken und mich einen Film drehen lassen, durch den alle Menschen auf der ganzen Welt erfahren, was hier vor sich geht.

Am Himmel ziehen Gewitterwolken auf, die wie purpurrote Seidenumhänge aussehen. Als wir zum Workshop zurückkommen, trommelt schon der Regen auf das rostige Blechdach, und innen im Saal ist es praktisch stockfinster. Als Nächstes steht die Grundsatzrede von François auf dem Programm.

Er eilt behände nach vorn, makellos gekleidet in einen leichten grauen Anzug. Zu Beginn führt er aus, wie wichtig es sei, den Übergang von der Jugend zum Erwachsensein zu feiern. Doch so sehr er auch dafür ist, diesen Zeitpunkt bewusst zu begehen, sosehr verurteilt er das, was er als das »Schneiden« bezeichnet. Er benutzt nicht das Wort »Beschneidung«, weil es Assoziationen an die Beschneidung von Männern hervorrufen würde. Er will den Leuten begreiflich machen, dass es weitaus mehr Gefahren birgt, an den Genitalien eines Mädchens herumzuschneiden, als die Vorhaut eines Jungen zu entfernen. Und er meidet auch den weithin gebräuchlichen Begriff »Genitalverstümmelung«. »Verstümmelung« sei ein wertendes, negatives Wort. Er plädiert für den neutralen und zutreffenden Begriff »Schneiden« und meint, dieser wertneutrale Ansatz sei der Schlüssel im Kampf gegen das Ritual.

François spricht ruhig, aber engagiert. Die Frauen sind wie versteinert, die Männer fühlen sich unwohl. Er endet mit der Bemerkung, afrikanische Mütter seien vielleicht die besten auf der Welt.

Keine afrikanische Mutter würde absichtlich ihr Kind verletzen wollen, am allerwenigsten ein empfindliches junges Mädchen. Der einzige Grund, warum Mütter noch immer ihre Töchter der Beschneidung aussetzen, sei die tief in ihnen verwurzelte Annahme, es handle sich um ein unerlässliches traditionelles Übergangsritual für ihre Töchter.

Allmählich verstehe ich, in welchem Dilemma sich die Mütter befinden. Ein unbeschnittenes Mädchen ist in Kapchorwa eine Außenseiterin. Es darf keine Kuh melken, weil die Leute glauben, dann werde die Milch sauer. Es darf kein Getreide aus dem Kornspeicher holen, aus Angst, die Ernte könnte dadurch verdorren. Und es kann definitiv nicht heiraten. Eine Mutter, die ihre Tochter nicht beschneiden lässt, setzt deren Zukunft aufs Spiel. Kein Wunder, dass die Mütter ihre Töchter solchen Qualen aussetzen, wenn die Alternative so düster aussieht.

An diesem Abend habe ich im Paradise Hotel richtig Spaß. Okurut ist jetzt ganz eindeutig dabei zu flirten. Die Anspielungen mit der Decke grenzen inzwischen an Lüsternheit, doch er gluckst gutmütig in sich hinein, als wir uns einen Teller gebratenen Maniok teilen. Der Chef des Postamts kommt auf einem gelben Motorrad des Wegs, und wir laden ihn zu ein paar Bieren ein, um uns für seine Hilfe mit dem Strom zu bedanken. Er schreibt mir seine Adresse auf und bittet mich, ihm aus London Geschenke zu schicken.

»Was für Geschenke?«, frage ich.

Er zuckt mit den Schultern. »Einfach Geschenke.«

»Aber was zum Beispiel?«, erkundige ich mich beharrlich.

Er überlegt angestrengt. »Vielleicht können Sie mir sogar ein bisschen Seife schicken und eine Zeitschrift über Motorräder.«

Am nächsten Morgen versammelt sich die Gemeinde zu Ehren von François. Dieser übergibt im Gegenzug einen neuen Jeep für das Reach-Projekt. Wir sitzen in Reihen, während die Älteren einer nach dem anderen aufstehen und kriecherische, stumpfsinnige Reden halten. Der Jeep ist ein schäbiges altes Vehikel und ziemlich verdreckt, wird aber bewundert, als sei er das neueste Modell von Ferrari.

Ich kämpfe gegen das Einschlafen, als sich Jackson neben mir bemerkbar macht.

»Ich denke, als einziger weißer Gast hier sind Sie nun an der Reihe, eine Rede zu halten«, flüstert er mir ins Ohr.

Bei der Vorstellung, im harten Sonnenlicht dort vorn zu stehen und von Hunderten neugieriger Augenpaare kritisch betrachtet zu werden, zieht sich alles in mir zusammen. Ich hatte keine Gelegenheit, mein Haar zu waschen, seit ich in Kapchorwa angekommen bin, und habe es zu einem unvorteilhaften Knoten zusammengebunden. Mein Gesicht ist ohne jedes Make-up, meine Nase rot und gepustelt, weil die Sonne mich blank erwischt hat. Mein zerknautschtes Jeanshemd sitzt zu eng um den Bauch, der dank Bohnen und Kochbananen ganz schön an Umfang zugelegt hat.

Aber ich stehe auf. Es bleibt mir auch nichts anderes übrig. Einige der Frauen in der ersten Reihe kichern und tuscheln. Erwartung hängt in der Luft. Ich habe keine Ahnung, was ich sagen soll, doch die ausschweifende Übersetzung verschafft mir einen kleinen Vorsprung.

Ich bedanke mich ausgiebig für die Großzügigkeit und Hilfsbereitschaft. Dann erläutere ich, wie der Film in ganz Afrika eingesetzt werden könnte. Wenn das *Reach*-Projekt in Kapchorwa Erfolg hat, kann es als Vorbild für andere Orte dienen. Ich lobe die Gemeinschaft für ihren Mut, Veränderungen in Angriff zu nehmen. Mr. Cheborion nickt heftig. Grace und Judith grinsen. Rose strahlt. Als ich auf meinen Platz zurückgehe und der Beifall einsetzt, fühle ich mich fast wohl.

Zunächst war ich ziemlich optimistisch, dass ich schon irgendwie das Geld auftreiben würde, um einen Film über die Beschneidungszeit im Dezember zu drehen. Wie schwierig sich das tatsächlich gestalten würde, sollte ich erst eine Weile später erfahren.

9 Willkommen in der Welt der Frauen
Uganda

Es war ein trüber Dezembertag in London, und ich wollte Weihnachtseinkäufe erledigen. Dass ich noch einmal nach Kapchorwa zurückkehren würde, hatte ich mir bereits aus dem Kopf geschlagen, nachdem ich erfolglos so gut wie allen dafür in Frage kommenden Leuten auf die Nerven gegangen war, ob sie den Film nicht finanzieren wollten. In ein paar Tagen begann die Beschneidungszeit, und es war höchst unwahrscheinlich, dass jemand noch so kurzfristig den Film in Auftrag geben würde. Ich hatte mich damit abgefunden.

Ich bin gerade im Begriff, Harrods zu betreten, als mein Mobiltelefon läutet.

»Wie schnell können Sie einen Flug nach Uganda buchen?«, fragt mich die Redakteurin der BBC-Serie *Correspondent*.

Correspondent ist ein moderatorengeführtes Format, und ein so sensibles Thema wie die weibliche Genitalverstümmelung brauche unbedingt eine schwarze Frau als Moderatorin. Die nigerianische Journalistin Donu Kogbara stünde zur Verfügung. Sie schrieb einen Artikel, der dazu führte, dass einem in der Londoner Harley Street angesiedelten Arzt die Approbation entzogen wurde, weil er die Töchter reicher Afrikaner beschnitten hatte. Ich rufe sie sofort an.

Ihre gedehnte Sprechweise klingt sonor und nach Upper Class, aber sie hat ein gutes, kehliges Lachen. Sie wirkt gut gelaunt, ist aber von dem Projekt nicht ganz so begeistert, wie ich gehofft hatte. Es wird schwierig für sie sein, ihr kleines Kind mehrere Tage allein zu lassen. Außerdem hasst sie Fliegen und ziert sich, die Reise nach Uganda auf sich zu nehmen, wenn sie nicht einen Direktflug bekommt. Und das Wichtigste an der ganzen Sache, ihre Meinung zur Genitalverstümmelung deckt sich nicht ganz mit meiner.

»Ganz ehrlich, Charlotte«, sagt sie, »ich empfinde nicht übermäßig viel Mitleid mit diesen Frauen. Sie sind so passiv. Meine Großmutter rauchte Pfeife, was zu ihrer Zeit als Rebellion galt, und sie hat sich einen feuchten Kehricht darum geschert. Ich kann nicht nachvollziehen, warum diese Mädchen das mit sich machen lassen.«

»Sie haben keine Wahl«, erwidere ich.

»Ach, das glaube ich nicht«, meint Donu. »Sie sind einfach nur erbärmliche Wesen.«

Außer Donu kommt angesichts unseres Zeitdrucks niemand anders für die Moderation in Frage. Ich bin zuversichtlich, dass sie ihre Meinung ändern wird, wenn sie die Situation mit eigenen Augen sieht.

Dass Donu einen Direktflug will, bedeutet, sie muss warten. Aber ich muss sofort abreisen, damit ich rechtzeitig zum Beginn der Beschneidungszeit in Kapchorwa bin. Donu soll nachkommen.

Die BBC will nicht das Risiko eingehen, mit einer Kamera und einem Team aus Uganda zu arbeiten, also veranlasse ich, dass Tzvika und Peter mit ihrer Ausrüstung aus Harare zu uns stoßen. Ich fliege vor ihnen nach Kampala, miete einen Wagen, fahre in die Stadt, um uns mit dem Nötigsten zu versorgen, und dann mit meinem Fahrer Okulu wieder zurück zum Flughafen, um Tzvika und Peter abzuholen.

Auf dem Flug von London habe ich nicht allzu viel geschlafen. Das Motorengeräusch des Wagens lullt mich in den Schlaf. Als ich plötzlich hochschrecke, fahren wir auf einer leeren Landstraße dahin. Auf meiner Uhr ist es Viertel vor sechs. Wir hätten schon vor mindestens einer halben Stunde am Flughafen sein sollen. Und das da draußen sieht nicht wie die Einfallstraße nach Entebbe aus.

»Wo ist der Flughafen?«, frage ich Okulu.

»Ja«, antwortet er lächelnd.

Ich wiederhole meine Frage ganz langsam.

»Wo ist der Flughafen?«

Hinter seinem Lächeln wirkt er befangen. Noch immer versteht er die Frage nicht. Ich spüre erste Anzeichen von Panik in mir aufsteigen.

»Flughafen. Flughafen«, wiederhole ich.

»Flughafen, ja«, sagt er voller Freude, dass er mich verstanden hat.

»Wo ist er?« Ich betone jede Silbe einzeln.

Okulu wedelt mit der Hand. »Oh, er ist sehr weit weg!«

Meine Stimme wird lauter. »Was heißt das, ›sehr weit weg‹? Wo ist der verdammte Flughafen?«

Er sieht mich an und lacht.

»Halt den Wagen an«, befehle ich.

Er fährt weiter.

»Stop!«, wiederhole ich.

Sein Blick ist nun schon etwas verunsichert, aber er fährt immer noch weiter.

»Halt den verdammten Wagen an!«, brülle ich.

Daraufhin bremst er so abrupt, dass wir beide nach vorn kippen. Während wir nach Luft ringen, setzt ein metallenes Scheppern ein. Okulu macht eine verängstigte Miene.

»Okulu«, sage ich, um einen ruhigen Tonfall bemüht, »wohin fahren wir?«

»Nach Kapchorwa!«, erklärt er mir.

Ich vergrabe den Kopf in den Händen. »Aber ich habe dir doch gesagt, wir müssen zuerst zum Flughafen. Wir müssen das Team abholen.«

Er schaut mich sehr ernst an. »Oh«, sagt er.

»Wende das Auto. Beeilung.«

Ich hatte mit Peter und Tzvika keinen alternativen Treffpunkt vereinbart, weil ich überhaupt nicht in Erwägung gezogen hatte, dass etwas nicht klappen könnte. Nun bin ich zwei Autostunden in der falschen Richtung von Kampala entfernt. Es wird mindestens dreieinhalb Stunden dauern, bis wir wieder in Entebbe sind. Ihre Maschine ist um halb sechs gelandet. Sie werden spätestens um sieben Uhr durch den Zoll sein und auf mich warten. Jetzt ist es sechs Uhr.

Okulu lässt den Motor an. Der hustet ein wenig und stirbt gleich wieder ab. Mit zitternden Fingern dreht Okulu erneut den Zündschlüssel. Es folgt ein Stottern, dann Stille. Er riskiert ein Lächeln. Mein Gesicht ist hart wie Granit.

»Shit!«, sage ich.

»Bitte?«, traut er sich zu fragen.

15 Minuten später taucht Okulu unter der Motorhaube hervor, das Gesicht voller Schmiere. Er hält zwei ölige Metallteile in der Hand, offensichtlich essentielle Komponenten des Motors. Innerhalb kurzer Zeit breitet sich die Nacht wie eine dicke Decke über das Land. Ich frage Okulu, wie weit es bis zur nächsten Stadt ist. Er versteht es nicht. Wir müssen eine Mitfahrgelegenheit auftreiben – irgendwo. Es ist überall besser als mutterseelenallein hier draußen.

Wir schieben das desolate Fahrzeug an den Straßenrand. Dann fällt mir mein Gepäck ein. Es wäre dumm, es in einem allein herumstehenden Auto liegen zu lassen. Also hieve ich meine Taschen vom Rücksitz.

In diesem Teil der Welt ist eine weiße Frau, die bei Einbruch der Dunkelheit mit Reisegepäck auf einer verlassenen Landstraße unterwegs ist, ein ziemlich ungewohnter Anblick. Gleich der erste Pick-up, der des Weges kommt, hält an. Okulu und ich klettern auf die Pritsche und setzten uns zwischen Säcke voller Mais und sechs Landarbeiter, die auf dem Heimweg von den Feldern sind. Sie starren mich neugierig an. Ich starre kraftlos zurück.

Wir erreichen eine schmuddelige kleine Stadt. Okulu scheint ortskundig zu sein und führt mich zu einer geschäftigen Straße voller Verkaufsbuden, in denen man von der Seife über Kekse und Fanta bis hin zu Nähmaschinen und Autoersatzteilen praktisch alles findet. Öllampen verstreuen flackerndes Licht. Einer der Verkäufer kennt einen Mechaniker. Irgendjemand geht los, um einen Pick-up aufzutreiben, und drei Männer, bewaffnet mit Schraubenschlüsseln und ölverschmierten Lappen, springen mit uns auf die Pritsche und begleiten uns zu unserem Auto.

Es ist Neumond, und der tintenblaue Himmel ist mit Sternen übersät. Ein leichter Wind weht mir das Haar ins Gesicht, während wir in einvernehmlichem Schweigen dahinfahren. Ich fühle Dankbarkeit gegenüber diesen Männern. In England wären die Leute nicht so hilfsbereit. Wir finden das Auto, und die Männer machen sich sofort am Motor zu schaffen. Okulu reibt sich die Hände und grinst mich entschuldigend an. Die Zeit verstreicht.

Schließlich geben die Männer auf. Inzwischen liegt ein Großteil des Motors auf der Straße. Ich drehe fast durch und brauche dringend ein Telefon. Wir fahren in die Stadt zurück und lassen uns den Weg zu einem öffentlichen Fernsprecher erklären. Dort hat sich eine Warteschlange gebildet. Als ich endlich den Hörer in der Hand halte, stelle ich fest, dass ich eine Telefonkarte brauche.

Einer der Männer in der Schlange besitzt eine Karte. Ich biete ihm ein Bündel Dollarscheine dafür an. Er nimmt sie, zählt sie unerträglich langsam und händigt mir breit grinsend die Karte aus. Ich habe ihm mehr als 50 US-Dollar gegeben. Das ist einer der teuersten Anrufe, die ich jemals getätigt habe.

»Philip ist gerade eben weggegangen«, sagt eine Frauenstimme, als ich zur Autovermietung durchkomme.

»Es ist wahnsinnig dringend«, bearbeite ich die Frau. »Bitte laufen Sie ihm schnell hinterher.«

Ich spüre ihre Irritation und ihr Zögern.

»Bitte«, flehe ich sie an, »es ist ein dringender Notfall.«

Es folgt ein Seufzen, dann warte ich. Ich stelle mir vor, die Karte reicht nicht aus. Endlich höre ich Schritte, und Philip Asheyo ist am Telefon. Er hatte mir das Auto übergeben und mir versichert, der Fahrer wüsste genau, was zu tun sei.

»Gott sei Dank«, ist alles, was mir einfällt. Eine halbe Minute später, und ich hätte ihn nicht mehr erreicht.

Philip beruhigt mich und entschuldigt sich für alles. Er sagt, er fahre sofort zum Flughafen und hole das Team ab.

»Dafür ist keine Zeit mehr«, erkläre ich ihm. »Vielleicht brechen sie gleich auf und versuchen, mich zu finden. Außerdem habe ich nicht die geringste Vorstellung, wo wir überhaupt sind.«

Philip ist die Ruhe selbst.

»Lassen Sie mich mit Okulu sprechen. Er kann es mir beschreiben.«

Zu allem Überfluss legt Okulu den Hörer auf, bevor ich noch einmal mit Philip sprechen kann. Als ich es erneut versuche, sind die Leitungen nach Kampala belegt.

Mir bleibt jetzt nichts anderes übrig, als an dem Treffpunkt, den Philip und Okulu vereinbart haben, zu warten. Wir gehen zu einer Autowerkstatt am Stadtrand. Sie hat nachts geschlossen.

»Bist du sicher, dass wir hier richtig sind?«, erkundige ich mich.

»Aber ja, Madam«, sagt Okulu.

Von Okulu habe ich bisher noch nichts gehört oder gesehen, was mir Vertrauen einflößen würde.

Es gibt nichts, worauf man sich setzen könnte, also finde ich mich damit ab, dass ich die nächsten paar Stunden im Dunkeln auf dem Vorplatz einer Tankstelle im Stehen verbringen werde. Okulu versucht, einen Abschleppwagen aufzutreiben. Anderthalb Stunden später ist er immer noch nicht zurück. Ich bin allein, mitten in

Uganda, mit meinem Gepäck. Trotzdem fühle ich mich sicher und überraschenderweise fast sogar zufrieden. Es gibt nichts zu tun, außer die Sterne zu bewundern. Da ist sehr entspannend.

Ein paar Autos fahren vorbei und bremsen, erstaunt, eine weiße Frau allein in der Dunkelheit stehen zu sehen. Das spricht sich in Windeseile in der Stadt herum. Die Leute fahren auf den Vorplatz, nur um mich zu begaffen. Ein Auto hält an. Es ist mit lauter Männern besetzt. Der Fahrer dreht die Scheibe hinunter und mustert mich von Kopf bis Fuß. »Ist alles in Ordnung?«, fragt er auf Englisch.

»Ja, mir geht es prächtig«, antworte ich grinsend. Er lacht. »Kann ich Ihnen helfen?«

»Nein, es ist wirklich alles bestens«, versichere ich ihm. »Ich warte auf ein paar Leute.«

»Hier? So spät abends?«

Ich grinse wie eine Geistesgestörte.

»Na dann, alles Gute«, sagt der Mann und fährt lachend los.

Eine Minute später kommt er zurück. »Sind Sie wirklich sicher, dass alles in Ordnung ist?«, fragt er noch einmal. »Ich kann Sie irgendwohin mitnehmen.«

Sein Gesicht ist freundlich und besorgt.

»Nein, es ist wirklich alles gut. Vielen Dank.«

Ich bin froh, dass wir die Panne hier hatten und nicht irgendwo anders. In bestimmten Teilen Afrikas oder sogar in England hätte ich in derselben Situation viel mehr Angst.

Endlich kommt Okulu mit dem Abschleppwagen und dem Auto zurück. Im Auto lagern meine Vorräte – Obst, Brot, Schinken und Käse. Okulu ist von solchen europäischen Delikatessen ganz überwältigt. Vor allem Käse ist in Uganda rar. Wir breiten unser Abendessen auf der Kühlerhaube aus und langen kräftig zu.

Das Essen macht uns träge. Okulu streckt sich auf dem Rücksitz aus, hängt die Füße aus dem Fenster und schläft ein. Ich versuche es auf dem Vordersitz, doch Okulus Schnarchen stört mich. Ich zähle die Minuten, bis eine weitere Stunde verstrichen ist. Dann gehe ich ein paar Schritte, bis ich die Straße einsehen kann, und setze mich auf den Boden.

Die nächste halbe Stunde beschäftige ich mich damit, den sporadisch vorbeifahrenden Autos hinterherzusehen. Da es ziemlich kühl ist, wandere ich auf und ab, um mich warm zu halten. Damit vergeht etwa eine weitere halbe Stunde. Allmählich zweifle ich, ob wir wirklich an der richtigen Stelle warten. Doch im nächsten Auto, das auftaucht, erkenne ich Tzvikas unverwechselbaren stacheligen Haarschopf.

Damit wären also nach einer irrsinnigen, scheinbar unendlichen Reihe von Katastrophen Team, Gepäck und Transportmittel vereint, wenn auch erst in den frühen Morgenstunden. Nach vielen Umarmungen (bei denen ich vor Erleichterung beinahe zu heulen anfange), einem hysterischen Lachkrampf, langwierigen Erklärungen und einer noch langwierigeren Suche nach einem Bett finden wir schließlich ein bisschen Schlaf, den wir so dringend brauchen, ehe wir uns am nächsten Morgen auf den Weg machen.

Als wir endlich in Kapchorwa ankommen, wartet Jackson schon auf uns.

»Ah, Metcalf«, begrüßt er mich, »ich wusste, dass Sie wiederkommen.« Dabei schüttelt er mir kräftig die Hand. »Kommen Sie, die Ältesten warten.«

Er führt uns sofort zu den Büroräumen von *Reach*, wo sich etwa zehn Älteste versammelt haben. Von Mr. Cheborion keine Spur.

»Vielleicht erinnert ihr euch an Metcalf«, hebt Jackson an. Er spricht meinen Namen mit Stolz und Nachdruck aus. Mich mit Charlotte anzusprechen wäre zu persönlich. Die Ältesten nicken.

»Sie bittet um Erlaubnis, die Zeremonien filmen zu dürfen«, erklärt Jackson weiter.

»Das dürfen Sie sehr gern«, sagt einer der Ältesten.

Offiziell beginnen die Zeremonien am nächsten Tag, ein paar Fahrstunden entfernt. Wir sollten uns unverzüglich auf den Weg dorthin machen. Ich weiß, dass Donu nicht begeistert sein wird, wenn wir nicht auf sie warten, aber wir müssen anfangen.

Nach etwa zwei Stunden Fahrt hören wir Gesänge, ein Zeichen, dass die Saison begonnen hat. Eine Gruppe Menschen nähert sich über einen entfernten Hügel. Sie schwenken Zweige mit Blättern und tanzen auf uns zu, dabei singen und trommeln sie. Die drei Männer ganz vorn heben die Beine sehr hoch und drehen ihre Körper im vorgegebenen Rhythmus.

Einen Moment lang verschwinden sie in einer Straßensenke. Als sie wieder auf der Hügelkuppe auftauchen, wirbeln sie mit ihren Zweigen Staub auf, der sich im Sonnenlicht abzeichnet. Jetzt erkennen wir einzelne Farben. Die Männer in vorderster Reihe tragen rosafarbene Röcke, und um die Brust haben sie sich zickzackförmig Perlenketten drapiert. Ihre Gesichter sind mit weißen Punkten bemalt. Wie manisch blasen sie Flöten. Das Ganze ist ein gespenstischer Anblick, durchsetzt mit Vorahnungen von Blut, Gewalt und Wahnsinn.

Am späten Nachmittag treffen wir auf ein verfallenes Bauernhaus mit einem durchhängenden Blechdach. Vor der Tür steht eine große Frau. Sie trägt goldene Ohrringe und elegante Sandalen an langen, wohlgeformten Beinen, raucht eine Zigarette und wirkt schlecht gelaunt und nervös. Mir ist sofort klar, dass es sich nur um Donu handeln kann. Sie muss schon seit Stunden allein hier warten. Ich gehe auf sie zu und begrüße sie mit einer Umarmung.

Das Haus wurde zu einer Bar und mehreren Gästezimmern umfunktioniert. Um einen riesigen Fernseher, in dem, begleitet von heftigen Empfangsstörungen, ein Fußballspiel läuft, sitzt eine Runde betrunkener Männer. Wir essen Bohnen und Kochbananen, wäh-

Hawa feiert die beschneidungsfreie Initiation ihrer Tochter Efra. *(Foto: Bill Locke)*

Tanz eines Oberhauptes auf der Versammlung der Chiefs in Tamale, Nordghana *(Foto: Yang Shu)*

Auf runden, heißen Platten bereiten Frauen über einem Feuer *njira*-Pfannkuchen zu.

Efra und ihre Freundin auf dem Weg zu ihrer Initiations-Zeremonie
(Foto: Bill Locke)

Ein Junge verkauft auf dem Weg zum Markt von Sefwi Wiawso Riesenschnecken. *(Foto: Alison Aylen)*

Die Eltern des 28-jährigen Gemechu Kebede mit einem Foto ihres verstorbenen Sohnes *(Foto: Peter Murphy)*

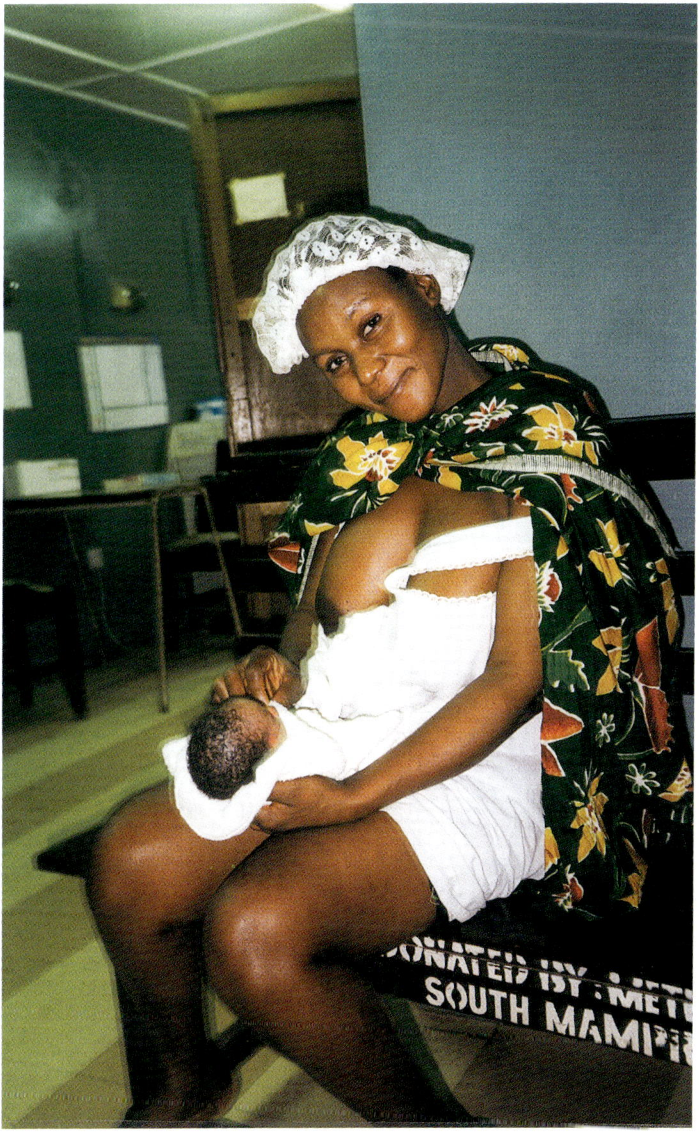

Eine glückliche Mutter auf der Frühgeborenen-Station des Korle-Bu-Krankenhauses in Accra, Ghana *(Foto: Alison Aylen)*

Die Jurastudentin Leticia Afful hilft ihrem Cousin in ihrem Heimatdorf, Sefwi Wiawso, Westghana, beim Stampfen von Fufu . *(Foto: Yang Shu)*

Umgeben von seinen Trauzeugen wartet Nibrets 14 Jahre alter Verlobter auf seine 11-jährige Braut.

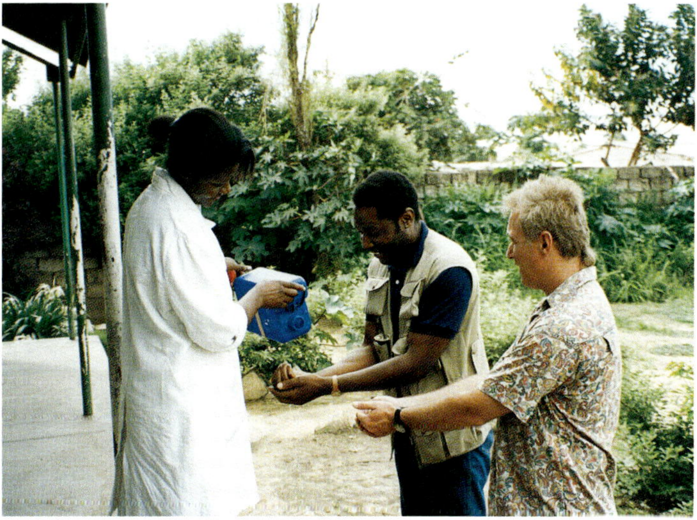

Tzvika Rozen und Peter Maringisanwa waschen sich vor ihrem Besuch einer Cholerastation in George Compound, Sambia, die Hände.

Die Autorin in Nmanga, Kenia, beim Drehen des Aswad-Films, zusammen mit Regisseur John Mills und dem Team vor Ort *(Foto: James Nolan)*

rend Jackson Donu schildert, warum die Sabiny noch immer ihre Mädchen beschneiden.

»Die Männer vertreten hier die Meinung, die Frauen sollten, sobald sie verheiratet sind, keine so starken sexuellen Begierden mehr haben«, erklärt er. »Und sie sind davon überzeugt, dass die Lust auf Sex nachlässt, sobald eine Frau beschnitten ist. Sie verstehen nicht, dass die Lust auf Sex vom Gehirn kommt. Nein! Sie meinen – und davon sind sie zutiefst überzeugt –,dass die Lust auf Sex von der Klitoris kommt, also wird sie entfernt.«

Donu und ich teilen uns ein Zimmer, in dem es vor Kakerlaken nur so wimmelt. Unsere beiden Eisenbetten stehen mit den Kopfseiten aneinander und sind mit fleckigen Matratzen und schmutzigen Decken bestückt. Das schmuddelige, von Sprüngen durchzogene Waschbecken wurde für Zwecke entfremdet, die niemals im Sinne des Herstellers waren. Donu hat ein oder zwei Schlückchen Rum und eine Menge Guinness getrunken. Sie übernimmt sehr bestimmt das Kommando. Nach kurzer Zeit laufen die Jungen, die in der Bar arbeiten, mit gefüllten Wassereimern, Tüchern und Seife herum. Jackson steht peinlich berührt beiseite.

»Wirklich, Jackson, ich schäme mich, Afrikanerin zu sein«, sagt Donu. »Kein Nigerianer würde jemals eine Unterkunft anbieten, die sich in einem so abstoßenden Zustand befindet. Es ist entsetzlich.«

Die Jungen schrubben, den Blick abgewandt.

»Stärker!«, fährt Donu sie an. Ihr goldenes Armband blinkt, als sie eine gebieterische Handbewegung in ihre Richtung ausführt.

»Ich verstehe nicht, warum du das einfach so hinnimmst, Charlotte«, sagt sie vorwurfsvoll. »Nur weil man in Afrika ist, muss man nicht im Dreck hausen, zum Teufel noch mal.«

Sie gibt mir den Spitznamen Weiße Negerin. Ich nenne sie im Gegenzug Schwarze Afrikanische Prinzessin, kurz SAP. Es läuft gut zwischen uns.

Am folgenden Tag finden wir uns zur Eröffnungszeremonie auf einer großen Lichtung in den Ausläufern des Gebirges ein. Viele Menschen haben sich versammelt, es wird laut geschrien und wild getanzt. Die Frauen sind überwiegend barbusig, und während sie im Rhythmus der Trommeln herumwirbeln, hüpfen ihre Brüste auf und ab. Sie tragen Röcke aus Gräsern und große Grasbüschel auf dem Kopf. Die Leute wedeln mit behelfsmäßigen Flaggen und belaubten Zweigen. Über der Menge schwenkt jemand eine Stange, auf der, wie ein Kopf, der nach einer Enthauptung präsentiert wird, ein unförmiger Holzblock sitzt. Die zur Beschneidung bestimmten Mädchen und Jungen marschieren den Berg herauf, dabei schwenken sie gefiederte rituelle Stäbe und blasen Flöten, die an Perlenketten befestigt sind.

Dann setzen sich alle unvermittelt hin. Vor einem Tisch, der auf Böcken steht, formieren sie sich zu ordentlichen Reihen. Hinter dem Tisch postiert sich ein höherer Distriktbeamter, ein adretter kleiner Mann im Anzug. Andächtig hört die sitzende Menge zu, wie er die Beschneidungssaison offiziell eröffnet. Es wirkt eher wie ein Kirchfest als wie der Beginn eines grausamen, blutigen Rituals. Die Beschneidungen an sich werden allerdings erst am nächsten Morgen, kurz nach Tagesanbruch, auf noch größerer Höhe erfolgen.

Aus diesem Grund finden wir uns bereits zum Sonnenaufgang hoch oben in den Bergen ein, wo die Beschneidung inmitten einer Ansammlung von Hütten stattfinden wird. Die Sonne färbt den Himmel rosa, als sie über den Dornbäumen aufsteigt. Der sanfte Wind raschelt durch das hohe Gras, das im Licht des frühen Morgens golden schimmert. Es kommt mir vor, als wäre ich noch niemals an ein einem so entlegenen Ort gewesen. Es ist, als befände man sich auf einem einsamen Plateau hoch über der Welt. Von den ersten Feuern im Dorf steigt Rauch auf, und eine alte Frau raucht im Sitzen ihre Pfeife.

Bald vernehmen wir aus der Ferne Flötenblasen und Gesänge. In der Landschaft unter uns machen wir zwei winzige Gestalten aus. Dann werden es mehr. Sie laufen. Es sind erst Dutzende, dann Hunderte von Menschen, die durch das Gras schnell auf uns zukommen. Innerhalb nur weniger Minuten sind wir von einer drängelnden, aufgeregten Menge umzingelt.

In ihrer Mitte stehen die Mädchen und Jungen, die beschnitten werden sollen. Ihre Gesichter wurden mit dem Mageninhalt einer frisch geschlachteten Kuh bemalt. Sie wirken wie benommen, ihre Augen erscheinen in den gespenstisch weißen Gesichtern gelb. Perlenketten baumeln von ihren Schlapphüten und um ihre Brust. Sowohl Mädchen als auch Jungen tragen rosafarbene Kleidung und schwenken mit Federn besetzte Stäbe.

Zunächst stehen die Jungen in einer Reihe und blasen unablässig ihre Flöten. Ich sehe ihre Arme, beidseitig über den Kopf erhoben, über die Menge hinausragen, die Hände zum Himmel zeigend als Zeichen ihres Muts und ihrer Bereitschaft. Lachend, kreischend und singend drängt sich die Menge um sie. Ein allgemeiner Aufschrei setzt ein, als der Beschneider ans Werk geht. Einer der hochgehobenen Arme fängt zu zittern an. Dann sackt er nach unten und taucht in der Menge unter. Es folgt ein kollektives Murmeln. Der Junge hat Schwäche gezeigt und ist ab sofort ein Außenseiter. Er wird niemals eine Frau bekommen.

Ich treffe den in Ungnade gefallenen Jungen an, als er neben zwei anderen beschnittenen Jungen auf einem Stuhl sitzt. Sie sind in Decken gehüllt, reglos vor Schock, und starren unbewegt in die Kamera. Vor ihren Füßen liegt ein blutverschmierter Sack. Unter dem Jungen, dessen Arme versagt haben, gerinnt eine dicke Blutlache in der heißen Sonne. Darin erkenne ich ein Stück Fleisch. Das ist nicht nur seine Vorhaut, das ist die Spitze seines Penis. Der Blutverlust oder die drohende Infektion können für ihn tödlich enden. Er ist kaum in der Lage zu gehen. Zur Morgendämmerung war der Jugendliche noch ein stolzer Krieger. Nun ist er ein Krüppel und Geächteter.

Die Mädchen werden in provisorischen Pferchen aus Decken und Holzpfählen beschnitten. Sie liegen auf der Erde, die Beine angezogen, die Röcke hochgeschoben. Die Zuschauermenge drängt sich um den Eingang des Pferchs und steht auf Zehenspitzen, um über die Decken sehen zu können. Dann kniet die Beschneiderin, eine knorrige alte Frau, nieder und macht sich mit ihrer Rasierklinge ans Werk. Als Erstes sägt sie die Klitoris ab, dann die äußeren Schamlippen. Das Mädchen verdreht die Augen. Die Menge kreischt, als es zu bluten anfängt. Das kostbare Fleisch liegt achtlos im Dreck, die Beschneiderin streut Erde auf die klaffende Wunde, um die Blutung zu stillen. Donu, Peter, Tzvika und ich sind sprachlos. Wir können nicht filmen. Die Tortur ist zu grausam, um sie mit der Kamera aufzuzeichnen.

»Du hast uns an ein paar ziemlich ungemütliche Orte gebracht, und wir haben schreckliche Bilder gedreht«, sagt Tzvika später zu mir, »aber das ist viel schlimmer. In meinen ganzen Jahren in Afrika habe ich nichts Vergleichbares gesehen. Noch nie.«

Donu möchte etwas in die Kamera sprechen. Hinter ihr humpeln die Mädchen auf die Hütten zu. Donu zeigt auf sie und sagt: »Junge Mädchen ziehen sich zurück, die Kleider blutgetränkt. Sie sind kaum in der Lage zu gehen. Willkommen in der Welt der Frauen.«

Ihre Emotionen sind echt. Vor der Kamera ist sie einfach brillant. Die Szene bildet später das Kernstück des Films, und der letzte Satz wird als Titel übernommen.

Die Beschneiderin sitzt noch immer in der Mitte und hält die blutige Rasierklinge zwischen ihren schmutzigen, aufgesprungenen Händen mit schwarzen Fingernägeln. Ihr Gesicht ist eine verschrumpelte, ausgemergelte Maske, die Augen sind gelb, blutunterlaufen und kalt. Ich vermute, dass sie betrunken ist.

»Was haben die Frauen von der Beschneidung?«, fragt Donu die alte Frau.

»Ich selbst habe nichts davon«, antwortet sie schulterzuckend. »Aber die Mädchen erfahren Respekt, wenn sie sich diesem kulturellen Ritual unterziehen. Niemand zwingt sie dazu. Sie kommen freiwillig von weit her.«

»Wurden Sie auch beschnitten?«

»Natürlich, aber ich bin nicht gestorben. Sie können vieles abschaffen, aber so etwas wie das hier nicht. Unsere Großväter und Großmütter, selbst Esel und Paviane sind beschnitten. Bei den Sabiny wird dieser Brauch niemals aussterben.«

Einige Jungen im Teenageralter, die zuhören, kichern.

Frauen suchen die blutigen Stellen ab und vergraben die Fleischfetzen in Beuteln. Jackson sieht aufgewühlt zu. Trotz seiner ganzen Anstrengungen passiert so etwas immer noch.

»Haben Sie nicht manchmal das Gefühl, Sie kämpfen auf verlorenem Posten?«, fragt ihn Donu.

»Ich habe die Hoffnung«, antwortet Jackson zögernd, »dass die Menschen mit zunehmender Bildung begreifen, dass es schlecht ist.«

Eine der Frauen, die mit dem Vergraben der Beutel beschäftigt sind, stößt ein gackerndes Lachen aus. Jackson wird wütend. »Manchmal wünsche ich mir, ich wäre der Finanzminister in diesem Land«, meint er. »Dann würde ich dafür sorgen, dass mindestens 50 Prozent aller Mittel an uns gehen, so dass alle die Schule besuchen und lernen können, warum dieses Ritual so schrecklich ist. Es geht dabei um Leben und Tod.«

Wir besuchen ein 13-jähriges Mädchen, das beschnitten wurde. Es lebt mit seiner Familie in einem roten Lehmhaus. Wir zwängen uns in einen winzigen Raum. Ein Lichtstrahl fällt durch ein schmales, hohes Fenster auf das Mädchen, das in eine Decke gehüllt auf dem Boden liegt. Die raue Decke ist fusselig und schmutzig, und ich versuche, nicht daran zu denken, wie dicht sie sich an der blutenden, undefinierbaren Masse befindet, die jetzt an die Stelle ihrer Genitalien getreten ist. Donu kniet nieder und beginnt, die Stirn des Mädchens zu streicheln. Das Mädchen sieht zu ihr hoch, als sei sie ein Engel. Ich bin unfähig zu sprechen und gebe Tzvika mittels Zeichensprache zu verstehen, dass er mit dem Filmen anfangen soll.

»Es ist schwer nachzuvollziehen, warum sie nicht weint«, spricht Donu in die Kamera. »Sie muss so starke Schmerzen haben.« Das Mädchen starrt noch immer auf Donu. »Du bist ein sehr tapferes Mädchen«, sagt sie zu ihr.

Ich weine und wende mich ab, weil ich weiß, dass Peter und Tzvika ebenfalls gegen die Tränen ankämpfen.

Die Mutter des Mädchens erklärt sich bereit, gegen Bezahlung etwas zu sagen. Sie trägt einen fleckigen Kittel, und um den Kopf hat sie einen kräftig rotkarierten Schal geschlungen. Sie hat sich für den großen Tag herausgeputzt. Donu ist auch Mutter.

»Wie können Sie es ertragen, Ihr Kind so leiden zu sehen?«, möchte sie wissen.

»Ach, ich kenne die Schmerzen. Ich wurde selbst beschnitten«, antwortet die Mutter in sachlichem Tonfall. »Schmerzen schaden nicht. Sie wird das überstehen. Das ist sie ihren Vorfahren schuldig. Es ist Gottes Plan, dass sie das tut.«

»Wünschen Sie Ihrer Tochter nicht ein besseres Leben?«, fragt Donu. Die Frau sieht sie verständnislos an.

»Möchten Sie nicht, dass Ihre Tochter, wenn sie erwachsen ist, in der Lage ist zu arbeiten und zu reisen, so wie ich. Oder möchten Sie, dass sie einfach eine Sabiny-Frau wie alle anderen ist und ein Leben lang leidet?«

»Wie können Sie es wagen, mit mir über etwas zu sprechen, dass nur ein Märchen sein kann!«, entrüstet sich die Frau. »Für uns hier ist es unvorstellbar, über ein besseres oder leichteres Leben nachzudenken, auch wenn wir es uns wünschten. Es ist Gottes Wille, dass wir leiden.«

Aber es besteht doch Hoffnung. Jackson bringt uns zu einer anderen Zeremonie, mit der der Übergang in das Erwachsenenalter gefeiert wird. Die Mädchen tragen die traditionellen rosafarbenen Röcke und weiße Perlen, blasen Flöten und tanzen auf den Beschneidungspferch zu. Doch anstatt sich auf den Boden zu legen und sich brutal verstümmeln zu lassen, kommen sie unversehrt, aber in neuen Kleidern wieder heraus. Jede von ihnen erhält eine Ziege, und um ihre Köpfe wird ein Turban geschlungen, das Zeichen ihres Eintritts in die Welt der Erwachsenen. Ihr Vater Motil überwacht, in Kleidung aus Affenhaut und mit einem aufwendigen Kopfschmuck aus Federn, die Zeremonie.

Traurig ist nur, dass Motils Gründe auch nicht ganz lauter sind. Er hat drei Frauen und 15 Töchter und beschlossen, die Mädchen »wegen des Geldes« nicht beschneiden zu lassen. Als Donu ihn fragt, was er damit meint, erklärt er, es sei sehr teuer. Die Verwandten erwarten, dass sie Essen und jede Menge Alkohol bekommen. Donu erkundigt sich, ob seine Frauen beschnitten sind.

»Oh ja«, antwortet er.

»Und glauben Sie, sie haben dabei gelitten?«

»Das haben sie, aber wissen Sie, ich habe auch gelitten.«

»In welcher Weise?«, fragt Donu mit ernster Miene hinter ihrer Designer-Sonnenbrille.

»Ich wurde auch beschnitten! Ich habe sehr gelitten.«

Donu belässt es dabei. Es hat keinen Sinn, ihm zu erklären, welcher Unterschied darin besteht, lediglich eine Vorhaut zu entfernen oder erhebliche Teile Gewebe und Muskeln herauszuschneiden. Immerhin benutzt er seine eigenen Schmerzen nicht als Rechtfertigung, seine Töchter leiden zu lassen. Allein dafür müssen wir dankbar sein.

An unserem letzten Abend stürmt Donu in die Küche des Paradise Hotel und schreit die Köche an, die sich ängstlich ducken. Ein paar Jungen werden auf den Markt geschickt, um Eier und Gemüse zu kaufen.

»Sieh dir nur einmal diese Zustände an – es ist eine Schande!«, sagt Donu und wedelt unter der Küchentür mit einer schmierigen schwarzen Bratpfanne.

»Bring mir Seife und eine Wurzelbürste«, befiehlt sie einem verdatterten Jungen, »und ich meine nicht morgen, sondern auf der Stelle!«

Die mürrische Laune des Personals verwandelt sich in Bewunderung, als Donu saubere Teller auffährt, auf denen sich Paprika-Zwiebel-Omeletts türmen. Selbst der zur Untätigkeit verdammte Koch lächelt, und bald trinken alle Rum und amüsieren sich. Sogar Peter trinkt ein bisschen Alkohol.

Jackson ist traurig, weil wir abreisen. Er umarmt mich herzlich.

»Sie halten Ihre Versprechen, Metcalf. Ich hoffe, Sie kommen wieder«, sagt er zu mir.

»Vielleicht«, antworte ich und umarme ihn ebenfalls.

Wir sind über die Maßen glücklich, wieder in Kampala zu sein. Schmuddelig und steif von der langen Fahrt kommen wir im Kabira Country Club an. Auf einer Veranda mit Blick auf eine weitläufige Rasenfläche essen wir bei Kerzenlicht zu Abend. Die Tische sind mit sauberen Tüchern gedeckt und mit Blumen geschmückt. Auf der Karte stehen Lobster und Steak. Nun sind wir doch noch im Paradies angekommen.

Donu und ich sind uns einig, dass ein Großteil der Tradition der Sabiny auf extremem Sexismus beruht, auf der absoluten Überzeugung der Männer, Frauen seien minderwertige Wesen, und das unter dem Deckmantel ihrer Kultur. Wir sind lediglich kontroverser Meinung, wer die Schuld dafür trägt. Donu verachtet die Passivität der Sabiny-Frauen und ihre Einstellung, Leiden als etwas Notwendiges und Gottgegebenes zu betrachten.

Ich glaube, dass die meisten Frauen rebellieren würden, hätten sie nur einmal die Möglichkeit zu sehen, dass es auch eine andere Art zu leben gibt. Doch Kapchorwa ist so abgelegen und unzugänglich, dass ein Entkommen für sie überhaupt nicht zur Debatte steht. Viele Sabiny sind noch nicht einmal den Berg hinuntergekommen. Man muss die Welt zu ihnen hinaufbringen. Wie sollten sich die Mädchen sonst jemals vorstellen können, dass eine andere Welt jenseits ihrer eigenen existiert? Ganz zu schweigen davon, dass sie sich eine solche zum Vorbild nehmen könnten?

Ich werfe den Männern nicht einmal vor, dass sie ihre Frauen und Töchter beschneiden. Ihr Sexismus basiert auf tief verwurzelten Bräuchen und uralter Tradition. Wenn sie erst einmal erkennen, welchen Schaden sie damit anrichten, werden viele Männer bereitwillig davon Abstand nehmen. Das Problem ist nur, dass Jackson nicht allein die gesamte Bevölkerung aufklären kann. Aber immerhin entgehen in dieser Saison 400 Mädchen von insgesamt 1 200, die dafür in Frage kommen, der Rasierklinge. Das ist wenigstens ein kleiner Fortschritt.

Der Film wurde ein Erfolg, und Donu und ich erhielten vom Leiter der Abteilung Aktualität bei der BBC eine Anerkennung für unseren einfühlsamen Umgang mit einem schwierigen Thema. Außerdem wurde der Film in New York mit einem Silver Apple Award und beim San Francisco Film Festival mit einem Golden Spire ausgezeichnet. Und was uns besonders freute: In Surrey tat sich eine Gruppe von Frauen, die den Film gesehen hatten, zusammen und veranstaltete ein Gartenfest, bei dem 200 Pfund gespendet wurden. Das Geld schickten sie Jackson. Allein schon dafür hätte sich der Film gelohnt.

10 Weißer als die Wand

Simbabwe

In Afrika empfinden es viele Frauen als so beschämend, ein Albinobaby zu bekommen, dass sie es verstecken oder weggeben. Ich habe Geschichten von Müttern gehört, die ihr Albinokind gleich nach der Geburt umbrachten, indem sie es ertränkten oder an den Beinen packten und mit dem Kopf gegen einen Palmenstamm schlugen. In manchen Teilen Afrikas glaubt man auch, Albinos besäßen magische Kräfte, doch in Simbabwe werden sie gefürchtet und geächtet. Sie sind Ausgestoßene. Albinos sind wohl die am wenigsten beachtete und am meisten verfolgte Minorität in Afrika.

Ich komme in Harare mit Sonnenschutzcreme Faktor 15 im Wert von 300 Euro an. Der Mann am Zoll fragt mich, warum ich solche Mengen mit mir führe. Als ich ihm erzähle, das sei ein Mitbringsel für einen Albino, kichert er, als hätte ich ihm einen unanständigen Witz erzählt, und winkt mich durch.

In einem sauberen, aber kahlen Büro an der Universität sitzt Professor Makumbe, ein hervorragender, international anerkannter Politikwissenschaftler, und beugt sich zu einem Computerbildschirm vor. Er ist auffallend blass. Seine Haut ist so weiß, dass sie vor den graustichigen Wänden fast leuchtet. Dank seines runden Kopfes, der glatt wie ein Ei ist, fühlt man sich bei seinem Anblick an Humpty Dumpty erinnert. Bekleidet ist er mit einer flauschigen rosafarbenen Strickjacke.

»Haben Sie die Sonnencreme dabei?«, erkundigt er sich. Da er in unserem Film mitwirken wird, haben wir bereits ausführlich telefoniert, wobei es unter anderem um Sonnencreme ging.

Ich reiche ihm die Tasche, und er stellt sie vorsichtig in einen Karton, der bereits voller Sonnenschutzlotion ist.

»Die dummen Amerikaner«, erklärt er mir, als er meinen Blick wahrnimmt. »USAID hat eine ganze Kiste mit Schutzfaktor 30 geschickt, die wir nicht benutzen können. Die chemischen Inhaltsstoffe reizen unsere Haut zu sehr.« Seine Stimme schwingt sich zu einem empörten, hohen Quieksen auf. »Sie sind nutzlos. Absolut nutzlos.«

Er lacht glucksend in sich hinein, faltet die rundlichen Hände über seinem stattlichen Bauch und sieht mich, den Kopf zur Seite geneigt, neugierig an.

»Sie wollen also die Welt über unsere bedauernswerte Lage aufklären?«, fragt er.

Er macht mich ziemlich nervös. So heiter und herzlich er sich auch gibt, besitzt er einen messerscharfen Intellekt, und man sollte ihn auf keinen Fall unterschätzen. Mir wird klar, dass seine Bereitschaft, mit mir und der BBC zusammenzuarbeiten, einzig und allein aus seiner Mission resultiert, die internationale Aufmerksamkeit auf die Situation seiner Leidensgenossen zu lenken.

Makumbe hat den weltweit ersten Zusammenschluss von Albinos gegründet. Dessen oberstes Ziel besteht zunächst darin, Informationen zu sammeln. Makumbe schätzt, dass es in Simbabwe und Uganda eine hohe Dichte an Albinos gibt, allein in Simbabwe mehr als 5000. Doch da Albinismus weitgehend verheimlicht wird, ist das Zusammentragen von statistischem Material ein langsamer, schwieriger Prozess. Er hat keine Geldgeber, und die Vereinigung existiert nur auf Basis ehrenamtlichen Einsatzes und eherner Entschlossenheit.

Er hat einen ziemlich großen Teil der Albinos in Simbabwe ausfindig gemacht und will sie nun zusammenbringen. Die Versammlung der Albino Association soll in drei Tagen stattfinden. Makumbe hofft, sie wird auf öffentliches Interesse stoßen und Albinismus zu einem Thema machen, damit die Regierung etwas unternimmt. Er braucht Geld, um ein Büro mieten zu können.

»Vielleicht kann die BBC etwas dazu beitragen?«, meint er mit einem schelmischen Lächeln.

»Vielleicht kann sie«, gebe ich grinsend zurück.

Es freut mich, dass ich helfen kann. Er kichert wie ein Kind, das gerade etwas angestellt hat.

»Ach, ich liebe die BBC!«, sagt er.

John Makumbe hat das fortgeschrittene Alter von 49 Jahren erreicht. Albinos haben eine niedrige Lebenserwartung, umso mehr zeugt Makumbes geistige wie körperliche Fitness davon, dass er vorhat, noch lange zu leben und einer feindlich gesonnenen Welt den Stempel seiner Existenz aufzudrücken.

Dabei hat er Glück, überhaupt am Leben zu sein. Beinahe hätte ihn dasselbe Schicksal ereilt wie so viele andere Albinobabys.

»Als die Hebamme sah, wie weiß und blass ich war, wollte sie mich auf der Stelle töten«, erzählt er.

»Traditionell werden Albinos und verkrüppelte Kinder gleich nach der Geburt getötet, und ich war weiß wie Porzellan.«

Seine Mutter hielt die Hebamme davon ab, ihn zu strangulieren. Er kichert und zuckt mit den Schultern, als wolle er sagen: »Und da bin ich nun.«

Donu ist noch nicht angekommen, doch mit meinem Kamerateam – Tzvika und einem Tonmeister aus Simbabwe, mit dem ich bisher noch nie gearbeitet habe – fahre ich zu einem der Vororte hinaus, um mit zwei Albinoschwestern zu sprechen. Als wir dort ankommen, fallen sie uns sofort auf. Sie sind auf der Schotterstraße zum Brunnen unterwegs. In der grellen Vormittagssonne leuchtet ihre Haut fast grünlich. Ein kleiner Junge johlt und zieht eine Grimasse, als sie an ihm vorbeigehen.

Abigail und Pauline waren für ihre schwarze Mutter eine Überraschung, mit der sie nicht gerechnet hatte. Albinismus entsteht durch ein rezessives Gen, das mehrere Generationen überspringen kann. In ihrer Familie war es nicht zurückzuverfolgen. Beide Mädchen sind in ihren Zwanzigern. Pauline hat gelbe vorstehende Zähne, Abigail ein mondförmiges, trauriges Gesicht, das durch Läsionen verunstaltet ist. Ihre Haare sind gekräuselt, die von Pauline raspelkurz geschnitten. Das Haar von Albinos ist nicht weiß, sondern variiert in allen möglichen Abstufungen von Apricot bis zu hellem Buttergelb. Ihre Augen sind rot oder rotbraun. Alle Albinos sind auf eine Brille angewiesen.

Die Mutter von Pauline und Abigail, Laina, heißt uns in ihrem Haus willkommen. In dem düsteren, engen Wohnzimmer bieten ihre Töchter einen gespenstisch leuchtenden Anblick. Laina sitzt zwischen ihren Töchtern und drückt fest ihre Hände, als wolle sie sie beschützen.

Pauline hat noch nie gearbeitet. Sie findet nicht einmal einen Job als Gemüseverkäuferin. Die Leute glauben, es bringe Unglück, bei Albinos etwas zu kaufen, und das Essen sei durch ihre Berührung vergiftet. Während Pauline redet, fängt im Nebenraum ein Baby zu schreien an. Abigail verschwindet hinter einem geblümten Vorhang und kehrt mit ihrem Sohn zurück. Er ist rundlich, schwarz und glänzt wie eine Aubergine.

Abigail war mit einem schwarzen Mann verlobt. Als sie schwanger wurde, zwangen sie die Eltern des Verlobten, die Hochzeit abzusagen. Sie hatten furchtbare Angst, ihr Enkelkind könne ein Albino sein. Abigail wurde verstoßen und kehrte zur Geburt in das Haus ihrer Mutter zurück.

Abigail wiegt ihren Sohn in ihrem Schoß und hält mit ihren schuppigen Händen seine Füße. Er gluckst vor Freude. Als er mich sieht, streckt er die Hände nach mir aus. Meine Hautfarbe wirkt vertrauenerweckend auf ihn. In diesem Moment bricht Laina in Tränen aus. Eilig wischt sie mit ihrer Schürze die Tränen weg.

»Was soll ich nur tun?«, klagt sie. »Wenn ich mir die Zukunft meiner Töchter vor Augen führe, deprimiert mich das so, dass ich an Selbstmord denke. Aber wer würde sich dann um sie kümmern?«

Pauline starrt ihre Mutter an, ihre großen, vorstehenden Zähne verleihen ihr einen etwas dümmlichen Gesichtsausdruck. Abigails Baby beginnt zu wimmern.

»Was ist mit John Makumbe?«, erkundige ich mich, um etwas zu sagen, was diesen Menschen vielleicht Trost spenden könnte.

»Durch ihn wird alles anders«, sagt Laina voller Überzeugung. »Er ist ein großartiger Mann.«

Sie schnäuzt sich kräftig in ihre Schürze. Ich sorge mich, die Kamera könnte in einem so intimen Moment zu aufdringlich sein, aber Tzvika filmt weiter, und im fertigen Film wirkt Laina in ihrem Kummer so voller Würde, dass nicht im Geringsten der Eindruck entsteht, wir seien zu indiskret mit ihr umgegangen.

Dass Pauline noch nie Arbeit gefunden hat, ist symptomatisch, und Makumbe möchte eine Gesetzesänderung erwirken, die eine Diskriminierung von Albinos am Arbeitsplatz verbietet. Ich treffe eine seiner engsten Mitarbeiterinnen, Felicity. Sie hat Spitzennoten und ein Sekretärinnendiplom aufzuweisen, aber genau wie Pauline noch nie eine Stelle bekommen.

Felicity hat ihr gelbes Haar nach hinten gekämmt und trägt Jeans und Turnschuhe. Abgesehen von einem leichten Schielen und der Tatsache, dass ihr Hals gerötet und zerfurcht ist, wirkt sie gesund und fröhlich. Und doch musste sie in den vergangenen 16 Jahren ständig hinnehmen, dass weitaus weniger qualifizierte Frauen die Jobs bekommen haben, um die sie sich auch beworben hatte.

»Wenn du am Telefon deine Qualifikationen erwähnst, wollen sie dich zum Bewerbungsgespräch einladen«, erzählt sie.

»Doch sobald du in der Tür stehst und sie sehen, dass du ein Albino bist, kann man schon an ihren Gesichtern ablesen, dass sie nichts für dich haben.«

Sie schlägt vor, die Probe aufs Exempel zu machen. Wir kaufen eine Zeitung, und sie kreist fünf oder sechs Stellenangebote ein, auf die ihre Qualifikationen zutreffen. Wir gehen zu einer Telefonzelle und filmen sie bei mehreren Anrufen. Erst im allerletzten Moment erwähnt sie, dass sie Albino ist. Ihre potenziellen Arbeitgeber sind begeistert von ihrer Anfrage, bis sie erfahren, dass sie anders ist. Dann kommen sie mit fadenscheinigen Ausreden.

In einem Krankenhaus in Harare, das auf Krebserkrankungen spezialisiert ist, warten Albinos in einer Schlange auf ihre Behandlung. Wieder habe ich ein beklemmendes Gefühl, sie zu filmen, doch Tzvika ist einfühlsam und zurückhaltend. Die Möglichkeiten für Strahlenbehandlungen sind hier begrenzt. Unter den Wartenden sitzt eine Frau mit einem geblümten Schlapphut. Die Haut an ihrem Hals ist rot, wund und schlaff wie bei einem frischgerupften Huhn, und die Augen liegen tief in ihrem runzeligen Gesicht. Sie lächelt mich an und entblößt dabei entzündetes Zahnfleisch und eine Handvoll gelber Zähne. Ich würde sie auf etwa 70 Jahre schätzen.

In Wirklichkeit ist sie 33. Die Sonne hat ihre empfindliche, unpigmentierte Haut zerstört. Schwarze Läsionen haben sich tief in das Fleisch an ihren Beinen gefressen. Die junge Ärztin, die sie untersucht, schüttelt den Kopf und seufzt. Sie wirkt müde.

»Es ist zu spät«, sagt sie, sobald die Frau draußen ist. »Der Krebs ist schon ziemlich weit fortgeschritten. Wenn sie nur ihre Arme und Beine geschützt hätte. Aber sie tun es einfach nicht.«

Makumbe kann viel dazu beitragen, Albinos über Gesundheitsmaßnahmen aufzuklären. Ihnen beizubringen, dass sie lange Hosen und lange Ärmel tragen müssen, ist noch relativ einfach. Viel schwieriger ist es, gegen Vorurteile und Aberglauben anzukämpfen.

Tracey ist die einzige schwarze Frau im Vorstand der Albino Association. Zwei ihrer Kinder sind Albinos. Ihre neunjährige Tochter Kuda wird von ihrer Lehrerin drangsaliert, die gerade schwanger ist und glaubt, körperlicher Kontakt mit Kuda würde dazu führen, dass sie ein Albinobaby bekommt. Sie setzt Kuda in die letzte Reihe im Klassenzimmer, so weit von ihr weg wie nur irgend möglich. Wie alle Albinos hat auch Kuda schlechte Augen und kann an der Tafel nichts erkennen, deshalb fällt sie in ihren Leistungen immer weiter zurück.

In der Pause treffen wir Kudas kleinen Bruder Tony auf dem Spielplatz. Er steht ganz allein und hält seine Pausendose fest umklammert. Die anderen Kinder scharen sich in Gruppen zusammen. Durch seine dicken Brillengläser sieht er uns unter einem Schlapphut hervor an, den er tief ins Gesicht gezogen hat. Zum Schutz vor der Sonne trägt er lange graue Hosen und einen langärmligen Pullover. Alle anderen Jungen laufen in Shorts und kurzärmligen Hemden herum. Ich beobachte, wie ein älterer Junge einen Stein nach ihm wirft und dann wegläuft. Tony bleibt einfach nur stehen. Wo sollte er auch hin?

Nach der Pause werden Spiele gespielt. Der Lehrer will, im Bewusstsein, dass er gefilmt wird, die anderen Kinder animieren, Tony in ihre Mannschaft zu wählen, aber sie nehmen erst einmal ihre Freunde, bis er als Einziger übrig bleibt.

Daheim beklagt sich Tony bei seiner Mutter über die Schule. Tracey kocht, ein schwarzes Baby im Arm, Okra-Eintopf. Kuda sitzt auf einem Stuhl und isst Kekse. Sie knabbert wie ein Kaninchen daran und wirft uns unter ihrem Hut verstohlene Blicke zu. Ein paar Jungen aus Tonys Klasse haben ihm seine Stifte weggenommen, ihn ausgelacht und ihm Schimpfnamen zugerufen. Tracey packt ihn am Arm und schüttelt ihn.

»Lass dir nichts von ihnen gefallen«, fordert sie ihn auf. »Setz dich zur Wehr. Du musst es ihnen zurückgeben!«

Er sieht sie zweifelnd an. Als sie sich wieder zum Herd wendet, klammert er sich an ihren Rock. »Sie verhauen mich auch«, sagt er ganz kleinlaut.

Voller Wut auf die anderen Kinder hebt ihn Tracey zärtlich auf einen Stuhl. »Schau, diese Schimpfnamen sind einfach nur dumm. Die können dir damit nichts anhaben.«

Er sieht zu Boden und zieht die Nase hoch.

»Erzähl uns alles«, schlage ich vor.

Der Wunsch, dass ihm jemand zuhört, ist größer als seine Schüchternheit, also setzt er sich auf die Veranda vor der Küchentür. Der vertraute Geruch angebratener Zwiebeln strömt heraus. Saubere Wäsche weht im sanften Wind, der die Blätter des Avocadobaums zum Rascheln bringt. Bemalte Blechdosen sind mit leuchten bunten Ringelblumen bepflanzt.

»Andere Kinder reden nur mit mir, wenn ich zu Hause bin«, sagt Tony.

»Warum zu Hause?«, frage ich.

»Weil es dann niemand mitbekommt. Sie kommen nur, wenn sonst niemand da ist.«

Er dreht seinen Pullover mit den Fingern ein, bis er gedehnt und völlig verformt ist. Mir fällt nichts ein, was ihn trösten könnte.

Tracey hofft, dass sich die Dinge geändert haben, bis die Kinder erwachsen sind.

»Dank Makumbe?«, erkundige ich mich.

»Oh ja. Er ist einfach ein toller Mann«, sagt sie.

Ihre jadegrünen Augen strahlen voller Hoffnung. Ich frage mich, ob Makumbe weiß, wie sehr die Menschen auf ihn zählen.

Makumbe ist mit einer dunkelhäutigen Frau verheiratet und hat drei ebenfalls dunkelhäutige Kinder. Als wir in seinem Haus eintreffen, sitzt er gerade am Esszimmertisch und hilft ihnen bei den Hausaufgaben. Nachdem die Kinder mit den Schularbeiten fertig sind, macht er es sich neben seiner Frau auf einem Sofa bequem und legt den Arm um sie.

Seine Frau war von seinem Charisma und seinem Mut fasziniert, aber es war keinesfalls Liebe auf den ersten Blick. Ihre Zuneigung wuchs aus ihrer Bewunderung für ihn.

»Aber ich habe sie von Anfang an geliebt«, erzählt Makumbe lachend.

Ihr Heim ist ein schöner, glücklicher Ort, aber seine große Sorge ist, dass seine Kinder einen Vater haben, der merkwürdig aussieht. Einmal kam seine Tochter von der Schule nach Hause und erzählte, man habe sie gehänselt. Sie wollte von ihrem Vater wissen, warum er anders sei. Er erklärte ihr, seine Hautfarbe mache ihn nicht zu einem minderwertigen Menschen.

»Meine Devise lautet, ich schaffe es. Und das werde ich«, sagt er.

Am folgenden Tag trifft Donu ein. Gemeinsam mieten wir uns ein dem Tudorstil nachempfundenes Haus, das ebenso gut in Surrey stehen könnte. Donu kommt mit Verspätung, weil ihr kleiner Sohn einen Unfall hatte. Aber jetzt geht es ihm wieder gut und somit auch ihr. Sie hat ihr Haar zu Zöpfen geflochten, die ihr elegantes Profil mit der hohen, schrägen Stirn noch mehr betonen. Nachdem sie unsere Küche inspiziert hat, gehen wir auf direktem Weg in den Supermarkt.

»Ich brauche Fleisch«, sagt sie und lädt riesige Fleischstücke sowie eine Flasche Scotch in ihren Einkaufswagen.

Als wir ins Haus zurückkommen, trägt sie dem Dienstmädchen als Erstes auf, die Geschirrtücher zu waschen.

»Sieh dir die mal an, das ist eine Schande«, meint sie. Dann gibt sie Anweisungen, wie das Gemüse vorzubereiten ist, und kündigt an, sie werde mir ein Hähnchen auf nigerianische Art mit Erdnusssauce kochen. Als sie mit den Vorgängen in der Küche zufrieden ist, trinkt sie einen ordentlichen Scotch mit Coca-Cola und raucht mehrere Zigaretten hintereinander.

»Jetzt geht es mir besser«, erklärt sie, als wir uns auf den Weg machen, um die Mitglieder der Albino Association zu treffen.

Donus journalistischer Ansatz ist nicht von Mitgefühl durchdrungen. Sie ist der Meinung, die Menschen sind es sich schuldig, selbst für sich zu kämpfen, und sie kann Leute nicht ausstehen, die sich als Opfer darstellen. Auf die Albinos reagiert sie genauso, wie ich es erwartet hatte – deren scheinbare Hilflosigkeit lässt sie völlig ungerührt.

Am Abend mache ich Donu mit Paul Hughes bekannt, dem Eigentümer von Mighty Movies. Von Paul miete ich meine Teams, einschließlich Tzvika und Peter, und meine Kameraausrüstung. Familie Hughes lebt hinter einem elektrischen Tor und hohen Mauern. Als wir ankommen, springen Dobermänner das Auto an. Donu hat Angst und verkriecht sich auf dem Rücksitz, bis die lechzenden Hunde in ihre Zwinger geschafft werden.

Wie für das alte Rhodesien typisch, ist das Haus ein hässlicher, moderner Bungalow mit senkrecht unterteilten Fenstern. Er ist niedrig und zweckmäßig, das Kernstück bildet eine Bar. Hier versammeln sich die Männer, der Herr des Hauses schenkt Bier und Whiskey aus, während die Frauen sich auf der anderen Seite des Raumes, der in der Regel von einem Fernseher dominiert wird, unterhalten.

Paul ist der Prototyp eines Lebemannes mit einem Hang zum Scotch. Seine Frau Maureen ist groß und wirkt bedrückt, Liam, ihr Sohn, ist ganz der Vater. Erst 16, raucht und trinkt er schon und reißt ständig geschmacklose, schmutzige Witze.

Zum Abendessen gibt es zwei Knoblauchhähnchen, von denen eines Liam ganz allein verschlingt. Dabei läuft ihm der Saft über das Kinn. Dazu bekommen wir einen kleinen Salat, eine Riesenberg Chips und feurig-scharfe Saucen, die Maureen selbst zubereitet hat.

Maureen heiratete Paul sehr jung. Sie glaubt nicht an Mischehen und plädiert für eine Trennung innerhalb der Gesellschaft. Doch an diesem Abend bemüht sie sich, Donu gegenüber charmant zu sein. Das Gespräch steuert unweigerlich auf das Rassenthema zu. Maureen beschwert sich über den Rassismus, der im modernen Simbabwe immer noch existent sei. Einen Moment lang denke ich, sie geht zu einer liberaleren Haltung über, doch dann wird mir klar, dass sie von ihren eigenen Erfahrungen spricht.

»Der Schwarze im Postamt hat sich mir gegenüber so furchtbar benommen. Er sagte, ich müsse warten, bis ich an der Reihe sei. Er war so unfreundlich. So feindselig. Ich habe mich schrecklich aufgeregt.« Ich traue mich nicht, Donu anzusehen, und befürchte, der Whiskey könnte ihre Zunge lockern, doch sie lächelt höflich.

Später kann sie darüber nur lachen.

»Nun ja, was erwartest du auch?«, meint sie. »Ihr Leben ist nicht wirklich aufregend, oder? Sagen wir es doch einfach, wie es ist, dieses Harare ist ein Dreckloch!«

Donu befindet sich noch keine 24 Stunden in Harare, aber ihre Meinung steht fest. Zum Teil gebe ich ihr recht. Auch ich finde das exzessive Trinken und die Freudlosigkeit deprimierend. Viele der Weißen hier scheinen keine andere Beschäftigung zu finden, als vor einer Flasche Scotch zu sitzen.

Am nächsten Morgen nehmen Mitarbeiter von Hilfsorganisationen und Frauen von Briten, die es hierher verschlagen hat, im British Council erstaunt die Menschenansammlung in der Eingangshalle zur Kenntnis – und sind bei genauerem Hinsehen schockiert. Engländer auf dem Weg in die Bibliothek bemühen sich, die aufgeregten und sich lebhaft unterhaltenden Albinos nicht anzustarren. Felicity eilt herum und begrüßt jeden Gast einzeln. Laina kommt zusammen mit Abigail und Pauline. Ich stelle ihnen Donu vor.

»Sie sind nicht gerade Schönheiten, nicht war?«, meint Donu. Ich antworte mit einem strengen Blick. »Jetzt sei doch nicht so«, fordert sie mich auf, »gib's doch zu.«

Dass Donu absolut nichts von politischer Korrektheit hält, untergräbt meine prüde Ernsthaftigkeit immer wieder aufs Neue, und ich muss lachen.

Mir fällt ein Mann auf, der von Weitem europäisch wirkt. Er hat sein Haar schwarz gefärbt und trägt Dreadlocks. Seine roten Augen verbirgt er hinter einer dunklen Ray-Ban-Sonnenbrille. Durch den korrekt sitzenden Anzug strahlt er Kompetenz aus. In diesem Moment taucht Makumbe auf, in einem Hawaiihemd in Braun und Rosa. Begleitet wird er von der stellvertretenden Gesundheitsministerin.

Noch nie waren so viele Albinos in einem Raum versammelt. Makumbe schreibt Geschichte. Nachrichtenteams haben sich eingefunden und rangeln um gute Plätze. Nur mein Kamerateam verfügt über die offizielle Erlaubnis, sich nach Belieben im Raum zu bewegen.

Als Makumbe seine Grundsatzrede hält, wandert er vor seinem Publikum auf und ab. Ganz nebenbei entpuppt er sich als Kabarettist. So imitiert er den typischen Afrikaner, wie er die Straßenseite wechselt, um nur ja nicht mit einem Albino zusammenzutreffen. Oder er äfft befangene Arbeitgeber nach, die bei einem Bewerbungsgespräch um jeden Preis Augenkontakt mit einem Albino vermeiden wollen.

Die Zuhörer brüllen vor Lachen. Dann legt er dar, wie den Albinos mittels jahrhundertealter Vorurteile allmählich die Grundrechte entzogen wurden. Nun sei es an der Zeit, aufzustehen und sie wieder einzufordern.

»Wir können auf die Regierung einwirken, damit sie etwas ändert, doch wir können nicht erwarten, dass sie das ohne dich tut … ohne dich … und ohne dich«, sagt er und deutet dabei auf einzelne Personen in der Gruppe.

»Ausreden gelten nicht mehr. Wir müssen alle zusammen helfen.« Seine Stimme steigert sich in das für ihn typische hohe Quieken.

Für seine Rede erntet er stehenden Applaus. Dann erhebt sich der Mann mit den Dreadlocks. Er erzählt, wie er seine Dreadlocks gleichzeitig als eine Art Sonnenhut und als Schutzschild gegen Vorurteile nutzt. Er ist witzig und selbstkritisch, aber nach Makumbes begeisternden Worten wirkt seine Leidensgeschichte deprimierend. Er ist ein hochqualifizierter Akademiker, der eine Stelle nach der anderen an weniger fähige Männer abgeben musste.

»Das muss ein Ende haben«, sagt er. Die Zuhörer bekunden lautstark ihre Zustimmung.

Hier sitzt eine Gruppe, die von Hoffnung erfüllt ist, aber körperlich nicht gerade fit wirkt. Viele der Anwesenden beugen sich über ihre Blätter und sehen trotz Brille kaum genug, um schreiben zu können. Die Anzeichen von Hautkrebs sind allgegenwärtig. Makumbe geht in das Publikum und holt einen zierlichen Jungen heraus. Dessen Gesicht unter einer gelben Baseballmütze ist fast durchsichtig und sieht aus, als wäre es von einem riesigen blauen Fleck überzogen.

»Seht euch diesen kleinen Kerl hier an«, sagt er, hebt ihn hoch und schiebt die Mütze zurück, so dass man sein Gesicht besser erkennt: »Das ist Hautkrebs. Wie können wir das einfach so hinnehmen?«

Für 2 200 Pfund könnte er eine Behandlung bekommen, doch das liegt völlig jenseits aller Möglichkeiten seiner Familie.

Dann steht die stellvertretende Ministerin auf, perfekt herausgeputzt in einem weißen Kostüm und Perlenkette. Sie rückt ihre Brille zurecht und streicht sich über die sorgfältig frisierten Haare. Typisch Politikern, nimmt sie ein Albinobaby auf den Arm und heitert es mit ein paar gurrenden Lauten auf. Dann dreht sie sich in die Kameras, damit Fotos gemacht werden können, und wendet sich schließlich an das Publikum.

Sie verspricht, sich bei der Regierung für eine Reihe von Reformen einzusetzen, so dass Albinos den Status von Behinderten erhalten und somit Anspruch auf Brillen, Sonnenschutz und Krebsbehandlung. Außerdem kündigt sie an, sich mit dem Thema Diskriminierung am Arbeitsplatz zu beschäftigen. Die Anwesenden bekunden durch laute Zurufe ihren Beifall, und das war es schon.

Danach ist die Stimmung aufgekratzt. Die Teilnahme einer Regierungsvertreterin hat die Leute davon überzeugt, dass Makumbe wirklich Einfluss besitzt und sie in eine bessere Zeit führen wird. Einzig unser Mann mit den Dreadlocks ist desillusioniert.

»Wir können es weiterhin versuchen«, meint er achselzuckend. »Allerdings glaube ich, dass wir noch lange warten müssen, bis sich etwas ändert.«

Wir treffen uns mit Makumbe und einigen anderen Mitgliedern der Association, um den Anlass zu feiern. Sie haben dazu eine schauerliche Eisdiele in einer der unzähligen, seelenlosen Einkaufspassagen von Harare ausgesucht. Dort sitzen sie in der Nähe des Parkplatzes unter einem Sonnenschirm und bestellen Milchshakes und Pommes frites. Donu nimmt zwischen ihnen Platz und fängt an zu reden, während wir mit der Kamera die Runde einfangen.

Sie lenkt das Gespräch ziemlich direkt auf Sex und Ehe. Makumbe sagt, schwarze Frauen fühlten sich zu Albinos hingezogen, weil sie so charmant sind, woraufhin die ganze Gruppe in schallendes Gelächter ausbricht.

Ein weißer Mann in Shorts geht mit seinen beiden kleinen Töchtern vorbei. Sie bleiben stehen und starren mit offenen Mündern.

»Daddy, Daddy«, ruft eine der beiden, »schau dir die komischen Leute an.«

Ihr Vater greift sie am Ellbogen und schiebt sie weiter. In der Zwischenzeit beruhigen sich die Albinos wieder, wischen sich die Tränen aus den Augen und räuspern sich. Selbst Donu gerät angesichts dieses Ausbruchs an Heiterkeit vorübergehend aus der Fassung.

»Klar gibt es eine Menge schwarzer Typen, die mit weißen Frauen schlafen wollen, aber in der Regel haben sie keine ernsten Absichten«, fährt Makumbe nun etwas ernster fort. »Sie haben nicht vor, die armen Dinger zu heiraten.«

»Aber Sie sind mit einer schwarzen Frau verheiratet. Warum geht das bei Albinomädchen nicht?«, fragt Donu insistierend.

Die Antwort darauf kommt von einem älteren Albinomann, der ihr gegenüber am Tisch sitzt. »Wir dürfen die Menschen nicht dazu ermutigen, Albinos zu heiraten«, meint er. »Albinismus ist eine Erbkrankheit. Wir sollten das nicht zulassen, weil wir die Krankheit doch nicht an unsere Kinder weitergeben wollen.«

Donu ist perplex. »Finden Sie das nicht irgendwie traurig?«, bohrt sie weiter. »Ich meine, Sie hoffen im Grunde darauf, dass Sie durch Verzicht auf Fortpflanzung Ihre Gene auslöschen, so dass es eines Tages niemanden mehr gibt, der wie Sie aussieht.«

Makumbe antwortet mit seiner quiekenden Stimme bestimmt: »Ja, und das ist eine wunderbare Vorstellung. Warum sollten wir uns über unsere Behinderung freuen? Warum sollten wir sie an unsere Kinder weitergeben wollen?«

Ich sehe zu Felicity. Sie sitzt schweigend am anderen Ende des Tisches. Selbst ihre Leidensgenossen verschmähen sie, und mit größter Wahrscheinlichkeit sucht jeder dunkelhäutige Mann das Weite, sobald sie schwanger ist.

»Ich glaube nicht, dass ich jemals heiraten werde«, meint Felicity.

Sie wirkt traurig, aber ihre Loyalität gegenüber ihrer Leitfigur ist ungebrochen. Sie sieht ihn an, als sie fortfährt: »Ich finde nicht, dass wir heiraten sollten, wenn wir dabei das Risiko eingehen, die Behinderung weiterzugeben.« Sie wendet das Gesicht ab, will sich nicht unserer Skepsis aussetzen, weil sie weiß, dass eine solche Selbstaufopferung mitleiderregend ist.

Später interviewt Donu Makumbe noch ausführlicher, und er spricht wieder von seiner Tochter.

»Ich erzähle ihr, dass die Hautfarbe nicht wichtig ist und dass ihr Vater in einem anderen Leben kein Albino sein wird.«

»Was werden Sie dann sein?«, fragt ihn Donu.

Makumbe denkt einen Augenblick lang nach und lächelt dann voller Leichtigkeit. »Ich glaube, ich werde ein Geist sein.«

Trotz allem, was er bisher erreicht hat, träumt Makumbe von einem nächsten Leben, in dem er nichts Greifbares ist, sondern irgendein farbloser Nebel.

Donu fragt ihn auch, was auf seinem Grabstein stehen soll. Makumbe neigt den Kopf auf eine Seite und lächelt. »Ich würde mir wünschen, sie schreiben darauf: Er hat es geschafft.«

»Und wofür steht ›es‹?«, erkundigt sich Donu.

Nun erscheint ein schelmisches Grinsen auf seinem Gesicht. »Ich habe nicht die geringste Idee.« Er lacht. »Aber ich fände es schön, wenn sie sagen würden, ›er hat es geschafft‹.«

Der Film kam bei der BBC gut an, wurde aber nicht sofort gesendet. Man »ändere gerade das Programmschema«. Letzten Endes lief er nie über die Bildschirme. Ich war es schon gewohnt, dass die Redakteure der Abteilung Aktuelles Filme strichen, doch Professor Makumbe hatte so sehr gehofft, der Film würde ihm die internationale Aufmerksamkeit verschaffen, die sein Anliegen so dringend brauchte. Sollte er dies jemals lesen, kann ich nur sagen: »Es tut mir sehr leid.«

11 Vier Bräute und ein Scheich

Nigeria

Der Television Trust for the Environment erhielt von den Vereinten Nationen den Auftrag für eine weitere Filmreihe über globale Bevölkerungsprobleme. Da die Filme, die ich in Uganda gedreht hatte, auf ein sehr positives Echo gestoßen waren, bat man mich, in Nigeria einen Film über Polygamie zu drehen. Es ging bergauf.

Der Emir sitzt in derselben Maschine. Wir aus der Economy Class dürfen nicht aussteigen, solange draußen die Begrüßungszeremonie im Gange ist. Durch das Fenster sehe ich, wie sich seine Höflinge zu Boden werfen, das Gesäß in den Himmel gestreckt, die Stirn ehrerbietig auf die Rollbahn gepresst. Durch die offene Tür hören wir ihr untertäniges Gemurmel. Als wir endlich das Flugzeug verlassen dürfen, sind der Emir und seine Entourage bereits in einem Konvoi schwarzer Mercedeslimousinen entschwunden.

Ich verfüge inzwischen über reichlich Erfahrung mit afrikanischen Flughäfen, doch nichts davon bereitet mich auf Kano vor. Hilflos lasse ich zu, dass die Mitreisenden mich einer nach dem anderen zur Seite drängen, sich mit Ellbogen den Weg an mir vorbei bahnen und ihr Handgepäck als Rammbock einsetzen. Bis auf die Zähne bewaffnete Soldaten lungern herum und unternehmen nichts, um Ordnung herzustellen. Die Menschen schreien und streiten mit einer Vehemenz, die erfolgreich jeglichen Versuch meinerseits, meinen Platz in der Schlange zu verteidigen, im Keim erstickt.

Zwei Stunden später bin ich noch die einzig Verbliebene, die Letzte in der Schlange. Ich habe Durst und hämmernde Kopfschmerzen. Ein Beamter in einem der Glaskästen streckt sich gähnend. Ein Soldat gibt mir mit einem nonchalanten Stoß seines Gewehrs zu verstehen, ich solle vortreten. Während mein Pass gestempelt wird, reißt der Beamte über meinen Kopf hinweg Witze mit einem der Soldaten. Mich würdigt er keines Blickes.

Hinter der Passkontrolle mühen sich Gepäckarbeiter in blauen Overalls mit Kisten, Bündeln und hoch aufgetürmten Gepäckstapeln. Ein Koffer ist aufgesprungen, und sein Inhalt hat sich auf dem Gepäckband ausgebreitet – ein verschlungener Berg Socken, Unterhosen und auslaufende Toilettenartikel drehen Runde um Runde. Von meinem Gepäck keine Spur. Eine halbe Stunde später finde ich es neben einem Satz knallroter Samsonite-Koffer stehen.

Zum Glück wartet Ihria bereits auf mich. Er ist mit einem Team und der Kameraausrüstung aus Lagos in den Norden heraufgekommen und ist mein Producer und Stringer vor Ort, mein »Türöffner«. Der befangene Ausdruck, den ich hinter seiner Goldrandbrille erkenne, bestätigt mir auf Anhieb, dass er genau weiß, welche Hürden wir hier zu nehmen haben – er ist in Bezug auf die bevorstehenden Dreharbeiten genauso besorgt wie ich. Es wird für eine weiße Frau und drei Männer aus Lagos nicht einfach sein, über das Tabuthema Polygamie zu berichten. Aber ich habe den Auftrag angenommen und werde bleiben, bis er ausgeführt ist.

Abraham Adetutu, der Kameramann, ist ein großer, schweigsamer, älterer Mann mit schleppendem Gang. Ihria versichert mir, er verfüge über einen hervorragenden internationalen Ruf und arbeite schon seit vielen Jahren für die BBC. Femi, der Tonmeister, spricht sehr schnell und nervös in schrillem Pidginenglisch. Er stammt aus Lagos und hat für das schäbige Kano im Norden, insbesondere das Essen dort, nichts als Verachtung übrig. Davon abgesehen ist er ausgesprochen lustig und sein Lachen einfach ansteckend.

Unsere einzige einheimische Mitarbeiterin ist Marliyah, die sowohl das Dolmetschen für uns übernimmt als auch die Recherche nach polygamen Haushalten, in denen wir Interviews führen und drehen können. Wie sich herausstellt, ist sie ziemlich anspruchsvoll, wohlhabend und stolz, sie spricht nicht gern über Geld und kann uns bedenklich wenig darüber mitteilen, was sie für uns bereits arrangiert hat. Das versetzt Ihria in Alarmbereitschaft, doch ich stelle schon nach kurzer Zeit fest, dass sie uns immer in letzter Minute genau das Passende liefert, gerade dann, wenn wir unmittelbar davorstehen, in Panik zu geraten. Wir müssen ihr nur vertrauen.

Abseits der plumpen, stümperhaften Annäherungen an die Moderne bietet die Altstadt von Kano einen bestechend schönen, mittelalterlich anmutenden Hintergrund für einen unablässigen Menschenkorso. Hinter Mauerzinnen ragen runde, formvollendete Lehmhäuser auf, und die Menschen drängen sich wie riesige Schmetterlingsschwärme in farbenprächtigen Kleidern – Fuchsia, Zinnober, Bernstein, Lila, Indigo, Scharlachrot – durch die düsteren, rauchgeschwängerten Straßen. Nigeria ist das bevölkerungsreichste Land Afrikas, und ich bin von der dichten, brodelnden, lärmenden, bunten Menschenmenge überwältigt.

Heute sind noch mehr Leute als sonst auf den Straßen unterwegs, weil gerade Benzinknappheit herrscht und sich bis zu drei Kilometer lange Schlangen bilden. Wir müssen unsere eigenen Fahrten auf den Tag beschränken, also sitze ich abends in meinem Hotel fest, während das Team ins Stadtzentrum fährt. Mein Hotel ist zwar mies, aber teuer, und die anderen haben sich für eine preisgünstigere Unterkunft entschieden, weil sie von ihrem Spesensatz für die Übernachtungen so viel wie möglich für sich selbst sparen wollen.

Unser Stammrestaurant ist eine staubige, fliegenverseuchte Betonbude. Zum Essen gibt es große Schüsseln Okra, die zu einem schleimigen Brei verkocht sind, in dem knorpelige, vereinzelt noch behaarte Ziegenfleischstücke schwimmen, die ich ziemlich ekelhaft finde. Femi ist davon ganz begeistert. Wir essen mit den Händen, dazu gibt es graue, klebrige Maniokklöße, die Fufu heißen. Das Fufu pappt an meinen Fingern, verklumpt sich unter meinen Fingernägeln, und meine Hände stinken noch Stunden nach jedem Essen danach.

Wir fangen sofort mit dem Drehen an. Alhaji Aminu ist ein 55 Jahre alter Gebrauchtwagenhändler und lebt mit seinen derzeit drei Frauen in einem traditionellen Compound. Hohe, fensterlose Mauern schützen einen Innenhof, in dem auf einer Seite Alhajis klimatisiertes Zimmer liegt, das er stets verschließt. Gegenüber befinden sich drei kleinere Zimmer, alle ohne Klimaanlage. In jedem lebt eine seiner Frauen mit ihren Kindern und Habseligkeiten. An einem Morgen zähle ich 22 Kinder, am nächsten 27. Sie schwirren herum, die meisten von ihnen nackt, und stellen sich hintereinander an, um gewaschen oder gefüttert zu werden.

Als wir eintreffen, ist Alhaji schon weg zur Arbeit. Seine älteste Frau, Hawa, stämmig und mit wunderschönen Augen, begrüßt uns. Inzwischen 47, ist sie bereits 30 Jahre mit Alhaji verheiratet und hat ihm elf Kinder geboren, von denen neun leben und das jüngste gerade vier ist. Trotzdem wollte Alhaji neue, jüngere Frauen.

Zadia, seine zweite Frau, ist die Tochter von Hawas bester Freundin. Alhaji heiratete sie, als sie 13 war, nun ist sie mit ihrem zweiten Kind schwanger. Obwohl Zadia immer noch ein Teenager ist, dazu sehr hübsch und ganz offensichtlich auch fruchtbar, ist Alhaji ihrer schon wieder überdrüssig geworden und hat sich eine weitere Frau genommen, die erst vor kurzem ein Kind geboren hat.

In Hawas Schlafzimmer nimmt ein hohes, klobiges Bett, das mit einem rosafarbenen Satinquilt bedeckt ist, den meisten Platz ein. Zwei ihrer älteren Söhne haben sich an der Türschwelle postiert und wachen über das Territorium und Eigentum ihres Vaters. Wir zwängen uns in das Zimmer, so gut es geht. Hawa gibt uns ein Zeichen, wir sollen uns neben sich auf den Boden setzen.

In dem Raum halten sich mehrere Kinder auf, die aber nicht unbedingt alle von Hawa sind. Als älteste Frau steht sie dem Haushalt vor. Ein kleiner Junge sitzt auf ihrem Schoß und starrt uns an, dabei bohrt er in der Nase und verspeist mit äußerster Konzentration, was er dort zutage fördert. Ein Baby, das abgesehen von einer zerlumpten Windel nackt ist, weint neben ihr auf dem Boden. Es hat Grippe, aber Hawa hat kein Geld für Medikamente. Das Haltbarkeitsdatum der Vitamine, die sie auf dem Markt gekauft hat, ist schon seit zwei Jahren abgelaufen. Ein weiterer kleiner Junge spielt ganz vertieft mit Hawas nackten Füßen und zählt im Flüsterton ihre Zehen.

Hawa beäugt mich misstrauisch, als ihr Marliyah erklärt, warum wir gekommen sind. Die jungen Männer sind von den Frauengesprächen gelangweilt und trotten davon. Sofort legt Hawa ihre Zurückhaltung ab und lässt mir immer wieder ein wohlwollendes, konspiratives Lächeln zukommen. Sie redet unverblümt, weil sie weiß, dass ihr Mann wohl kaum mitten am Tag von der Arbeit nach Hause kommen wird.

Ich frage sie, was in ihr vorgegangen ist, als Alhaji Zadia zur Frau nahm.

»Anfangs war ich, ehrlich gesagt, nicht besonders erfreut darüber«, gibt sie zu. »Sie war die Tochter meiner Freundin, ein Kind. Aber später wurde mir klar, es ist Gottes Wille, dass wir zusammenleben. Also legten wir unsere Streitereien bei.«

Die meisten Pflichten in Bezug auf die Kinder, wie etwa das tägliche Waschen, liegen bei Hawa. Die Kinder stellen sich nackt der Reihe nach hinter einer roten Schüssel an, wo sie sie kräftig mit einem Schwamm abreibt und ihnen dann aus einem Krug Wasser über den Kopf gießt, um den Seifenschaum abzuspülen. Die anderen Frauen und einige der größeren Töchter bereiten das Essen zu und schneiden Gemüse. Zwischen den frisch gewaschenen Kindern laufen Hühner und Ziegen herum.

Als Adetutu mit dem Drehen beginnt, setzt er sich auf die Erde und balanciert die Kamera auf den Knien. Ich frage ihn, warum er nicht das Stativ benutzt. Er zuckt mit den Schultern und sagt, er arbeite lieber ohne Stativ. Ich sehe, wie er dauernd zoomt.

»Ich hasse Zooms«, teile ich ihm mutig mit.

»Wie Sie wünschen«, erwidert er.

Eine Minute später zoomt er schon wieder.

»Können wir bitte ein paar feste Einstellungen machen?«, frage ich.

Er versichert mir, seine Aufnahmen seien hervorragend. Es gibt keine Möglichkeit, das zu überprüfen, weil der Monitor ohne die passenden Verbindungskabel aus Lagos eingetroffen ist. Adetutu ist nicht die Sorte Mann, mit der man sich anlegt. Er besitzt eine ruhige, autoritäre Art und ist von einer weisen, reifen Aura umgeben.

»Vielleicht können wir das Stativ beim nächsten Interview einsetzen?«, erkundige ich mich in der Hoffnung auf einen Kompromiss.

»Gewiss«, lautet seine Antwort.

Inzwischen brauche ich dringend eine Toilette. Es ist aber nichts dergleichen in Sicht. Ich frage Hawa, die mich daraufhin in die Kochhütte führt. Dort kauern zwei junge Mädchen neben einem niedrigen Feuer, auf dem ein Topf siedet. Hawa scheucht sie hinaus. Ein Huhn kratzt in der Erde herum. Mir geht ein Licht auf, dass ich mich an das Feuer hocken und dort pinkeln soll. Es gibt keine andere Möglichkeit, und ich platze gleich. Das Huhn sucht sich den denkbar unpassendsten Augenblick aus, um sich flügelschlagend und gackernd auf mich zu stürzen. Ich kippe um. Als ich wieder zurück zum Team gehe, ziehe ich meine urinbesprenkelten Schuhe absichtlich durch den Staub, um die verräterischen Spritzer zu verbergen.

Ich bin froh, dass ich mich in das schummerige Zimmer der mittleren Frau flüchten kann. Zadia sitzt auf dem einzigen Sessel, dessen Schaumstoffinnenleben sich unter einem schmutzigen gelben Bezug ausbeult. Hinter ihr sind ein paar selbstgebaute Regale angebracht, auf denen drei Reihen weißer Töpfe mit orangefarbenem Blumenmuster arrangiert sind. Sie sehen unbenutzt aus. Einst wurden sie voller Stolz zur Schau gestellt, um auf Zadias Wert hinzuweisen, doch nun sammelt sich auf ihnen Staub wie auf vergessenen Trophäen.

Zadia spricht nur flüsternd und kann mir nicht in die Augen sehen. Sie zupft ständig an ihren Fingernägeln. Sie wurde mit 13 Jahren in das Haus gebracht und wusste überhaupt nicht, was sie mit den beiden Nebenfrauen anfangen sollte, weil diese so viel älter waren als sie. Alhaji hatte damals noch eine weitere Frau, die inzwischen gestorben ist. Zadia war die dritte, insgesamt hat Alhaji nun vier Frauen.

»Sie sind genauso alt wie meine Mutter oder noch älter«, sagt Zadia. »Sogar ihre Kinder sind älter als ich.«

Sie kommt niemals aus dem Compound hinaus, und jegliche Hoffnungen, sie könne ihre Schule zu Ende bringen, haben sich in Nichts aufgelöst. Solange sie zurückdenken kann, hat sie jeden Tag geweint.

»Was Alhaji angeht, leben wir hier alle in Frieden und Harmonie. Aber Sie können sich gar nicht vorstellen, was er mit mir macht«, sagt sie mit zitternder Stimme.

Später kommt Alhaji nach Hause. Kalte, zusammengekniffene Augen blicken aus einem selbstgefälligen, fleischigen Gesicht. Zadia huscht ihm entgegen, um ihn zu bedienen. Sie trägt einen Lehnstuhl vor sein Zimmer, in dem er Platz nimmt, sich selbst mit einem Wedel Luft zufächelt und gereizt Fliegen verscheucht. Die vierte Frau bringt ihm ein Glas Wasser. Er nimmt es, ohne sie anzusehen. Er will nicht interviewt werden und winkt uns verärgert weg, während er von seinem Thron aus sein Reich überblickt. Es macht nichts. Wir haben diesen Augenblick mit der Kamera festgehalten, und sein ganzes Benehmen zeigt eindeutig, welche Einstellung er vertritt.

Alhajis radikale Einstellung findet ihre Unterstützung bei lokalen religiösen Führern. In einem islamischen Bildungszentrum treffen wir Scheich Mohammed El-Hassin, der islamische Glaubenskurse leitet. Er kommt auf einer Vespa an, seine himmelblauen Gewänder flattern hinter ihm im Fahrtwind, eine bestickte Kappe ziert seinen feingeschnittenen Kopf. Auf den ersten Blick wirkt er attraktiv, doch seine Augen haben etwas Verschlagenes.

Wir führen das Interview mit El-Hassin in einem kahlen Büro, das nur mit einem Tisch und einem Stuhl möbliert ist. An der Wand hinter ihm hängt eine zerrissene Karte von Nigeria. Er fängt mit der Erklärung an, warum er Polygamie gutheißt. »Erwiesenermaßen löst sie einige Probleme der Gesellschaft. Aus diesem Grund zählt sie der Islam zu seinen Regeln.«

Ich nicke ihm aufmunternd zu, und zu meinem Erstaunen fängt er an, über die Periode von Frauen zu sprechen.

»Eine Frau hat Menstruationsblutungen. Während dieser Zeit verspürt ein Mann manchmal einen natürlichen Wunsch nach einer anderen Frau. Was tut er? Wie befriedigt er sich?«

Das ist keine rhetorische Frage. Er sieht mich intensiv an, als erwarte er von mir tatsächlich eine Antwort. Ihria sitzt hinter mir, und ich höre ihn eine missbilligende Bemerkung zischen. Ich zucke mit den Schultern. El-Hassin fährt fort.

»Der Islam sagt: »Also gut, nimm dir eine andere Frau! So musst du nicht dein Heim verlassen, um Befriedigung zu finden. Nun liegen beide Frauen unter deinem Baldachin.« El-Hassin lächelt selbstgefällig, ehe er in seinem schulmeisterlichen Tonfall fortfährt: »Im Islam lautet die oberste Pflicht der Frau, für das Wohl ihres Ehemanns zu sorgen.«

Er schildert mir, wie groß seine Belastung ist, und ich habe den Eindruck, er erwartet mein Mitgefühl.

»Gerade jetzt bin ich so müde. Den ganzen Tag über muss ich mit so vielen Menschen sprechen. Wenn ich nach Hause gehe, brauche ich meine Frau, damit sie für mein Wohl sorgt. Das ist ihre Pflicht.«

Er sieht mich provokant an. Ihrias Atem hinter mir wird heftiger. Er kann El-Hassin nicht ausstehen.

Neben den leiblichen und häuslichen Pflichten kommt El-Hassin noch auf einen ganz anderen Punkt zu sprechen. »Der Islam sorgt sich sehr um die Bevölkerung«, erklärt er.

Heiratet ein Mann eine unfruchtbare Frau, legt er sie nicht ab wie »alte Kleider«. Der Islam erlaubt ihm, sie zu »behalten« und gleichzeitig noch eine andere Frau zu heiraten, mit der er sich fortpflanzen kann.

Es ist diese Besessenheit mit Fruchtbarkeit und Fortpflanzung, die dazu führt, dass in vielen Entwicklungsländern die Hälfte der Bevölkerung jünger als 15 Jahre ist. Schätzungen zufolge könnte das Bevölkerungswachstum um nahezu die Hälfte reduziert werden, wenn Frauen wie Alhajis Zadia beispielsweise erst mit 23 Jahren zum ersten Mal gebären würden.

Doch die Chancen, dass die Frauen in einer Region wie dieser, in der religiöse Führer Sex mit Mädchen, die nicht älter als sechs Jahre sind, rechtfertigen, ja sogar dazu ermutigen, mit ihrer ersten Schwangerschaft warten dürfen, bis sie 23 sind, stehen nicht besonders günstig.

»Sagen Sie damit, dass sechsjährige Mädchen für eine sexuelle Beziehung mit ihrem Ehemann reif sind?«

Ich drücke mich bewusst klar aus, um jegliche Missverständnisse auszuschließen.

El-Hassins Augen blitzen. Er sieht mich feindselig und etwas angewidert an. »Richtig!«, antwortet er. »Das ist eine ganz einfache

Sache. Daran ist nichts verkehrt. Die kleinen Mädchen sind reif für Sex. Das ist ganz offensichtlich.«

Bei seinen Worten läuft es mir eiskalt über den Rücken, und trotzdem kann ich mir ein Lächeln kaum verkneifen. »Damit hab ich dich!«, denke ich mir insgeheim.

»Am liebsten hätte ich ihm eine reingehauen!«, sagt Ihria später. »Wie konntest du dich nur so beherrschen?«

»Es hätte nichts gebracht, sich aufzuregen«, erwidere ich. »Er hat sich selbst ans Messer geliefert.«

»Kommt, wir gehen Fufu essen!«, schlägt Femi vor und streckt sich. »Der ekelhafte, widerliche Kerl hat mich richtig hungrig gemacht.«

Doch erst müssen wir noch zu einem Seminar, das El-Hassin leitet und an dem etwa 20 Schüler teilnehmen. Im Unterrichtsraum ist es heiß und voller Staub. Die Umgebung wirkt nicht ganz angemessen für El-Hassins geistige Höhenflüge. Die Schüler, allesamt Männer, nehmen den Kurs sehr ernst. Es ist ein Glück für uns, dass sie Englisch sprechen.

»Der Islam fordert eine frühe Ehe«, beginnt ein älterer Mann in einem dunkelgrünen Gewand. Er erklärt, Mädchen sollten jung heiraten, damit sie unter der Führung ihres Ehemanns heranwachsen. Man müsse den Mädchen »beibringen«, wie man ein verantwortungsvolles Mitglied der Gesellschaft wird.

»Polygamie ist etwas vom allmächtigen Gott Gegebenes«, bestätigt ein gepflegt gekleideter Mann, dessen eleganten Kopf silbernes Haar und ein dichter Vollbart zieren.

Ein anderer wirft mir einen scharfen Blick zu, als er eine missbilligende Anspielung auf einen »sogenannten großen Weltführer« und sein unmoralisches Verhalten macht, weil dieser doch »freizügig mit irgendeiner jungen Dame verkehrte«.

Nach dem Seminar kommt ein Mann auf mich zu.

»Entschuldigen Sie, aber darf ich Sie fragen, was für ein Film das wird?«

Ich erkläre ihm, dass wir uns bemühen wollen, die Polygamie zu verstehen.

»Aber diese Männer hier sind doch aus dem Süden und glauben nicht daran«, wirft er ein und deutet dabei auf Ihria, Adetutu und Femi. Dann wendet er sich an unsere Übersetzerin, Marliyah.

»Wir wissen auch, dass diese Frau dagegen ist, selbst wenn sie behauptet, eine gute Muslimin zu sein.

Marliyah sieht wütend aus. Er wendet sich wieder mir zu. »Diese Lady ist aus Europa gekommen, um uns ihrem Volk in einem schlechten Licht zu zeigen.«

Inzwischen haben einige der anderen Schüler einen engen Kreis um uns gebildet. Langsam fühle ich mich unwohl, zumal ich auch nicht sicher bin, inwieweit Femi oder Ihria sich beherrschen können.

»Ich interessiere mich aufrichtig für Ihre Sicht der Dinge«, erkläre ich. »Wir möchten das Thema von allen Seiten beleuchten.«

»Dann sagen Sie also, Lady, Sie würden eine polygame Ehe begrüßen?«

Ich zögere mit der Antwort.

»Nein! Das würden Sie nicht!«, kräht er mich an. »Ich glaube, Sie sind gegen uns und gekommen, um schlechte Dinge über uns zu sagen.«

Ich halte es für das Beste, nichts zu erwidern.

»Sind Sie Christin?«, fragt er, und als ich mit der Antwort zögere, fährt er fort: »Glauben Sie allen Ernstes, Ihr Jesus war kein Polygamist?«

Er sieht in mein ratloses Gesicht und lächelt. Damit erwischt er mich blank. »Ach, meine sehr verehrte Dame, Sie haben Ihre Bibel nicht gelesen?«

Das ist mein Türöffner. »Deshalb will ich ja mehr erfahren.«

Daraufhin bombardiert er mich drei Tage lang mit höflichen, blumigen Mitteilungen und schwülstigen, aufgeblasenen und belehrenden Pamphleten, die Titel tragen wie »Kampfansage – Gegen Bibellügner« und »Das Leben im Islam – ein Siegeszug gegen die Christenheit«. Ich bin fast gerührt, weil er wohl wirklich glaubt, mich von seiner Sicht der Dinge überzeugen zu können.

Als Gegengewicht zu der unerbittlichen Argumentation von El-Hassin und seinen Schülern interviewen wir als Nächstes eine außerordentlich beeindruckende Frau namens Mairo Bello, die mit ihrem Zentrum für jugendliche Ausreißerinnen und Geschiedene viel bewirkt. Zunächst bin ich von ihrer Erscheinung fast eingeschüchtert. Ihr rundes, mit einem orangefarbenen Kopftuch umwickeltes Gesicht ist sehr ernst, und eine tiefe Falte zwischen den Augen verleiht ihr einen zornigen Ausdruck.

Mairo nimmt uns in ihr Zentrum mit, wo ihre Mädchen in einem sonnendurchfluteten und in freundlichem Rosa gestrichenen Raum lernen, wie man Kleider näht. Das lärmende Rattern von Nähmaschinen, vermischt mit Kichern und Geplapper, verbreitet eine positive Stimmung. Ich denke an Zadia, die kaum in der Lage ist, ihre Stimme über ein ängstliches Flüstern hinauswachsen zu lassen. Mairo vermittelt auch Fertigkeiten in Durchsetzungsvermögen und Führungsqualitäten.

»Die Mädchen müssen lernen, für sich zu sprechen. Sie brauchen eine Stimme, dabei können Sie helfen«, erklärt sie und sieht mich eindringlich an.

»Sie wurden vom Tag ihrer Geburt an einer Gehirnwäsche unterzogen. Von klein auf hat man ihnen erzählt, alles, wozu sie taugen würden, sei, geheiratet zu werden, und ihr Zweck im Leben bestehe einzig und allein darin, Kinder zu gebären. Diese Mädchen werden als junge Ehefrauen nicht besser behandelt als Hunde, die sich von dem ernähren müssen, was vom Tisch abfällt.«

Da Mädchen als Gebärmaschinen betrachtet werden, wächst die Bevölkerung Nigerias mit furchterregender Geschwindigkeit. Mairo fleht den Westen an hinzuschauen. Polygamie und Kinderheirat sind nicht nur ungewöhnliche Bräuche. Sie ruinieren das Leben dieser und der nächsten Frauengenerationen und fügen Nigerias Aussichten auf Entwicklung großen Schaden zu.

»Woher nehmen Sie die Energie für Ihre Arbeit?«, frage ich.

Mairo antwortet wie aus der Pistole geschossen: »Wenn ich ein Mädchen sehe, das mit ihren Büchern auf dem Weg zur Universität ist, den Kopf stolz erhoben, weil sie lernen darf, ist das für mich der wunderbarste Anblick der Welt. Ich werde nicht aufgeben, bis alle Mädchen die Chance haben, zur Schule zu gehen.«

Ein libanesischer Arzt, den ich aus London kenne, hat mir ein Empfehlungsschreiben für seinen Bruder François mitgegeben, der mit der französischen Konsulin in Kano verheiratet ist. An dem Abend, an dem wir mit den Dreharbeiten fertig sind, esse ich mit ihnen zu Abend. François holt mich in seinem schnittigen, komfortablen Wagen ab, und als wir auf der Straße dahinrollen, entspanne ich mich allmählich. Der Film ist im Kasten, morgen reise ich heim – ich kann es mir leisten, mich fallen zu lassen und zu feiern.

Das Konsulat steht in einem exotischen Garten. In der warmen Abendluft entfaltet sich der Duft von Jasmin und Gardenien. Wir schlendern einen von brennenden Fackeln gesäumten Weg hinauf zu einem riesigen, luxuriösen Anwesen, das sich über mehrere Ebenen erstreckt. Dort erwarten mich bequeme Sofas, ein loderndes Feuer, einheimische Skulpturen, eine Musikanlage, eine gutbestückte Bar, moderne Kunst, Kerzenschein und Vasen voller Lilien und Rosen. Zwei mächtige Hunde mit glänzendem Fell lagern träge auf dem Boden und schlagen zum Freundschaftsgruß mit dem Schwanz. Nach all den Abenden im muffigen, menschenleeren Speisesaal des Prince Hotel ist das fast zu viel des Guten.

François' Frau, die Konsulin, ist eine Schönheit vom Typ Audrey Hepburn. Eine traditionelle Kette aus altem Silber und mit seltenen Steinen besetzt betont ihren schmalen Hals und die zarten Schlüsselbeine und bildet den perfekten Kontrast zu ihrem dezenten Pariser Chic. Bedienstete werden geschäftig, als François eine Flasche gutgekühlten Weißwein öffnet. Er schmeckt großartig rauchig, erdig und nach Honig.

Als wir endlich am Tisch Platz nehmen, habe ich allein von dem Gedanken an Essen schon so einen Appetit, dass ich das Tischtuch anknabbern könnte. Die Diener tragen perfekt gegartes Rindfleisch auf, innen noch rot und außen mit einer leichten Kruste. Es gibt bergeweise frisches Gemüse und Salat, mit Zwiebeln gekochte Kartoffeln, Béchamelsauce und Käse, gefolgt von Pudding. Ich nehme von allem ein zweites, wenn nicht ein drittes Mal.

Nachdem ich ungefähr für sechs gegessen habe, bin ich für eine Unterhaltung gestärkt. Ich erzähle François von unserem Film. Als er hört, dass wir ohne offizielle Genehmigung gedreht haben, wird seine Miene ernst. Mein inneres Leuchten erkaltet, und ich werde schnell wieder nüchtern, als er anfängt, mir Fragen zu stellen.

»Dies ist ein Polizeistaat. Wo sind Ihre Bänder?«

»In meinem Hotel.«

»Wie wollen Sie morgen mit ihnen das Land verlassen?«

»Darüber habe ich nicht richtig nachgedacht«, stammle ich.

Ich merke, dass ich unglaublich naiv klinge. Eben noch ein unterhaltsamer Gast, mutiere ich zu einem Problemfall.

»Sie erwarten nicht, dass Sie die Kontrollen am Flughafen mit diesen Bändern im Gepäck passieren dürfen, oder?«, fragt François. »Das hier ist ein Polizeistaat«, betont er noch einmal. »Glauben Sie allen Ernstes, die wissen nichts von Ihrer Anwesenheit hier? Der Ort mag voller Leute sein, aber er ist eine Kleinstadt. Die Nachricht hat sicher die Runde gemacht. Man wird Sie erwarten.«

Ich spüre die ersten Anzeichen von Panik in der Magengegend.

»Ich fürchte, da kann ich Ihnen nicht helfen«, erklärt er. »Wir können nur französischen Staatsbürgern helfen. Wir können es uns nicht leisten, uns in einen Fall einzumischen, der uns nichts angeht. Sollte es irgendwelche Schwierigkeiten geben, müssen Sie sich an den britischen Konsul wenden.«

»Was würden Sie mir raten?«, frage ich ihn mit ängstlicher Stimme.

François zuckt mit den Schultern. »Was immer Sie auch tun, denken Sie nicht einmal im Traum daran, Ihre Bänder selbst ins Flugzeug mitzunehmen.«

Ich habe zwölf Betacam-Kassetten, die viel zu groß sind, um sie zu verstecken. Am nächsten Morgen vertraue ich meine Sorgen Ihria an. Er sagt, er habe keine Idee, was man tun könnte.

»Wenn das hier Lagos wäre, wäre es einfach«, meint er. »Ich wüsste genau, wen ich bestechen müsste. Aber hier kenne ich niemanden. Wir müssen mit Marliyah reden.«

Marliyah hat einen Cousin, Hassan, der bei KLM arbeitet, der Gesellschaft, mit der ich fliege. Wir versuchen ihn anzurufen, aber die Telefone am Flughafen funktionieren nicht, also fahren wir hin und treffen ihn im Büro von KLM an. Marliyah erzählt ihm nicht, dass wir den Film ohne Erlaubnis gedreht haben, weil sie glaubt, das würde ihn in Zweifel stürzen. Sie versucht es anders.

»Wenn diese empfindlichen Bänder durch den Flughafenscanner laufen, sind sie ruiniert«, sagt sie.

»Keine Sorge«, erwidert Hassan, »ich werde dafür sorgen, dass Sie nicht durch die Maschine laufen müssen. Ich spreche persönlich mit den Leuten vom Sicherheitsdienst.«

So kommen wir nicht weiter.

»Vielleicht kannst du die Bänder für sie mit ins Flugzeug nehmen?«, versucht es Marliyah.

Hassan kneift die Augen zusammen und wirft mir einen argwöhnischen Blick zu.

»Dafür besteht keine Notwendigkeit«, wehrt er ab. »Ich bitte die Jungs, Ihr Gepäck nicht zu röntgen. Sie werden es per Hand überprüfen.«

»Erfahrungsgemäß«, wende ich ein und räuspere mich dabei nervös, »ist das ziemlich schwierig. Selbst wenn sie erst versprechen, sie scannen die Bänder nicht, muss ich es am Ende dann doch zulassen. Wenn ihnen irgendetwas zustößt, bin ich meinen Job los.«

»Was ist auf den Bändern«, erkundigt er sich.

»Ein Film über Kano«, antworte ich. Er sieht mich eindringlich an.

Marliyah redet in ihrer eigenen Sprache schnell auf ihn ein. Das scheint ihn aber nicht zufriedenzustellen. Wieder wendet er sich an mich.

»Warum soll ich die Bänder für Sie nehmen?«, fragt er.

»Weil sie schon Schaden nehmen könnten, wenn sie nur in die Nähe des Geräts kommen«, wiederhole ich.

»Das stimmt nicht. Durch unsere Geräte gehen viele Bänder und Filme.«

Wir kommen keinen Schritt weiter. Ich fange an, ihm eine Lügengeschichte aufzutischen, wie schon einmal ein ganzer Film auf einem afrikanischen Flughafen gelöscht wurde.

»Auf welchem Flughafen?«, unterbricht er mich.

»Nairobi«, antworte ich. Das scheint ihm zu gefallen. Er lacht stillvergnügt in sich hinein.

»Ich denke, wir können dir zusagen, dass es sich für dich lohnt«, fügt Marliyah hinzu.

Hassan beäugt mich, als würde er abwägen, wie viel mir die Sache wert sei, während er in seine Sprache zurückwechselt, um mit Marliyah zu reden. Sie scheinen ziemlich heftig zu diskutieren. So untätig daneben zu stehen erweckt in mir ein Gefühl der Hilflosigkeit, doch Hassan ist meine einzige Hoffnung. Auf einmal lächeln beide.

»O.k.«, stimmt er zu und wendet sich an mich, »kommen Sie um sechs Uhr, und bringen Sie die Bänder in einer Tasche mit.«

Gott allein weiß, was Marliyah ihm versprochen hat, aber mir ist klar, dass ich ihr ein dickes Bündel Geldscheine dalassen muss. Als Nächstes gilt es, eine unauffällige Tasche für die Bänder zu finden. Die einzigen Taschen, die es zu kaufen gibt, sind rot-weiß-karierte Wäschetüten, die in einem Flugzeug zu verdächtig aussehen würden. Da fällt mir die Prada-Reisetasche ein, die mir meine Schwägerin zu Weihnachten geschenkt hat. Sie ist groß genug für die Bänder und würde auch an der Schulter eines Mannes nicht fehl am Platz wirken.

Später am Abend bringt mich das Team zum Flughafen. Ihria und ich machen uns auf die Suche nach Hassan. Ich spüre ein Ziehen im Magen, als ich sehe, wie er meine geliebte Prada-Tasche gewaltsam in einen Schrank stopft. Mir tut es um die Tasche fast genauso leid wie um die Bänder. Ich frage mich, was meine Auftraggeber in London sagen würden, wenn sie wüssten, dass ich ihr kostbares Material einem Wildfremden anvertraue. Aber ich habe keine andere Wahl.

Das Team und ich gehen zu einem Abschiedsdrink an die Bar. Wir sind die einzigen Gäste in einem schmuddeligen Betonraum mit Blick auf die Rollbahn. Ein Fernseher plärrt. Ihria, Adetutu und Femi trinken Bier, ich etwas ganz Furchtbares, das irgendwie Rum ähnelt, als dringend notwendiges Beruhigungsmittel. Eine Kakerlake krabbelt über meinen Fuß, während wir an einem klebrigen Blechtisch sitzen. Auch wenn ich es bedaure, vom Team Abschied nehmen zu müssen, macht es mir überhaupt nichts aus, diesem Ort den Rücken zu kehren.

Nach der Zollabfertigung durchwühlen bewaffnete Soldaten sämtliche Gepäckstücke. Meine Tasche wird zweimal untersucht. Der erste Soldat durchstöbert meine Kleider mit dem Gewehrlauf. Ich kann meine Augen nicht abwenden. Dann schickt er mich weiter zu einem anderen Soldaten, der mich fragt: »Wo sind die Bänder?«

»Welche Bänder?«, frage ich fröhlich lächelnd und muss dabei heftig schlucken.

»Haben Sie hier nicht einen Film gedreht?«

Mein Magen zieht sich zusammen, aber ich wage es nicht, auch nur eine Sekunde zu zögern. »Nein«, antworte ich. Mir tut schon der Kiefer weh vom Lächeln.

»Zeigen Sie mir Ihren Ausweis«, fordert er mich auf.

Er untersucht ihn genau, sieht erst das Bild intensiv an, dann mich und wieder das Bild. Er lässt einen weiteren Soldaten kommen, der noch einmal meine Tasche durchsucht.

»Sie haben keine Bänder?«, fragt Soldat Nummer drei. Er besitzt ein entwaffnendes Lächeln.

Gleich versagen mir die Beine, und mir ist schwindlig.

»O.k.«, sagt er plötzlich, »gehen Sie weiter.«

Er stopft meine Kleider in die Tasche zurück und zieht den Reißverschluss zu. Aber es ist noch nicht vorbei.

Mit Hassan war verabredet, dass er in der Abflugslounge auf mich wartet, aber ich sehe ihn nirgendwo. Ich gehe auf und ab und versuche, mich im Duty-Free-Shop abzulenken, aber es gibt nichts, was ich kaufen möchte. Ich versuche es mit Lesen, kann mich aber nicht konzentrieren. Ich frage mich, ob ich Hassan überhaupt wiedererkenne.

Mein Flug wird aufgerufen. Ich sehe mich ein letztes Mal verzweifelt um, kann aber nichts weiter tun und muss zu meinem Gate. Ein gutgelaunter, pummeliger KLM-Mitarbeiter reißt unsere Boardingkarten ab.

»Hassan wartet am Flugzeug auf Sie«, raunt er mir zu. Dabei sieht er kein einziges Mal auf. Fast kommt es mir vor, als habe ich mir das nur eingebildet. Ich sehe mich um, ob jemand zugehört hat, doch die anderen Reisenden gehen hinaus und besteigen einen Bus. Ein paar weiße Familien sind darunter, aber die meisten Passagiere sind Nigerianer.

Der Bus fährt über die Rollbahn auf das Flugzeug zu, und ich sehe mehrere Soldaten mit Gewehren um die Treppe zum Flugzeug stehen. Mir ist übel. Flugbegleiter grüßen uns beim Verlassen des Busses. Durch die Menge der Reisenden erspähe ich Hassan. Beim Näherkommen fällt mir auf, dass er meine Tasche nicht dabei hat. Er steht neben einem Soldaten. Ich komme auf gleiche Höhe zu ihm. Er beachtet mich nicht. In meiner Panik habe ich seinen Namen vergessen. Gerade als wir im Begriff sind, an ihm vorbeizugehen, fällt er mir wieder ein.

Vielleicht hat er mich in der Menge nicht erkannt, denn sobald er mich sieht, grinst er. Völlig unbekümmert geht er auf ein KLM-Fahrzeug zu, macht den Kofferraum auf und zieht meine Prada-Tasche hervor. Vor den Augen der ganzen Soldaten bringt er sie mir. »Ich wünsche Ihnen einen guten Flug«, sagt er.

Wie in Trance schaffe ich es die Treppe hoch. Der lächelnden Stewardess, die mir den Weg zu meinem Sitz zeigt, könnte ich geradewegs einen Kuss auf die Wange drücken. Ich verstaue die kostbare Tasche mit ihrem verbotenen Inhalt im Gepäckfach. Mir bricht der Schweiß aus. Ich setze mich, schließe die Augen und warte. Dieses eine Mal empfinde ich die Konservenmusik als beruhigend. Die Türen sind geschlossen, und zum ersten Mal fühle ich mich in Sicherheit. Langsam entspanne ich mich.

Da kündigt der Flugkapitän eine kurze Verzögerung an. Bevor ich es richtig realisiert habe, gehen die Türen wieder auf, und vier bewaffnete Soldaten kommen den Gang entlang. Während sie stetig auf mich zuschreiten, sehen sie jeden genau an. Ich bin sicher, dass ich mich gleich übergeben muss. Ich schließe die Augen und höre nur noch mein Herz schlagen.

Minuten später haben sie das Flugzeug verlassen. Ich sehe sie auf der Rollbahn stehen. Sie stecken sich Zigaretten an und lachen, die Gewehre lässig um die Schulter gehängt. Die Türen gehen zu, die Motoren heulen auf, und das Flugzeug hebt ab. Ich war wirklich zu Tode erschrocken und verspreche mir selbst, niemals wieder in einem Polizeistaat ohne Genehmigung zu drehen. Dieses Versprechen habe ich bis heute eingehalten.

Ein paar Tage später sehe ich mir das Rohmaterial an. Die Kameraarbeit ist entsetzlich. Beim Betrachten der wackeligen Zooms werfe ich mir wieder und wieder vor, dass ich nicht auf einem Stativ bestanden habe. Zu allem Überfluss waren die Bildköpfe so schmutzig, dass das Band zerkratzt und das Bild ausgefranst ist. Bei drei Bändern befand sich die Kamera in so schlechtem Zustand, dass die Bilder in Schwarz-Weiß erscheinen. Vieles davon ist völlig unbrauchbar. Die Versicherungsgesellschaft erklärt sich bereit, die Kosten für einige Nachdrehs zu übernehmen, aber das Letzte, was ich mir vorstellen kann, ist, noch einmal nach Kano zu fliegen. Ich schicke Ihria eine Liste von Einstellungen und beauftrage ihn, einen Kameramann zu mieten und uns die Bänder per DHL zu schicken.

Der Film stellt für mich einen Wendepunkt dar. Das Drama mit den Bändern hat meinem bis dahin ziemlich lockeren Umgang mit Genehmigungen und Bürokratie ein Ende gesetzt. Und ich merke, dass ich in Zukunft meinen Kameramännern gegenüber viel bestimmter und autoritärer auftreten muss. Als Filmemacherin werde ich endlich erwachsen.

Am Ende war der Film trotz der schlechten Bildqualität beeindruckend, und Channel Four strahlte eine Version aus, die auch meine

Frage an El-Hassin über Sex mit Sechsjährigen beinhaltete. Aber es macht mich immer noch traurig, an Kano zu denken. Heute befindet sich Nordnigeria unter der Scharia, und Leute wie El-Hassin diktieren, wie Frauen zu leben haben.

Ich frage mich, ob Mairos Zentrum noch existiert. Ihre Stimme war mächtig, aber einsam, und ihre explizite Stellungnahme gegen die vorherrschende Tradition hat sie bei den Scheichs sicher nicht beliebt gemacht. Dabei hatte sie so recht. Polygamie hat nur eine Chance, wenn die Frauen völlig von ihren Männern abhängig sind, und sie werden es bleiben, solange die Mädchen nicht zur Schule gehen dürfen.

12 Amina

Äthiopisch-Somaliland

Das Flüchtlingslager Hatasheikh lag außerhalb der Stadt Jijiga auf einer großen Ebene, nahe der östlichen Grenze Äthiopiens zu Somalia. Es war für Somalis eingerichtet worden, die vor der blutigen Auseinandersetzung zwischen rivalisierenden Warlords in ihrem eigenen Land auf der Flucht waren. Fünf Jahre zuvor war Hatasheikh das weltweit größte Flüchtlingslager gewesen. Zum Zeitpunkt unseres Besuchs bot es noch immer 50000 Somalis Zuflucht.

Amina war Somalierin und examinierte Hebamme, die im Lager arbeitete. Unterstützt vom UNHCR, der UN-Flüchtlingskommission, hatte sie vor Ort im Alleingang ein Programm zur Abschaffung weiblicher Genitalverstümmelungen eingerichtet. Ihre Erfolgsquote war so außergewöhnlich, dass UNHCR mich (und meinen Freund, den Kameramann Bill Locke) beauftragte, einen Film über Aminas Arbeit zu drehen.

In der Dunkelheit erkenne ich nur das Weiß von Aminas Augen und das Blitzen ihrer Zähne. In dem heißen Betonraum reicht es nach Schweiß und dem schweren, fettigen Essen, das wir vorher dort zu uns genommen haben. Amina hat ihre Matratze ausgebreitet und liegt auf dem Bauch, den Kopf dicht neben meinem. Sie flüstert, um Monique nicht zu wecken, die an der anderen Wand schläft.

»Eine Frau hat mir diese Zeitschrift gezeigt«, berichtet Amina. »Sie war als Hausmädchen bei einer französischen Familie in Mogadischu und hat sie beim Putzen gefunden. Ich sage dir, ich habe noch nie so schlimme Dinge gesehen.«

»Was für schlimme Dinge?«, frage ich.

Amina stößt voller Verachtung Luft durch ihre Zähne.

»Ich habe Frauen gesehen, die … Nein, nein, das kann ich dir nicht erzählen.« Sie hält inne, und die einzigen vernehmbaren Geräusche sind ihr Atem und Moniques leichtes Schnarchen. »Die Frauen hatten einen Penis im Mund.«

»Oh«, sage ich.

»Kannst du dir das vorstellen?«, zischt sie.

Ich bin so gespannt, was als Nächstes kommt, dass ich die Luft anhalte.

»Aber es kam noch schlimmer«, flüstert sie. »Viel, viel schlimmer.«

Ihre Kleider rascheln, als sie näher an mich heranrückt. Ihre Stimme ist nun so leise, dass ich sie kaum mehr verstehe. »Männer taten diese schrecklichen Sachen.«

»Welche?«

»Ich kann es nicht erzählen«, sagt sie. »Ich kann es nicht beschreiben.«

Ich höre, dass Amina sich aufsetzt und in ihren Sachen rumort. Plötzlich schaltet sie eine kleine Taschenlampe ein und beleuchtet damit ihr Gesicht. In dem schwachen gelben Lichtstrahl wirkt sie gespenstisch.

»Sie berührten die besonderen Stellen der Frauen mit ihren Zungen – so«, dabei fährt sie ihre Zunge heraus und wieder hinein wie eine Schlange. Sie starrt mich mit großen, dunklen Augen voller Unglauben und Abscheu an. Dann schaltet sie die Taschenlampe wieder aus und sinkt auf ihre Matratze zurück. Ich weiß schlicht und ergreifend nicht, was ich sagen soll.

Amina und ich befinden uns in einem provisorischen Schlafraum im Verwaltungsblock des Flüchtlingslagers. Wir haben zwei unbenutzte Büros zur Verfügung, das eine hat Bill allein für sich, das andere teile ich mit Amina und Monique, einer jungen niederländischen UNHCR-Mitarbeiterin.

Außer in ihrem Geburtsland Somalia hat Amina auch schon im Jemen gearbeitet. Unzählige Male hat sie schon erlebt, zu welchen Problemen Genitalverstümmelungen bei Geburten führen. Bei der somalischen Art der Infibulation werden Klitoris sowie große und kleine Schamlippen entfernt, dann wird die Wunde verschlossen, häufig mit Dornen. Dies erfolgt ohne Betäubung, wenn die Mädchen fünf oder sechs Jahre alt sind. An dem Tag, an dem wir in Addis Abeba ankommen und noch bevor wir Amina kennenlernen, zeigt Monique Bill und mir ein Video darüber.

Ein Mädchen lächelt voller Freude in die Kamera, während es auf den Schoß seiner Mutter gesetzt wird. Man hat ihm gesagt, das sei sein großer Tag, und die Kleine findet Gefallen daran, im Mittelpunkt zu stehen. Sie rutscht auf dem Knie der Mutter herum und kichert, als eine alte Frau in den Bildausschnitt tritt.

Die Frau hat ein verschrumpeltes Gesicht und trägt ein schmutziges Kopftuch. Sie bindet die Beine des Kinds mit einem Seil an die Oberschenkel der Mutter. Die Kleine hält alles für ein lustiges Spiel und sieht voller Zuneigung und Vertrauen in das Gesicht der Mutter. Dann spreizt die Mutter die Beine ihrer Tochter und zieht ihr das Kleid hoch.

Die alte Frau kniet nieder, während die Kamera auf die winzige, noch nicht richtig ausgeformte Spalte zwischen den Schenkeln des Kindes zoomt. Sie zieht die Schamlippen mit den Fingern auseinander. Mit ihren verdreckten Fingernägeln versucht sie, die Klitoris hervorzudrücken. Das Mädchen stößt einen Schrei der Überraschung aus. Das Schreien wird lauter, steigt eine Oktave höher und birst in ein herzzerreißendes, von Todesangst erfülltes Kreischen, als die alte Frau anfängt, mit einer rostigen Rasierklinge das Muskelgewebe abzuschneiden.

Die Augen des Kindes treten voller Schrecken und Unverständnis hervor, als es versucht, sich seiner Mutter zuzuwenden. Diese legt die

Hand über die Augen ihrer Tochter und hält ihren Kopf fest. Das Kind will sich wehren, doch die Beine sind stramm festgebunden. Die drallen kleinen Ärmchen wedeln hilflos. Der Mund verwandelt sich zu einer verzerrten Öffnung, aus der Schmerzensschreie dringen und die Luft durchschneiden. Blut spritzt, grotesk leuchtend, während die alte Frau ihre Arbeit verrichtet.

Die Kamera zoomt auf den Boden, wo ein Sortiment Dornen ausgebreitet ist, lang, grausam gebogen und schwarz, mit denen die alte Frau die blutende undefinierbare Masse zwischen den Beinen des Kindes zusammenhalten wird …

Ich kann nicht mehr hinsehen. Gleich wird mir übel. Bill ist bleich und hat die Arme um den Brustkorb geschlungen. Ich bitte Monique, das Video auszustellen. Sie wirkt erstaunt. Wenn ich über das Thema schon Filme gemacht habe, muss ich doch an solche Bilder gewöhnt sein? Nie, nie, nie werde ich mich daran gewöhnen. Zu diesem Zeitpunkt werden 98 Prozent der somalischen Mädchen gezwungen, sich beschneiden zu lassen. Das ist eine inakzeptable Statistik, und ich werde alles tun, um zu einer Veränderung beizutragen. Deshalb habe ich auch den Auftrag angenommen, noch einmal einen Film über dieses grausame Thema zu drehen. Es ist das Mindeste, was ich tun kann.

Wir bleiben bei Monique in Addis, um das Geld für Hotels zu sparen. Monique verbirgt ihr jugendliches Alter und ihr hübsches Aussehen hinter einer Brille und unter unförmigen Röcken mit Gummizug in der Taille, T-Shirts in Schlammfarben und klobigen Gesundheitssandalen. Sie steht mit hängenden Schultern, die knochigen Arme vor der schmalen Brust verschränkt. Ich frage mich, wie es ihr hier geht, so weit weg von ihrem Zuhause, ihrer Familie und ihren Freunden, entdecke aber in der grauen, kahlen Wohnung in der Nähe des Flughafens überhaupt nichts Persönliches.

Später, beim Abendessen in einem italienischen Restaurant, entpuppt sie sich als erstaunlich ehrgeizig und entschlossen, bei diesem Einsatz ihre Fähigkeiten unter Beweis zu stellen und sich damit den Aufstieg zu einer gutdotierten und angesehenen Schreibtischstelle in Genf zu erarbeiten. Bill und ich bestellen Wein, sie lehnt ab. Unsere Fragen beantwortet sie in ziemlich hohem, ausdruckslos monotonem Tonfall. Wie man eine Unterhaltung in Gang hält, scheint ihr nicht geläufig zu sein.

Nun, nach einigen Tagen in Hatasheikh, fange ich jedoch an, Monique zu mögen. Ihr farbloses, unscheinbares Auftreten ist ein cleverer Schutzschild. Dadurch strahlt sie Kompetenz, Standfestigkeit und emotionsfreie Sachlichkeit aus.

Ich habe Respekt vor Moniques Abgeklärtheit, aber wohler fühle ich mich in Gesellschaft der leidenschaftlichen und sinnenfrohen Amina. Amina ist eine Schönheit. Hohe Wangenknochen treten unter mandelförmigen Augen hervor und stehen über einem bestechenden Lächeln. Nur die tiefe Furche zwischen ihren Augenbrauen weist auf ihre Nöte hin. Der zu Aminas hübschem Gesicht gehörende Körper neigt zu Molligkeit, eine Folge ihres enormen Appetits, insbesondere auf Ziegeneintopf. Sie beißt an einem Knochen, reißt mit schmierigen Fingern das Fleisch ab, während ihr das Fett über das Kinn läuft und sie genussvoll die Augen halb schließt.

Wir lernen Amina an dem Tag kennen, an dem wir in Jijiga eintreffen. Wir fliegen mit einem winzigen Charterflugzeug dort hinauf. Ich sitze vorn, voller Vorfreude auf den Flug über Äthiopien. Bevor wir starten, beugt sich der muslimische Pilot, ganz weltmännisch mit seiner Ray-Ban-Sonnenbrille, über das Armaturenbrett und betet, währende die Propeller lärmend anlaufen. Laut ruft er Allahs Namen, dann grinst er mich mit weißen, goldgefüllten Zähnen im makellos rasierten Gesicht an. Augenblicke später schweben wir in der Luft. Das Flugzeug brummt in gerader Linie über braunes, ödes Land, und einige Stunden später landen wir auf einem Feld außerhalb von Jijiga.

Amina erwartet uns. Monique wohnt bei einem UNHCR-Mitarbeiter, bei dem aber kein Platz mehr für Bill und mich ist, also fährt uns Amina in die Stadt, damit wir uns dort eine Bleibe suchen können. Wir halten an düster aussehenden Schuppen, die sich als Hotel oder Gästehäuser ausgeben, aber nirgendwo sind Zimmer zu haben. Doch so schnell gibt Amina nicht auf.

»Gut, dann gehen wir zu Elisabeth«, sagt sie bestimmt. Ich bin überrascht, in dieser Gegend einen so europäischen Namen zu hören.

Wir kommen zu einem nicht besonders vertrauenerweckenden Compound, an dem eine verrostete Blechtafel als Tor dient. Im Hof kochen mehrere somalische Frauen an Feuerstellen. Elisabeth, mit blasser deutscher Haut und roten Haaren, ist wie eine echte Somali gekleidet, von Kopf bis Fuß in einen fließenden, pastell-orangefarbenen Baumwollstoff gehüllt. Sie lebt hier als einzige weiße Frau.

Elisabeth umarmt Amina herzlich und führt uns in ein gemütliches Wohnzimmer. An zwei Wänden stehen Sitzbänke, die mit Stoffen und Kissen in traditionellen Mustern bedeckt sind. Diesen Raum bietet sie Bill und mir an. Wir sind heilfroh, und nach einer halben Weltreise im Licht der Taschenlampe durch den gesamten Compound zu dem Loch im Boden, das als Toilette dient, nimmt jeder von uns eine Bank in Beschlag, verkriecht sich in den Schlafsack und schläft ein.

Am Tag darauf, wir sind unterwegs nach Hatascheikh, entdecke ich in der Ferne seltsame Bewegungen. Zuerst sieht es aus, als würden Hunderte Vögel unmittelbar über dem Boden schweben. Als wir näherkommen, erkenne ich Abertausende Plastikfetzen, die im Wind schlagen. Wohin wir auch den Blick richten, haben sich Plastikstreifen in Dornbüschen und Bäumen gefangen. Die zerschlissenen, schäbigen Fähnchen flattern, so weit das Auge sieht. Die ganze Ebene wirkt, als trage sie eine Art bizarrer, postapokalyptischer Plastikbeflaggung. Sollte jemand noch Zweifel haben, ob Plastik wirklich einer der größten Umweltfeinde ist, dann muss er an diesen Ort kommen. Dieses Material wird hier noch lange, lange nach uns existieren.

Das Lager steht unter strenger polizeilicher Bewachung, und es ist einzig und allein Aminas Charme und dem Einfluss von UNHCR zu verdanken, dass wir unsere beiden Zimmer im Verwaltungsblock bekommen haben. Allerdings rutscht mir das Herz in die Hose, als ich die drei Matratzen auf dem Betonboden sehe und den Verschlag mit dem Loch in der Erde, der als Toilette und Dusche für die gesamte Belegschaft im Lager und uns dient. Ich erhole mich ein wenig von meinem Schrecken, als ich mitkriege, dass die meisten Mitarbeiter abends wegfahren, nur ein paar wenige Wachen zurückbleiben und dass es auch einen Wasserhahn gibt, an dem man Eimer füllen kann. Es ist also möglich, sich sauber zu halten, was für die Moral genauso wichtig ist wie für die Gesundheit, wenn man in dieser Hitze arbeiten muss.

Am selben Nachmittag gehen wir in das eigentliche Lager. Es ist auf merkwürdige Weise schön. Die traditionellen Somali-Hütten oder *tukul* werden heutzutage aus Plastikfolie gebaut, die man über Holzzweige spannt, so dass die Form eines Iglus entsteht. Diese runden *tukul* erstrecken sich bis zum Horizont wie Hunderte von Luftblasen, die sich zwischen den Palmen festsetzen.

Von allen Nationalitäten, die ich kennengelernt habe, besitzen die Somalier die noch ursprünglichste Kultur. Ihre Kleidung, ihre Wohnungen, ihr Essen, die Sprache, die Pflege von Gesang und Dichtkunst – ihre gesamte Lebensweise ist so originär, dass man einen Somali überall auf der Welt erkennt. Die Frauen sind hochgewachsen und schön, langgliedrig, mit aufrechtem Rücken, die feingeschnittenen schmalen Gesichter apart von Schleiern umrahmt. Die Eleganz ihrer schlanken Körper unterstreicht der schmeichelnde Fall ihrer Kleider noch zusätzlich.

Wie die Edelsteinfarben der Sari-Seidenstoffe den goldenen Teint indischer Frauen betonen, so verstärken die lebhaften, leuchtenden Farbenspiele ihrer Kleider den auberginenfarbenen Glanz der Haut somalischer Frauen. Auch die Männer sind attraktiv, neigen allerdings infolge des ständigen Kauens von *khat*, einem leicht narkotisierend wirkenden Blatt, zu rötlich unterlaufenen, glasigen Augen.

Die *tukul* sind innen kühl, peinlich sauber, bequem und überraschend geräumig. Die Somalis verkleiden die Wände und Decken mit Baumwolltüchern, die Böden legen sie mit Matten und Kissen aus. Man ist sofort versucht, sich hinzustrecken und genießerisch zwischen den Kissen zu räkeln, deren Baumwollbezüge sich angenehm kühlend auf der Haut anfühlen.

Am ersten Tag unserer Dreharbeiten nimmt uns Amina zu einer Hochzeit mit. Sie will uns die grausamen Folgen der Infibulation bei einer jungen Braut zeigen. Vor dem Hochzeits-*tukul* schwenken die Frauen Palmzweige, klagen singend und tanzend, stampfen mit den Füßen auf und drehen sich. Einige schützen sich mit Schirmen vor der Sonne, die wie schwarze Krähen über den bunten, herumwirbelnden Farben schweben. Öltonnen aus Kunststoff dienen als Trommeln und geben einen insistierenden, durchdringenden Rhythmus vor.

Innen im *tukul* ist der Boden mit Blumen und Blütenblättern bestreut. Papiergirlanden und Flitter, ähnlich den Glitzerdekorationen, die wir zu Weihnachten in Klassenzimmern oder Büros aufhängen, schmücken Wände und Decke. Es ist kühl, das Licht ist gedämpft, und es riecht nach Myrrhe, Schweiß und gebratenem Fleisch.

Ayaan, die 16 Jahre alte Braut, kauert in einer Ecke. Sie trägt einen Schleier in der Farbe von Mohnblumen mit bogenförmigen, bestickten Kanten. Ihre Füße sind kunstvoll mit Henna bemalt. Die Augen hat sie starr auf den Boden gerichtet. Sie zieht die Stirn in Falten und beißt sich auf die Lippe. Unter ihrer dunklen Haut wirkt sie aschfahl. In ihrer Nähe sitzt Abdi, der Bräutigam. Er ist ein hagerer, etwa 30 Jahre alter Mann mit einem Schnurrbart. Seine Haut ist von Narben übersät, die Augen wirken ängstlich, und er schwitzt heftig. Bekleidet ist er mit einer hässlichen, aber offensichtlich hochgeschätzten westlichen Daunenjacke in synthetisch leuchtendem Gelb.

Die Frauen der Familie klatschen, als wir eintreten. Man bietet uns einen Sitzplatz auf den Kissen gegenüber von Braut und Bräutigam an. Ein Mädchen besprüht uns mit einer Flüssigkeit aus einer gefälschten Flasche des Parfüms *Paris* von Yves Saint Laurent. Sie riecht scharf und chemisch, und sofort spüre ich, wie meine Haut reagiert. Ich bin gegen einige Düfte stark allergisch und weiß, dass sich mein Hals und meine Arme innerhalb weniger Minuten röten und jucken werden. Aber es gibt kein Entrinnen. Dasselbe gilt für das Blechtablett voller Essen, das nun vor uns abgestellt wird. Wir sind Ehrengäste und müssen uns entsprechend benehmen. Also bedienen wir uns an den Zuckerwaren. Ich sehe zu Ayaan und beobachte, wie sie sich bewegt und dann vor Schmerzen windet.

Wenn ein somalisches Mädchen heiratet, versammeln sich die Frauen aus der Familie des Bräutigams am Abend vor der Hochzeit, um die Wunde zwischen ihren Beinen zu inspizieren. Handelt es sich um einen festen Grat aus Narbengewebe, wird sie für intakt erklärt, und die Frauen gehen unter Freudenrufen von dannen. Ist das Gewebe aufgerissen und entzündet und die Narbe undefiniert oder ausgefranst, weisen die Frauen das Mädchen zurück. Sie gehen schweigend weg und graben vor ihrem *tukul* ein Loch, um damit kundzutun, dass das Mädchen »offen« und nicht intakt ist. Fortan ist das Mädchen nicht mehr heiratsfähig.

Ayaans Narbe war zu intakt. Sie war so eng zugenäht worden, dass sie in der Hochzeitsnacht nicht penetriert werden konnte. Die Familie ihres Mannes rief die Beschneiderin, um sie aufzuschneiden. Dank Aminas Geduld und ihres umsichtigen Übersetzens, das den Redefluss nicht unterbricht, bekommen wir Ayaans Geschichte nach und nach heraus.

»Sie hat mich schlampig und schlecht geschnitten«, sagt sie. Dann sieht sie zu uns auf, und ihre Stimme zittert vor Wut. »Sie war halb blind!«

Das Paar ist nun sechs Tage verheiratet, und die Hochzeitsfeierlichkeiten sind noch voll im Gange. Seit ihrer Hochzeitsnacht ist Ayaan immer wieder ohnmächtig geworden und fühlt sich aufgrund des hohen Blutverlustes dauernd benommen. Trotz der Ausgelassenheit und Feierlaune der Frauen um sie herum wirkt das Paar desolat.

Abdi sitzt schweigend und reglos da, wenn er nicht gerade eine Fliege von seinem Gesicht verjagt oder sich mit einem Tuch den Schweiß von der Stirn wischt. Er war nicht darauf vorbereitet, dass dieser eigentlich freudvolle Anlass so sehr von Schmerz, Blut und Schrecken überschattet sein würde.

»Wenn ich ihr Gesicht sehe, ihre bleiche Haut und die Qualen, das Blut und die schmerzenden Körperteile, dann muss ich anderen ganz klar raten, in Zukunft die Finger von der Beschneidung zu lassen. Ich rate ihnen wirklich, es nicht zu tun«, sagt er.

Amina weiß, dass keine noch so großen Schmerzen und Qualen die Infibulation abschaffen können, solange nicht die Männer anfangen, sich dagegen auszusprechen. Für sie bedeutet Abdis Aussage einen kleinen Sieg, trotzdem ist es erschütternd, sich die Zukunft der beiden als Mann und Frau vorzustellen. Amina befürchtet, Ayaan werde eine Niederkunft nicht überleben. Sie würde an dem Blutverlust sterben.

Später stellt uns Amina Dr. Noor vor, einen somalischen Gynäkologen, der ihre Arbeit unterstützt. Zu den größten Problemen in Hatasheikh zählt der Mangel an medizinischen Einrichtungen und an Ärzten. Die Frauen verlassen sich bei einer Geburt auf traditionelle Geburtshelferinnen. Auf dem Weg zu Dr. Noor erzählt uns Amina eine Geschichte über solche Hebammen.

»Wenn ich mit den Geburtshelferinnen zusammenkomme und sie nach ihren Instrumenten frage, zeigen sie mir ein altes, stumpfes Messer, das in ein dreckiges Tuch gewickelt ist«, sagt Amina, schüttelt dabei den Kopf und holt tief Luft »Es ist schlimm. Sie erzählen mir, dass sie damit die Frauen aufschneiden, um das Baby herauszuholen. Als ich noch als Hebamme arbeitete, habe ich regelmäßig Babys mit Narben auf dem Kopf gesehen. Die Frauen hatten sie aus Versehen geschnitten. Die Geburtshelferinnen sind halb blind. Sie sind alt und benutzen völlig heruntergekommenes Werkzeug. Sie schneiden die Frauen auf, bevor das Baby bereit ist zu kommen, dabei verblutet die Mutter. Stirbt sie nicht schon zu diesem Zeitpunkt, dann später an der einsetzenden Infektion. Es ist ein Horror.«

Dr. Noor ist Städter mit aristokratischem Benehmen. Er trägt eine grüne Baseballkappe und unter dem Arztkittel westliche Kleidung. Eine Halbbrille verleiht ihm eine intellektuelle Aura. Wir wollen ein Ansteckmikrofon an seinem Revers befestigen, aber er verlangt das »große« Mikro. Bill hat den schlauen Einfall, beides vorzuschlagen, also laufe ich hinter Dr. Noor her und schwinge auf Teufel komm raus die Tonangel. Bill zieht den Windschutz aus Fell über das Mikrofon, damit es so groß und wichtig wie nur irgend möglich aussieht.

In einem *tukul* finden wir eine Frau, die mit starken Schmerzen in Seitenlage ausharrt. Sie ist hochschwanger. Dr. Noor untersucht sie mit einem Anflug von Ungeduld. Der Familie gibt er schroff Anweisungen. Zu der Frau sagt er: »Ihre Probleme kommen alle von der Infibulation.« Und an ihre Verwandten gerichtet: »Sie müssen sie sofort nach Jijiga in ein Krankenhaus bringen.«

Bei der Frau haben schon die Wehen eingesetzt, doch die Vaginaöffnung ist so eng zugenäht, dass sie so schnell wie möglich aufgeschnitten werden muss, und zwar mit sterilen Instrumenten.

Draußen vor dem *tukul* macht Dr. Noor seiner Wut Luft. Ich frage ihn, was bei den Frauen im Lager das größte gesundheitliche Problem darstelle. Er wendet sich mir zu. »Das größte Problem ist natürlich der Tod«, meint er gereizt und sieht mich dabei über seine Brillenränder hinweg an, als sei ich ein dummes Kind.

»Mindestens 20 Prozent der Frauen sterben an den Folgen der Infibulation. 20 Prozent. Das ist eine Menge. Es ist definitiv ein großes Problem. Wir haben in Afrika schon genug Probleme. Wir brauchen das nicht auch noch.«

Mit diesen Worten greift er zu seiner Arzttasche und stapft weg. Seine Wut gefällt mir. Alles ist besser als Gleichgültigkeit.

Gleichgültigkeit ist auch Aminas größter Feind. Als sie ganz neu in Hatasheikh war, lachten die Leute sie aus und behandelten sie als überspannte Wichtigtuerin. Amina macht sie nach.

»Ha, ha, ha«, stößt sie aus und verzieht ihr Gesicht zu einem höhnischen Grinsen. »So haben sie es mit mir gemacht, ›Ha, ha, ha, du bist wohl durchgedreht, du bist eine verrückt gewordene Frau. Du solltest nicht herumlaufen und über die Klitoris und unsere intimen Körperstellen sprechen. Hast du keine andere Arbeit? Du armes Ding! Wenn du keine andere Arbeit findest, teilen wir unsere Weizenration mit dir, du arme, arme Frau – du bist ja irre!‹«

Mich würde interessieren, welche Erfahrungen Amina selbst mit der Infibulation gemacht hat. Das ist auch indirekt der Grund, warum wir uns immer bis spät in die Nacht flüsternd über Sex unterhalten. Jeden Abend kommen wir gegen halb sechs in den Verwaltungsblock zurück, füllen abwechselnd die Eimer mit Wasser und waschen uns. Das Abendessen wird in einem Restaurant in der Nähe zubereitet und uns gebracht.

Dann sitzen Bill, Amina, Monique und ich auf den Kanten unserer Matratzen rund um ein großes Blechtablett voller Pasta. Die Somalier haben einen großen Teil ihrer kulinarischen Fertigkeiten von den früheren italienischen Kolonialherren übernommen, und ihre Pasta ist köstlich, meist mit Thunfisch, Tomaten und Zwiebeln zubereitet. Nach dem Essen strecken wir uns auf unseren Matratzen aus und unterhalten uns, bis es dunkel wird. Dann schlafen wir ein, oft schon um halb acht Uhr abends.

Morgens wachen wir schon gegen halb sechs auf. Wir frühstücken in einem Restaurant unmittelbar außerhalb des Lagers, wo in einer glühendheißen Pfanne Spiegeleier mit scharfen grünen Paprika gebrutzelt werden und in winzig kleinen, angeschlagenen Tassen kochendheißer, süßer, schwarzer Kaffee serviert wird. Das Frühstück war noch nie so gut wie in dieser düsteren, schmuddeligen Baracke, in der wir von den Fliegen fast aufgefressen werden, die Sonne unerbittlich das Blechdach aufheizt und die Kakerlaken unter unseren Füßen hin und her krabbeln.

Obwohl es anstrengend ist, bei dieser Hitze zu arbeiten, habe ich nach ein paar Tagen viel mehr Schlaf bekommen, als ich gewohnt bin, was mich schließlich unruhig macht. Einmal höre ich nachts, dass Amina ebenfalls wach ist. Wir fangen an zu reden. Sie erklärt mir, wie es kam, dass die Infibulation in der somalischen Kultur so eine wichtige Rolle spielt.

Die Somalier glauben, der Brauch gehe auf die Pharaonen zurück, daher auch ihr Name dafür, *faronica*, und in den Hadithen, den Lehren Mohammeds, würde er ebenfalls befürwortet. Eine Frau, die nicht beschnitten ist, gilt als anstößig in den Augen Gottes – wie Ziegen oder Kühe, deren Genitalien auf obszöne Art lose hängen und Schmutz und Verderbnis ausgesetzt sind. Ordentlich zugenäht zu sein bedeutet sauber, rein und schön zu sein.

Wie ist es dann aber Amina gelungen, sich dagegen aufzulehnen? Sie wurde ebenfalls beschnitten, sagt aber, sie werde darüber niemals sprechen können. »Es war zu schrecklich. Ich kann es einfach nicht.«

Dafür erzählt sie mir von ihrer Zeit als Hebamme. Sie hat Hunderte von Todesfällen erlebt. Was sie aber am meisten schockiert, ist die Einstellung der Männer.

»Sie kommen zu mir, nachdem ihre Frauen geboren haben. ›Oh bitte, Amina‹, sagen sie, ›kannst du sie wieder zunähen und sie schön und eng machen, wie neu?‹ Da haben sie ihre Frauen, die gerade noch einmal mit dem Leben davongekommen sind, und das Einzige, worum sie sich Sorgen machen, ist ihre zukünftige Lust.«

Während Amina den physischen Akt der Infibulation ablehnt, begrüßt sie die gesellschaftlichen Beschränkungen, die mit diesem Brauch einhergehen. Sie verachtet die liberale Einstellung im Westen. Frauen, die Sex außerhalb der Ehe praktizieren, sind in ihren Augen Huren. Bei dieser Gelegenheit erzählt sie mir auch von der Pornozeitschrift.

»Ich weiß, du bist nicht verheiratet, Charlotte«, sagt sie. »Aber ich weiß auch, dass du ein guter Mensch bist. Ich bin mir sicher, du bist noch nicht mit Männern zusammen gewesen. Ich weiß, du bist keine solche Hure wie viele der europäischen Frauen, die hierherkommen.«

Ich bin froh, dass es dunkel ist und sie mein Gesicht nicht sehen kann. Ich bin hin und her gerissen zwischen dem Wunsch, ihre hohe Meinung von mir aufrechtzuerhalten, und dem noch dringenderen Bedürfnis, ihr die Wahrheit zu sagen.

»Was die Männer mit den Frauen in der Zeitschrift gemacht haben, war so abscheulich«, sagt sie krächzend.

»Ehrlich gesagt, Amina«, wage ich mich vor, »in Europa tun das die meisten Leute.«

Ich höre angestrengtes Luftholen.

»Ich meine nicht zu mehreren, wie in der Zeitschrift«, fahre ich fort, »aber in Europa sehen die Menschen nichts Falsches darin, Spaß beim Sex zu haben.« Und ich gehe noch weiter: »Auch nicht außerhalb der Ehe.«

»Das ist furchtbar«, erwidert sie nach einer längeren Pause.

»Warum ist es furchtbar?«, erkundige ich mich. »Die Männer haben hier die ganze Zeit Sex außerhalb der Ehe.«

»Das ist etwas anderes«, antwortet sie.

Mir ist klar, dass mir eine lange diskussionsreiche Nacht bevorsteht. Eine Stunde ist vergangen, und wir sind immer noch heftig bei der Sache.

»Wenn ein Mann eine Frau gut behandelt, sie liebt und ihr Freude bereitet, wird sie bei ihm bleiben, richtig?«, beharre ich.

»Natürlich«, stimmt mir Amina zu.

»Warum muss er sie dann beschneiden und zunähen lassen?«

»Damit kein anderer Mann durch die Hintertür hineinkann«, sagt sie. Ich weiß, dass Amina an ihren zweiten Mann denkt. Ihr erster Mann fiel im Kampf, und sie heiratete wieder, fragt sich aber, ob das weise war. Ich weiß, dass sie in dieser Nacht kein Auge zutut.

Die Beschneiderinnen selbst sind Aminas mächtigste Gegnerinnen. Die Infibulation ist ein lukratives und angesehenes Geschäft, und den Beschneiderinnen werden übermenschliche Kräfte zugeschrieben. Amina erzählt mir von einer, die versprach, ihr Handwerk aufzugeben, dann aber feststellen musste, dass sie es nicht schaffte. Ihre Mutter und Großmutter waren schon Beschneiderinnen gewesen. Das Beschneiden lag ihnen im Blut, ein nobles Erbe, das über Generationen weitergegeben wurde. Davon abgesehen machte sie gutes Geld damit.

Doch war das eigentliche Problem ganz anderer Natur – sie litt unter Entzugserscheinungen. Ihr fehlte es, an Fleisch herumzuschneiden. Zunächst hatte sie begonnen, sich an Hähnchenteilen auszutoben, um ihrem Verlangen nachzugeben. Aber bald befriedigte sie das nicht mehr. Sie vermisste das Fließen von Blut und die Schmerzensschreie. Also war sie dazu übergegangen, lebende Hühner zu kaufen und ihnen die Kehle durchzuschneiden. Aber jetzt konnte sie ihr Verlangen auch damit nicht mehr stillen und hatte die alte Arbeit wieder aufgenommen.

»Glaub mir«, sagt Amina. »Das ist noch nicht die schlimmste Geschichte, die ich von solchen Leuten gehört habe.«

Als ich Beschneiderinnen kennenlerne, glaube ich ihr aufs Wort. Die alten Frauen drängeln sich um den Eingang zu einem *tukul*. Sie begrüßen Amina kühl und beäugen Bill und mich feindselig. Nachdem sie ihre Zustimmung gegeben haben, dass wir sie filmen dürfen, setzt sich Amina auf einen Stuhl und fängt ein Gespräch mit ihnen an.

»Ihr verstümmelt kleine Mädchen, ihr vergießt deren Blut, ihr bringt sie zum Weinen! Was habt ihr davon?«, fragt Amina.

»Ich habe dadurch ein Einkommen für mich und meine Kinder«, sagt eine der Frauen.

»Denkt ihr nur an eure eigenen Kinder? Ihr denkt gar nicht an die anderen?«, schreit Amina nun unter Tränen.

Eine Beschneiderin verteidigt sich: »Ja. Meine Kinder stehen bei mir an erster Stelle. Ist das nicht bei allen so?«

»Das ist unmoralisch!«, kreischt Amina.

Diese Runde hat sie verloren.

Doch an anderen Stellen finden wir Zeichen von Fortschritt. Amina stellt uns Hawa vor, die sich gegen eine Beschneidung ihrer jüngsten Tochter, Efra, entschieden hat. Eine von Efras Schwestern ist bei einem Brand umgekommen. Ihre Beine waren nach der Beschneidung zusammengebunden, so dass sie nicht vor den Flammen fliehen konnte. Nun reicht es Hawa. Efra ist ein kleiner Engel von acht Jahren mit riesigen samtschwarzen Augen und einem vertrauensvollen Lächeln – eine seltene Eigenschaft bei Mädchen, die in der Regel im Alter von sechs Jahren lernen, niemals wieder einem Erwachsenen zu vertrauen. Hawa lädt uns zu Efras Ritual zum Eintritt in die Erwachsenenwelt ein. Zuerst wird Efra zurechtgemacht. In ihr Haar wird Kokosöl einmassiert, dann wird es stramm geflochten. Die Nägel an Händen und Füßen werden mit einer Rasierklinge bis zum Nagelbett zurückgeschnitten. Ich sehe zu, wie eine ihrer Tanten mit ihren wulstigen Fingern diese brachiale Maniküre ausführt. Es ist schwer, eine Klinge zu sehen und nicht daran zu denken, was hätte passieren können. Efra wird schließlich gebadet und mit einem roten Umhang bekleidet.

Teller mit Süßigkeiten und eine ordentliche Menge der somalischen Leibspeise, Popcorn, werden draußen für die Kinder bereitgestellt. Die Frauen versammeln sich im Inneren eines *tukul*. Hawa streut Myrrhe in kleine Wannen, die mit rotglühenden Kohlen gefüllt sind, und bald ist die Luft mit dem süßen, intensiv duftenden Rauch durchzogen. Er vermischt sich mit dem säuerlichen Geruch von Schweiß und dem Dunst von Fleisch und Fett. Dann beginnen die Frauen zu singen und zu klatschen. Amina verliert ihren rosafarbenen Schal, den sie um den Kopf gebunden hatte, und ihr langes Haar fällt herab, als sie sich wie in Trance im eindringlichen Rhythmus des Gesangs wiegt.

Amina ist glücklich, weil Kadra, eine ehemalige Beschneiderin, gekommen ist, um die Zeremonie zu würdigen. Hawa hat als Zeichen ihrer Ehrerbietung und um sicherzustellen, dass Efra auch tatsächlich ihre Würdigung erhält, Kadra die Hälfte dessen bezahlt, was die grausame Operation gekostet hätte. Dann lädt sie Kadra ein, am Festmahl und den Tänzen teilzunehmen.

Während ich Amina zusehe, wie sie klatscht und singt, frage ich mich, ob es auf dieser Welt jemanden gibt, der ähnlich viel Energie, Begeisterung und Leidenschaft aufzubringen vermag. Zuvor habe ich gehört, dass Amina das Camp verlassen wird, um sich für ein anderes Projekt zu engagieren. Es geht dabei um die Einführung von Öfen, die fast ohne Brennstoff funktionieren. In einem Land, in dem viele sich nicht einmal das Holz oder die Kohle leisten können, um Wasser zu kochen, ist das ein lohnendes Anliegen. Doch verglichen mit Aminas Arbeit in Hatasheikh erscheint es mir irgendwie unbedeutend.

Ich frage Monique, wer ihre Arbeit weiterführen wird. Sie gibt mir eine ausweichende Antwort. Aminas bisherige Arbeit ist wie ein frisch angelegter Garten. Ohne ständige Pflege und Bewässerung geht er ein. Ich bombardiere Monique mit Fragen. Mit brennstofflosen Öfen ist Aminas Energie doch vergeudet? Kann UNHCR sie nicht überreden zu bleiben? Monique lächelt geduldig.

»So ist das Leben«, sagt sie.

Vor der Kamera wirkt Amina manchmal überlebensgroß, wie die Karikatur einer viel zu emotionalen Fanatikerin. Wenn ich sie durch ein Objektiv betrachte, durch eine dicke Glasschicht von der Kraft ihrer dynamischen Persönlichkeit abgeschirmt, denke ich über ihre grundlegende Sicht der Dinge nach. Während sie die physische Seite der Infibulation verabscheut, kann sie nach wie vor nicht akzeptieren, dass Frauen gleiche Rechte haben. Saudi-Arabien ist ihr Musterland, weil Frauen dort vom Messer verschont sind und dennoch unterwürfige Musliminnen bleiben.

Ihr kommt es nicht in den Sinn, dass die Saudis viele andere extrem wirkungsvolle Methoden zur Unterdrückung der Frauen einsetzen. Sie ist vom Ausmaß des körperlichen Leids, das sie mitangesehen hat, so traumatisiert, dass sie die soziale Dynamik nicht erkennt, die dafür sorgt, dass es unverändert weitergehen wird.

Aminas Abschiedprojekt ist ein großer Workshop im Lager. Seit Wochen proben Theatergruppen und Musiker ein Stück, das sie, ermutigt von Amina, selbst verfasst haben. Sie hofft, es wird viele Menschen anlocken, und genauso ist es. Der Gemeinschaftssaal ist so voll, dass sich viele draußen an den Fenstern drängen, um auch noch mit zusehen zu können.

In dem Stück werden die Männer als stumpfsinnige Idioten dargestellt und die Beschneiderinnen als böse Hexen, über die man sich lustig macht. Die Frauen müssen große Qualen erleiden, fallen in Ohnmacht oder sterben. Doch irgendwie driftet alles ins Lächerliche ab. Die Frauen im Publikum halten sich aneinander fest und brechen hilflos in kreischendes Lachen aus, völlig perplex, dass dieses ihnen so vertraute Thema als Komödie aufgeführt wird. Bei einigen wenigen rufen die Szenen schmerzvolle Erinnerungen wach.

Ich beobachte Amina, wie sie zwei Frauen tröstet, die in ihre Schleier weinen. Sie schließt die beiden in die Arme und weint mit ihnen. Aber im Großen und Ganzen handelt es sich um eine fröhliche Veranstaltung. Wir sollen bei den Tänzen mitmachen, die sich an die Aufführung anschließen. Als ich unter den Papiergirlanden mit einem zahnlosen, aber ausgelassenen alten Mann herumhüpfe, habe ich wieder das Gefühl, es könnte doch zumindest ein kleines bisschen Anlass zur Hoffnung geben.

Wir stellten für Hilfsorganisationen, die sich in Somalia engagieren, eine somalische Version unseres Films her. Ich fand, wir hatten einen hervorragenden und nützlichen Film gemacht. Zu der Zeit war ich gerade voller Begeisterung über Aminas Erfolgsquoten und noch ganz eingenommen von der Freundlichkeit und Wärme der somalischen Frauen, mit denen wir so viel Zeit verbracht hatten. Doch wenn ich heute zurückblicke, bin ich frustriert.

Mich treibt die Sorge, dass ich die Arbeit von Frauen wie Amina durch ein westliches Objektiv betrachtet habe, das meine Wahrnehmung verzerrt hat. Trotz unserer nächtlichen Diskussionen glaubte Amina tief in ihrem Inneren doch, Frauen gehörten den Männern und müssten ihnen gehorchen. Und das werde ich niemals so sehen können.

13 Sechs afrikanische Träume
Ghana

Ghanas erklärter Traum für das neue Millennium war es, aus den Rängen unter den ärmsten Nationen der Welt herauszutreten und sich bis 2020 zu einem Land mit mittlerer Einkommensstruktur zu entwickeln. Bei Channel Four wollte man die Fortschritte verfolgen, indem man sechs Personen 20 Jahre lang begleitete – ein ambitioniertes und sehr langfristig angelegtes Projekt. Alison Aylen, Researcherin und Produktionsassistentin, wurde nach Accra geschickt, um Kandidaten zu finden, die sich dafür eignen würden, und Ende September kam ich dazu.

Alison hat golden getönte Haut und eine seidige blonde Haarmähne. Sie ist ziemlich klein und drall wie eine reife Pflaume, außerdem schlagfertig, lustig und eine hervorragende Zuhörerin, mit der Gabe, schnell Freunde zu finden. Dokumentarfilme sind auf solche Mitarbeiter angewiesen, die Leute zum Reden bringen, und von den sechs Personen, die wir für unseren Film brauchen, haben wir bereits vier fest ausgewählt. Ich freue mich, dass Alison mit im Boot ist.

Wir wohnen im Shangri La Hotel, nur wenige Minuten vom Flughafen entfernt. Die Zimmer sind kühl und sauber, aber dunkel. Den Swimmingpool umgibt ein künstlich angelegter Garten mit Springbrunnen, Bachläufen, Holzbrücken, Bambus, Palmen und tropischen Blumen. Da ich eine andere Kategorie afrikanischer Hotels gewohnt bin, ist das für mich der pure Luxus.

Am Morgen fahren wir nach Korle-Bu, in das Ausbildungskrankenhaus von Accra, um dort eine fünfte Kandidatin kennenzulernen, eine Ärztin. Wege schlängeln sich durch stoppelige, von dürren Oleanderbüschen gesäumte Rasenflächen und verlaufen sich in den Wucherungen niedriger Gebäude, aus denen das Krankenhaus besteht. Wir suchen uns einen Weg zwischen Bergen von Pflastersteinen, Betonmischern und rostenden Bohrern, die in der Gegend herumliegen, als sei ein hochtrabender Modernisierungsplan auf einen Schlag eingestellt worden.

Ärzte, Schwestern, Arbeiter, Patienten und Besucher drängen sich um Kioske, an denen Kebabs und Coca-Cola verkauft werden. Auf der Suche nach unserer Ärztin werden wir von einem Gebäude ins nächste geschickt, aber schließlich treiben wir sie in einer dunklen Abstellkammer auf, in der es nach Katzenfutter riecht.

»Wir können hier sprechen«, sagt Dr. Elsie Mensah und stemmt sich dabei auf ein hohes, nicht gemachtes Eisenbett, auf dem sie unbekümmert thront und die molligen Beine baumeln lässt.

»Nehmen Sie doch Platz«, fordert sie uns auf.

Ich belege den einzigen Sessel, und Alison setzt sich neben sie auf das Bett. Elsies ständiges Kichern ist entzückend, täuscht aber nicht über ihren Ehrgeiz und ihre Intelligenz hinweg. Sie ist in den Zwanzigern und fest entschlossen, Ghanas beste Kinderärztin zu werden. Sie führt uns durch die Frühgeborenenstation. Dort liegen ein Zwillingspärchen, das gemeinsam in eine Decke gewickelt ist, und ein normal entwickeltes Baby mit Atmungsproblemen. Neben den winzig kleinen, verschrumpelten, noch nicht voll ausgebildeten Frühchen in den Brutkästen wirkt es riesig. Elsie erzählt uns, die Kindersterblichkeit sei allein im letzten Monat auf 40 Prozent angestiegen.

Sie willigt ein, in dem Film mitzumachen, und einmal haben wir keine größeren Probleme, uns durch die Mühlen der Bürokratie zu kämpfen und eine offizielle Drehgenehmigung zu erhalten. Damit wäre das Gröbste schon geschafft.

Also können wir zügig den nächsten Kandidaten treffen. Ich möchte jemanden aus dem Bereich Industrie oder Handel und habe gehört, dass der Mann, der die Niederlassung des britischen Sanitärherstellers Armitage Shanks in Ghana leitet, möglicherweise mitmachen würde. Ich erinnere mich, was Dr. Piri während der Cholerakrise in Sambia über die Wichtigkeit sanitärer Anlagen sagte, und habe die Idee, dass eine funktionierende Toilette eine gute Metapher für den Entwicklungsstand eines Landes abgeben könnte.

Die Büroräume von Mister Armitage Shanks liegen in einem Industriegebiet, über einem Ausstellungsraum mit kompletten Badezimmern in Blassrosa und Beige. Nachdem er uns über eine halbe Stunde lang warten ließ, führt er uns in den Ausstellungsraum und hält uns einen Vortrag über Sanitärinstallation. Wir stehen zwischen Urinalen und Fliesen herum, während er mit seinen Heldentaten im Badezimmergeschäft prahlt. Dieser Mann ist für unseren Film absolut ungeeignet – die Zuschauer würden innerhalb weniger Minuten einschlafen.

Auf der Suche nach Ersatz lernen wir Teresa kennen, die eine große Nummer in der Immobilienbranche ist und eine eigene Firma namens Manet Properties besitzt. Ihr Büro liegt in einer ihrer Wohnanlagen, die aus gehobenen Eigenheimen bestehen – viele Reihen identischer, adretter, rosafarbener Kästen mit Schindeldächern.

In der mit Marmor ausgelegten Halle begrüßt uns eine aufreizend aufgemachte Empfangsdame in Mintgrün und bittet uns sofort in ein Büro, in dem Theresa hinter einem unordentlichen Schreibtisch sitzt und mit einem protzigen goldenen Füller Schecks unterschreibt. Ihre langen Fingernägel sind in der Farbe von geronnenem Blut lackiert. Sie trägt ein schickes schwarzbraunes Leinenkleid, und ihr geglättetes Haar ist zu einem schmalen Bob gekämmt.

Weiße Zähne blitzen zwischen ihren Lippen hervor, die mit lilafarbenem Lipliner umrandet und mit Gloss ausgemalt sind.

Teresa ist nicht nur alleinerziehende Mutter, in Ghana eine Seltenheit, sondern hat ihr ganzes Imperium allein aufgebaut. Sie besitzt ein erfolgreiches Hotel an der Küste und träumt von Expansion, von einer großen globalen Wohnungsgesellschaft, die innerhalb der nächsten zehn Jahre entstehen soll. Sie ist für unseren Film perfekt. Es gibt lediglich ein Problem – Teresa stottert fürchterlich. Sobald ihr ein schwieriges Wort auf der Zunge liegt, rollt sie die Augen, ihr ganzes Gesicht wackelt, die Zunge tritt hervor, und ihr Mund verzieht sich in dem verzweifelten Versuch, den Ton hervorzustoßen.

Ich finde, das Stottern macht ihre Erfolge umso bewundernswerter, bin aber etwas angespannt, wie sie in Nahaufnahmen wirkt. Trotzdem wage ich es und nehme sie. Jetzt haben wir alle unsere Charaktere zusammen.

Am nächsten Tag trifft unser Team aus London ein – Yang Shu, der chinesische Kameramann, und Tony, unser Tontechniker aus Neuseeland –, und wir fahren nach Obuasi, um mit unserem ersten Teilnehmer zu drehen, einem 19-jährigen Fußballspieler namens Mike.

Obuasi liegt im Herzen des Ashanti-Landes, wo sich die Goldminen befinden, und die Straße ist elend lang und holprig. Am Straßenrand stehen Leute, die Essen verkaufen: geräucherte, plattgedrückte Ratten, riesige Schnecken und »Bush-Meat« oder Grasnager, große Nagetiere. Kinder haben sie an ihren buschigen Schwänzen gepackt und schleudern sie gegen das Autofenster. Wir scheuchen die Kinder weg, sehr zum Bedauern von Charles, dem Fahrer, der Bush-Meat liebt.

Die Obuasi Goldfields gehören zu den fünf besten Fußballmannschaften in Ghana, und Mike ist einer ihrer Stars. Er ist groß und athletisch, hat intensive Augen in einem langen, traurigen Gesicht und wirkt viel älter als 19. Erst wenn er lacht, sieht er wie ein frecher Junge aus.

»Mein Traum ist es, ein weltberühmter Fußballer zu werden und sehr reich«, meint er achselzuckend.

Spitzenfußballer verdienen in Ghana ungefähr 40 Euro pro Woche – etwa das Fünffache eines durchschnittlichen Lohns – doch das eigentliche, hart umkämpfte Ziel lautet, zu den etwa 15 ghanaischen Fußballern zu gehören, die jedes Jahr von europäischen Vereinen eingekauft werden.

Am nächsten Tag sollen die Goldfields im letzten Spiel der Saison gegen die Cape Coast Dwarves antreten. Wenn sie gewinnen, qualifizieren sie sich für den Cup der Afrikanischen Fußballföderation. Für Mike ist es ein sehr wichtiges Spiel.

Am nächsten Morgen gehen wir um Viertel vor sechs zum Stadion. Die Fußballspieler trödeln herum, gähnen und schlendern langsam in Richtung Frühstück. Der holländische Trainer schreit sie an und grummelt etwas von Disziplin, aber der Mannschaftsbus rumpelt erst um Viertel vor sieben los. Mike rutscht auf dem Rücksitz herum wie ein Schuljunge auf einem Ausflug. Er ist beschwingt und davon überzeugt, dass die Goldfields gewinnen werden. Die anderen Spieler schlafen, ihre langen Beine haben sie in den Gang hinein ausgestreckt. Nach der Hälfte der langen Fahrt ist einem von ihnen übel, und er liegt stöhnend im Gang. Der Trainer verabreicht ihm eine Injektion und gibt ihm Kokoswasser zu trinken.

»Sie wollen einfach nichts dazulernen«, sagt er kopfschüttelnd. »Sie lassen sich nicht sagen, was sie essen oder trinken oder wie sie sich benehmen sollen. Es fehlt an Willen und Disziplin.«

Endlich kommen wir in Cape Coast an. Kilometerlanger weißer, palmengesäumter Sand streicht am Fenster vorbei. Dahinter lärmt der graue, donnernde Atlantik.

Im Stadion ist es sengend heiß, und nirgendwo gibt es Schatten. Anhänger der Heimmannschaft, der Cape Coast Dwarves, haben sich bereits zahlreich versammelt und schwenken wild Fahnen und Schals in den Mannschaftsfarben Grün und Gold. Sie schlagen auf Trommeln, blasen in Pfeifen, singen und tanzen. Es herrscht Karnevalsstimmung.

Ich gehe mit meiner Mini-DV-Kamera in die Menge, während Alison auf einer roh zusammengezimmerten Plattform in der Nähe der Reporterkabinen eine weitere Kamera bedient. Ein paar Jungen unter ihr kichern und versuchen, durch die Ritzen zwischen den Brettern unter ihren Rock zu schauen. Sie stellt die Handtasche zwischen ihre Beine, um ihnen die Sicht zu versperren, woraufhin die Jungen versuchen, die Tasche aufzuschlitzen und unser kostbares Spesenbudget zu stehlen, zum Glück aber ohne Erfolg.

Zur großen Freude der Zuschauer scheint der Schiedsrichter von Anfang an auf der Seite der Heimmannschaft zu stehen. Deren Fans johlen verächtlich und hasserfüllt, sobald ein Spieler der Goldfields versucht, den Ball in seinen Besitz zu bringen. Die Dwarves schießen ein frühes Tor, und die Menge ist außer Rand und Band. Die Leute springen in die Luft, kreischen, wedeln mit den Schals, trommeln und pfeifen – das ganze Programm. In der zweiten Halbzeit eskaliert die Lage. Der Unparteiische ist nun eindeutig auf der Seite der Heimmannschaft. Der Trainer der Goldfields läuft am Spielfeldrand auf und ab, zeigt Faulspiel an oder weist darauf hin, dass sich Spieler im Abseits befinden. Die Verzweiflung der Goldfields-Spieler schlägt in Wut um, und bald bricht auf dem Platz ein Kampf aus, der die johlende Menge draußen anstachelt.

Sobald das Spiel beendet ist, versuchen die Cape-Coast-Anhänger die Holzbarrikaden zu stürmen, die den Goldfields als Kabine dienen. Als ihnen das nicht gelingt, werfen sie Flaschen und mit Wasser gefüllte Plastiktüten.

Mike sitzt niedergeschlagen auf einer Bank und starrt verdrossen auf seine Fußballschuhe. Er hat nicht einmal mehr die Energie, sie auszuziehen. Ohne sich zu duschen oder sich umzuziehen, eilen die Goldfield-Spieler zu ihrem Bus, und wir lassen die Kamera laufen, als der Busfahrer auf die Hupe drückt und sich langsam einen Weg durch die jubelnde und immer noch feindselige Rotte bahnt.

Wir folgen dem Bus, bis er zum Tanken anhält. Entmutigt und erschöpft hängen die jungen Männer in ihren Sitzen. Der Trainer ist nicht begeistert, dass ich noch weitere Interviews führen möchte.

»Die Jungs müssen nach Hause«, sagt er. »Sie sind völlig geschlaucht.« Doch Mike hat Alison entdeckt und stürzt hastig aus dem Bus. Der Trainer lässt sich überreden, dass die Spieler kurz mit uns etwas trinken gehen dürfen.

Zur Tankstelle gehört eine winzige Bar, ausgestattet mit Tischen, Stühlen, einem Perlenvorhang mit Guinnesswerbung und einigen Werbepostern für Club-Bier. Wir bestellen ein paar Getränke, und schon nach ein paar Minuten ist die Niedergeschlagenheit wie weggeblasen, die Mannschaft stimmt Lieder an.

Mike singt, als ginge es um sein Leben, und schwenkt seine Bierflasche herum.

»Wir sind traurig, müssen aber zu unserer guten Laune zurückfinden«, nuschelt er in die Kamera. »Es ist nur ein Spiel. Wir sollten uns davon nicht das Herz brechen lassen. Es muss einen Sieger geben und einen Verlierer. Wenn wir die Verlierer sind, sollten wir aus unseren Fehlern lernen und es nächstes Mal besser machen!«

Dann grinst er, zufrieden mit sich selbst, und ruft nach Alison und ordert mehr Bier, indem er mit seiner Flasche auf den Tisch klopft.

Innerhalb kürzester Zeit ist Mike hoffnungslos betrunken und hängt sich an Alison wie ein riesiges, überdrehtes Hundebaby. Alison flirtet mit ihm, gutmütig, aber verhalten. Wenn sie ihr zu eng wird, windet sie sich aus seiner Umarmung.

Je mehr Bier fließt, desto ausgelassener ist die Stimmung. Nur Sammy, der Kapitän, ist noch traurig. Der kleine, schüchterne Mann in den Dreißigern weiß, was es für seine Karriere bedeutet, dass sie das Spiel verloren haben. Für ihn war es ein entscheidendes Spiel.

Als wir gehen, ist der Trainer schon nachsichtig. »Was soll man mit ihnen nur machen? Ich gebe es auf«, sagt er, schüttelt wohlwollend resigniert den Kopf und schnalzt mit der Zunge in ihre Richtung, als wären sie eine Brut ungezogener Hühner.

Am Tag darauf wechselt das Wetter. Der Himmel ist fleckig blau und hängt tief, es nieselt dauerhaft. Schließlich setzt schwerer Regen ein, der trotz unserer Gummimäntel, Regenschirme und Planen ein Filmen unmöglich macht.

Also fahren wir weg, um mit unserer nächsten Mitwirkenden zu drehen, Leticia, die an der Universität von Ghana Jura studiert. Wieder fahren wir durch Ashanti-Land und halten zum Essen an einem Ort namens Desperados. Und tatsächlich sieht es im Inneren des schummerigen Texmex-Schuppens auch ziemlich desperat aus. An den Wänden hängen grelle Poster von Mexikanern mit riesigen Sombreros, Cowboys und Indianern. Auf der Toilette hat jemand *Fuck Niggers* an die Wand gekritzelt. An der Bar trinken weiße Arbeiter aus den Goldminen in Khakihemden und ausgebeulten Shorts mit grimmiger Entschlossenheit Bier.

Wir sind froh, als wir in Leticias Heimatdorf, Sefwi Wiawso, im Herzen Westghanas ankommen. Das Haus ihrer Mutter strahlt dank eines leuchtend rosafarbenen Lattenzauns etwas Fröhliches aus. Ihre Mutter ist kernig, drall mit einem weisen, verhutzelten Gesicht. Sie begrüßt uns mit großer Herzlichkeit.

Wir drehen ein paar Einstellungen von Mutter und Tochter, wie sie über einem offenen Feuer kochen und über Leticias Leben an der Universität reden. Leticia trägt ein schwarzes Unterhemd. Beim

Stampfen und Rühren gerät sie ins Schwitzen. Ihr Gesicht glänzt im Schein des Feuers, und sie wischt sich mit dem Hemd darüber.

Die Mutter hört aufmerksam zu, den Kopf zur Seite geneigt, während ihre Tochter die Neuigkeiten aus der Stadt erzählt. Ab und an schnalzt sie sanft mit der Zunge, um ihr Erstaunen zum Ausdruck zu bringen.

»Meine Mutter ist in allem, was ich tue, mein Vorbild«, sagt Leticia. »Sie lehrte uns von Anfang an, wie man sich in bestimmten Situationen verhält, wie man die Felder bestellt und wie man kocht, und sie hat uns in die Schule geschickt. Wenn sie die Chance gehabt hätte, zur Schule zu gehen, so wie ich es jetzt glücklicherweise tun kann, wäre sie vielleicht eine bedeutende Frau geworden.«

Im ländlichen Ghana sind über die Hälfte der Frauen Analphabetinnen, und nur gut 40 Prozent aller Ghanaer besuchten die Hauptschule. Leticia war das erste Mädchen aus ihrer Schule, das es auf die Universität von Ghana geschafft hat.

»Ich möchte hierher zurückkommen, die Frauen zusammenholen, sie unterrichten und motivieren«, sagt Leticia ernst. »Wenn man einen Mann ausbildet, bildet man eine einzelne Person aus, aber wenn man eine Frau ausbildet, bildet man eine ganze Nation aus. Eine Frau wird darauf schauen, dass alle ihre Kinder auch eine Ausbildung erhalten.«

Nachdem wir mit dem Drehen fertig sind, bewirten uns Leticia und ihre Mutter mit *banku*, einem klebrigen Teig mit Fischsauce. Das Essen ist heiß, schmeckt köstlich und macht unglaublich satt.

Wir sagen Leticias Familie Gute Nacht und fahren in unser Gästehaus zurück. Die Betten dort sind schmutzig, es gibt keine Zudecken und Handtücher, lediglich eine einzige stinkende Toilette und eine kalte Dusche auf dem Flur. Normalzustand.

Früh am Morgen fahren wir noch einmal zu Leticia. Hähne krähen, und Truthähne und junge Ziegen scharren auf dem Hof, während Leticia mit ihrem Bruder Yamswurzeln zerstößt und uns zum Frühstück Fufu zubereitet. Sie reichen dazu Fisch und – für uns alle etwas Besonderes – Bush-Meat. Charles, der Fahrer, reibt sich gierig die Hände, langt kräftig zu und nagt die kleinen Knochen fein säuberlich ab. Durchschnittlich abenteuerlustig, wenn es um Essen geht, bin ich so frühmorgens nicht unbedingt auf den Anblick von geschmorten Nagetieren aus, aber ich reiße mich zusammen.

Nach dem Frühstück gehen wir über rote Lehmpfade durch Palmen- und Bananenhaine zum Markt, wo die Menschen freundlich und entspannt sind und die Kamera entweder ignorieren oder sie im Vorbeigehen mit wohlwollender Neugier beäugen. Frauen tragen Tabletts oder Körbe auf dem Kopf. Darauf türmen sich Tomaten, Bananen, getrockneter Fisch, riesige Schnecken, Zwiebeln oder Stoffballen in leuchtenden Farben.

Leticias Mutter hat einen Stand, an dem sie Batikstoffe verkauft. Das Gewebe ist sehr schön, also kaufen wir vier Bahnen. Sie verlangt 60000 Cedis, das sind ungefähr 26 Euro – ein durchschnittliches Monatseinkommen und ganz bestimmt ein Sonderpreis für reiche Europäer.

Danach besichtigen wir Leticias alte Schule, die in einer Reihe langer, niedriger Gebäude untergebracht ist, die von Holzveranden umgeben sind. Ihr ehemaliger Lateinlehrer eilt heraus, um uns zu begrüßen. »Wen haben wir denn hier? Täuschen mich meine Augen?«, ruft er. Er ist sich der Kamera bewusst, und ich finde es lustig, wie er seine Rolle übertreibt und Leticia wie einen Filmstar begrüßt.

Leticia bietet uns an, vor einer Klasse zu sprechen, und ich finde es spannend zu verfolgen, was die Kinder von ihr halten. Sie zeigt Haltung und Präsenz. Selbstsicher zieht sie die ganze Aufmerksamkeit der Klasse auf sich.

»Ich mache mir die größeren Sorgen wegen der Damen unter euch«, sagt sie und stellt zu den Mädchen Augenkontakt her.

»Ich flehe auch an, vermasselt es nicht. Ihr alle wollt es doch zu etwas bringen, oder?« Die Mädchen stimmen mit allgemeinem Gemurmel zu.

»Ich glaube, dass viele von euch Mädchen aus dieser Klasse einen Freund haben, und das ist sehr schlecht. Wenn ihr es schafft, bis zum richtigen Zeitpunkt Jungfrau zu bleiben, bis ein Mann kommt, der euch heiraten will, wird er in euch die perfekte Frau sehen. Wenn ihr schon jetzt einen Freund habt, wird der euch nicht heiraten. Also lautet mein Rat an euch, bitte, bitte, bitte geht achtsam mit eurem Leben um.«

Leticia hat bei vielen ihrer Mitschülerinnen erlebt, dass ihre Pläne durch eine frühe Schwangerschaft zunichtegemacht wurden. Heute sind sie Analphabetinnen und hart arbeitende, viele Kinder gebärende Frauen. In einem kleinen Dorf wie diesem hat ein Mädchen, sobald es schwanger ist, keine Möglichkeit mehr, die Schule zu beenden, ganz zu schweigen von einem Umzug in die Hauptstadt und dem Besuch der Universität.

Wir beschließen zu filmen, wie Leticia nach Accra zurückkehrt, und brauchen ein paar Einstellungen von dem Minibus, wie er durch den Busch fährt. Wir bauen die Kamera neben der Straße auf. Der Fahrer hat großen Spaß dabei, uns im Vorbeifahren mit Wasser aus den Pfützen vollzuspritzen.

Wir bitten ihn, den Bus zu wenden und noch einmal an uns vorbeizufahren, damit wir die Einstellung aus einem anderen Blickwinkel wiederholen können. Übereifrig setzt er auf der engen Fahrbahn, die seitlich in einen Steilabbruch übergeht, zu einer Wende in drei Zügen an. Da gerät der Minibus plötzlich ins Schleudern. Er ist mit den Hinterreifen über die Kante gerutscht. Wir halten den Atem an, als der Bus auf und ab schaukelt. Der Fahrer lacht aus blankem Entsetzen. 15 Zentimeter mehr, und der Bus würde mit all seinen Insassen etwa 100 Meter in die Tiefe stürzen.

Langsam, ganz behutsam verlassen die Fahrgäste den Bus, und der Fahrer schafft es irgendwie, ihn auf die Straße zurückzumanövrieren. Vor Erleichterung nehme ich Leticia in die Arme. Wir beschließen, dass wir für diesen Tag mit dem Drehen Schluss machen.

Am nächsten Tag fahren wir noch einmal in das Krankenhaus von Korle-Bu zu Elsie. Wir filmen sie bei der Untersuchung winziger Babys mit Meningitis, bei Gesprächen mit Müttern, die ihre Rechnungen nicht bezahlen können, und wie sie sich über ein fehlendes CPAP beklagt, ein Gerät, das Babylungen konstant mit Sauerstoff versorgt. In amerikanischen oder britischen Krankenhäusern gehört es zur Standardausstattung. Ohne dieses Gerät verliert Elsie zehnmal mehr Babys, als es in britischen Krankenhäusern der Fall ist, die damit ausgerüstet sind.

Während es in Großbritannien 95 000 Ärzte gibt, sind es in Ghana 750, das heißt, auf 26 000 Menschen kommt ein Arzt, und nur bei der Hälfte aller Geburten ist medizinisch ausgebildetes Personal anwesend. Vor diesem Hintergrund ist es erstaunlich, dass Elsie so gute Laune versprüht. Sie sagt, ihre Arbeit mache ihr »Spaß«, und wirbelt mit ihrem ansteckenden Lachen auf der Station herum.

Am folgenden Morgen fügen wir uns wieder unserem mörderischen Zeitplan und starten um halb sechs nach Tamale im Norden, wo wir unseren nächsten Mitwirkenden filmen wollen, Chief Nanton-Naa den Zweiten.

Nanton-Naa bedeutet wörtlich »Oberhaupt von Nanton«. Der Träger dieses Namens ist 65 Jahre alt, seit über einem Jahrzehnt Chief und hat 75 Kinder von zwölf Frauen. Er ist einer von 20 obersten Chiefs in der Region und herrscht über 6 700 Menschen. Heute richtet er eine Versammlung mit den benachbarten Oberhäuptern aus.

Wir fahren durch eine ebene, aber üppig bewachsene und schöne Landschaft, durchzogen von Dörfern aus braunen, strohgedeckten

Häusern mit Fensterläden aus Holz, und kommen am Nachmittag in Nanton an. Die Feierlichkeiten haben bereits begonnen. Die Sprechtrommeln dröhnen, und eine große Menschenmenge hat sich versammelt. Es herrscht eine Hitze wie im Backofen.

»Chinky! Chinky!«, rufen die Kindern ausgelassen, als sie Yang Shu sehen.

Nanton-Naas Haus ist groß und mit Stroh gedeckt, der Eingang hellblau und auf beiden Seiten mit Bildern von Löwen bemalt. Wir gehen durch einen großen, kühlen, dunklen, mit Gras ausgestreuten Raum in das innerste Heiligtum, den langen, niedrigen Thronraum.

Durch die geschlossenen Fensterläden fällt etwas Licht und wirft Streifen auf die beigefarbenen Wände und den Boden. Auf der einen Seite des Raums steht der Thron, ein riesiger Stapel Kuhhäute, hinter dem die Wand knallpink bemalt und mit einem gelben Leoparden geschmückt ist, der die Stärke des Chiefs symbolisieren soll.

Auf dem Thron liegt Nanton-Naa, auf einen Ellbogen gestützt. Er ist wohlgenährt, trägt einen weißen Bart in seinem fröhlichen, vollen Gesicht, hat eine raue Stimme und stöhnt, wenn er seinen massigen Leib bewegt. Wie gebannt verfolgt er Alison mit seinen Augen. Mit dröhnendem Lachen bestätigt er alles, was sie sagt. Sie hat es ihm ganz eindeutig angetan.

Später folgen wir Nanton-Naa nach draußen, wo ein weiterer Thron aufgebaut wurde. Als er durch die Menge darauf zuschreitet, wackelt ein scharlachroter, mit Fransen eingesäumter Sonnenschirm über seinem Kopf, und Musiker drängen sich um ihn. Ein Trommler kniet sich vor ihn, beugt sich zurück und singt. Nanton-Naa geht sehr, sehr langsam, bewegt den Kopf ruckweise würdevoll im Rhythmus der Musik und nickt der bewundernden Menge nach allen Seiten zu. Flankiert ist er von zweien seiner wunderschönen Frauen. Sie sind in enge, bunt leuchtende Kleider geschnürt und tragen dazu passenden Haarschmuck. Ihre einzige Aufgabe besteht darin, ihrem Ehemann Luft zuzufächeln. Sie wedeln die Fächer mit einer Anstrengung und Konzentration, als handle es sich um Teppichklopfer.

Die Tänze setzen ein. Die Chiefs tragen Kopfbedeckungen, die an die altmodischen Schlafmützen aus den Geschichten von Charles Dickens erinnern, und, über einer ganzen Reihe von Petticoats, in der Taille zusammengebundene, weißgestreifte Umhänge. Ihre Stiefel aus Tierhäuten sind kunstvoll mit Blumen bestickt. Insgesamt wirken sie eher wie Kosaken oder tanzende Derwische denn wie afrikanische Oberhäupter. Beim Tanzen drehen sie sich wie Kreisel, und ihre Umhänge breiten sich aus und schwingen um ihre Körper.

Nachdem Nanton-Naa getanzt hat, werden wir alle in den inneren Thronraum gebeten. Nanton-Naa ernennt Alison zum Unterchief. Man erklärt ihr, sie solle sich auf einen Plastikstuhl gegenüber Nanton-Naa setzen. Dann wird ihr einer der schweren, mehrlagigen Umhänge angelegt und ein Kopfschmuck auf das goldblonde Haar gesetzt.

Nanton-Naa ernennt Alison zum *Chief of Repairs*, zum Chef für den Aufbau, und erklärt seinen Untertanen, dass sie uns alle von weit her über das Meer gebracht hat, damit wir ihnen helfen, die Elektrizität zu bekommen, die sie so dringend brauchen. Alison bedankt sich beim Chief und vollführt dann in ihrem neuen Umhang das obligate Wirbeln, was die alten Männer fasziniert. Ein bewunderndes Schnattern geht durch die Menge, während Nanton-Naa sie anhimmelt.

Am Tag darauf ist das Wetter unwirtlich, ich wache durch den Lärm sintflutartigen Regens auf, der auf das Dach prasselt. Wir fahren durch den Regenguss nach Nanton, die Scheibenwischer ächzen.

Wir treffen Nanton-Naa, in prächtige Roben gekleidet und mit Ketten aus Leder, Horn und Stein behängt, im Thronraum an. Er spricht über seinen Traum von der Elektrizität. Alles was er will, ist eine kleine Fabrik und ein paar Mahlwerke für die Herstellung von Öl.

Nach dem Interview wird Essen aufgetragen, und der Chief zieht Geschenke hervor, einen Sack voller Yamswurzeln und vier lebende Perlhühner, deren Klauen zusammengebunden sind. Wir sind nun alle ganz offiziell Freunde, und die Stimmung im Thronraum ist sehr entspannt. Der Hofstaat fängt an, sich über Yang Shus exzentrische Kleidung zu amüsieren. Er trägt eine ärmellose Weste, chinesische Armeehosen und einen ziemlich grellen, kirschrot-gelben Cowboyhut, ein Geschenk unseres Dolmetschers Nantogma. Von dem Gelächter angestachelt, erfindet Yang Shu schließlich selbst Witze.

»Die Mädchen mögen ghanaische Männer«, sagt er und deutet dabei auf Alison und mich. Ich ziehe eine Grimasse, die ihm anzeigt, er solle jetzt besser den Mund halten. Wenn es um Alison geht, braucht der Chief keine weitere Ermutigung. Nanton-Naa nimmt das alles gutgelaunt hin. Nantogmas Übersetzung ist offensichtlich ausgleichend und taktvoll.

»Was gefällt euch an Ghana?«, möchte der Chief von Yang Shu wissen.

»Eure Frauen«, antwortet dieser wie aus der Pistole geschossen.

Mein Blick trifft sich mit dem Alisons, und ich stöhne innerlich.

Der Chief erteilt jemandem Anweisungen, und Nantogma gibt Yang Shu ein Zeichen innezuhalten.

Am Eingang entsteht etwas Tumult, dann wird Nanton-Naas schönste Tochter in den Raum geschubst. Yang Shu laufen vor Erstaunen die Augen über. Nantogma schluckt einmal kräftig, bevor er übersetzt. »Du kannst sie zur Frau haben, wenn du magst«, sagt er.

Die Gefolgsleute zucken mit den Achseln, und Nanton-Naa neigt den Kopf wie eine gerissene alte Eule zur Seite und wartet die Reaktion ab. Das Mädchen verbeugt sich und wirft Yang Shu ein bestechendes Lächeln zu. Sie ist wie aus einem Traum.

»Danke«, erwidert Yang Shu, »aber ich habe zu Hause schon eine Frau.«

»Du bist verheiratet?«, fragt Nantogma mit einem erstaunten Stirnrunzeln.

»Ja, meine Frau ist in London«, antwortet Yang Shu.

Nanton-Naas Lächeln verschwindet, als Nantogma übersetzt. Gereizt schickt er seine Tochter weg.

»Er glaubt, sie gefällt dir nicht«, sagt Nantogma.

»Aber nein! Sie ist wunderschön«, beteuert Yang Shu. »Wenn ich nicht schon verheiratet wäre, würde ich sie gern haben.«

Was immer Nantogma auch übersetzt, es scheint zu wirken. Der Chief zuckt mit den Schultern, und in Kürze kichern alle seine Gefolgsleute und zeigen auf Yang Shu.

»Zeit, zur Farm zu fahren«, verkündet der Chief und rülpst ziemlich laut, als wolle er damit deutlich machen, dass die Sache beendet ist.

Wir folgen dem hoch und nieder hüpfenden Pick-up des Chiefs zu seiner Farm. Die Menschen, an denen er vorbeifährt, gehen zum Zeichen ihrer Ehrerbietung in die Hocke. Als wir ankommen, mühen sich seine Arbeiter auf den Maisfeldern ab oder sind mit dem Aufsammeln von Erdnüssen beschäftigt. Als der Chief sich anschickt, seine Runde zu machen, legen sie alle ihre Arbeit nieder und sinken zu Boden, um ihn zu begrüßen.

»Naa! Naa!«, sagen sie, als er zwischen ihnen durchschreitet. Voller Stolz zeigt er uns mit einer ausladenden Armbewegung seine Ländereien.

13 runde, ockergelbe Häuser mit Strohdächern bilden den Compound von Nanton-Naas Frauen. Sie stehen in einem Kreis, in dessen Mitte die Frauen kochen und sich versammeln. Jede der zwölf

Frauen hat ein eigenes Haus, das dreizehnte ist leer und wird für eine potenzielle weitere Frau bereitgehalten. Ich hoffe inständig, dass der Chief nicht Alison für Haus Nummer 13 im Kopf hat.

Die Hauseingänge sind mit Scherben zerbrochener Keramiken dekoriert. Sie sind in den Lehm eingebrannt, sodass sie wie kunstvolle Mosaike wirken. Auf den Spitzen der konisch zulaufenden Strohdächer hocken gurrende Tauben. Erdnüsse sind zum Trocknen in der Sonne ausgelegt. In der Mitte des Compounds knistert ein Feuer, über dem schon ein großer schwarzer Topf siedet.

Die erste Frau ist besser gekleidet als die anderen – in dickes grünes, mit Gold besticktes Tuch aus Nigeria mit einem dazu passenden Turban von beeindruckender Größe. Dazu trägt sie auffallende, teure Goldohrringe und eine Halskette aus Accra. Majestätisch, mit etwas Abstand zu den anderen Frauen und ganz offensichtlich als oberste Instanz, sitzt sie vor ihrem Haus.

Es ist Brauch, dass die neueste Frau den Chief bedient, also hält sich Ehefrau Nummer zwölf nicht im Compound auf. Ihre Rolle gebietet ihr, für alles zu sorgen, was er braucht, ihn zu baden und anzukleiden, für ihn zu kochen und ihn überallhin zu begleiten.

Die elfte Frau, seit kurzem in dieser Rolle abgelöst, ist wunderschön. Sie ist um die 30 und hat vor einem Monat den jüngsten Sohn des Chiefs geboren. Dem winzigen Baby wurden bereits zwei rituelle Narben in die Backen geritzt. Es wirft uns, während es gierig an der Brust saugt, immer wieder einen Blick zu. Frau Nummer elf gibt zu, dass sie erleichtert ist, wie sie nun hier im Compound bleiben kann und genügend Zeit hat, sich um ihre Kinder zu kümmern, anstatt den lieben langen Tag für den Chief da sein zu müssen, was sie als echte Sklavenarbeit beschreibt. Dennoch ist sie sichtlich stolz, die Frau des Oberhaupts zu sein.

Die anderen Frauen kochen und zerstoßen gemeinsam Yamswurzeln und Mais, scharen sich um das Feuer und lachen und schwätzen bei der Arbeit. Sie essen gemeinsam und füttern die Kinder, indem sie ihnen mit der Hand ordentliche Portionen Fufu in den Mund stopfen. Eine Frau taucht aus ihrem Haus auf und trägt stolz eine hochglänzende schwarze Singer-Nähmaschine auf dem Kopf. Sie setzt sich erst eine Weile draußen hin, dann fängt sie an, ein scharlachrotes Stück Tuch zu nähen. Andere breiten Matten aus und beten gen Mekka, wobei sie die Stirn auf den Boden legen. Wieder andere schaffen Brennholz zum Feuer.

Ich rufe alle Frauen zusammen und interviewe sie. Nummer eins nimmt ihren Platz in der Mitte ein. Babys krabbeln, und Kleinkinder wackeln durch die Einstellung, während wir drehen. Unter den Frauen schwillt das Gelächter an, insbesondere, als ich sie frage, ob der Chief eine Lieblingsfrau habe oder ob sie manchmal streiten oder eifersüchtig seien. Frau Nummer eins gibt die Regeln für das Interview vor, und die anderen warten ihre Anweisungen ab.

»Redet! Redet!«, sagt sie und hebt gebieterisch den Arm.

Daraufhin sprechen sie, manche schüchtern, andere kichern so viel, dass sie schließlich ihr Gesicht verdecken müssen. Als ich sie nach Elektrizität frage und was sie sich am meisten wünschen, werden sie ganz aufgeregt.

»Einen Kühlschrank!«, rufen sie.

»Eine Mühle!«, meint eine.

»Einen Ventilator«, wirft eine andere ein und löst damit eine Lachsalve aus.

»Eine Wasserpumpe«, sagt eine von ihnen.

»Eine Toilette«, schlägt die Nächste vor, was mit Heiterkeitsausbrüchen kommentiert wird.

»Fernsehen«, ruft eine, und dann stimmen sie alle im Chor ein: »Fernsehen! Fernsehen! Fernsehen! Wir wollen Fernsehen!«

Genau in diesem Moment marschiert der Chief in den Compound, Frau Nummer zwölf tippelt in Rot hinter ihm her. Er führt uns zum Hauptcompound. Überall sind Hinweise auf eine geplante Stromversorgung – dicke Kabelrollen, riesige Holztrommeln mit grünem Draht umwickelt, Schachteln voller Transformatoren. Sie liegen zwischen den festgebundenen Pferden, Fahrrädern und Ziegen herum.

Der Chief bewegt sich ehrfurchtsvoll durch die liegengebliebenen Kisten voller Material. Auf der einen Seite des Compounds sind zwei Ziegen in einen Korb mit vermutlich ziemlich kostspieligen Teilen geklettert und wühlen neugierig mit ihren Nasen darin herum, dazwischen verrichten sie nach Belieben ihre Notdurft. Elektrizität scheint in weiter Ferne. Das Tageslicht wird schwächer, also eilen wir durch das Dorf, um noch Aufnahmen zu machen.

Das ist die magische Stunde. Wenn die Sonne untergeht, erscheint Afrika als ein einziges Idyll. Von den Häusern steigt der süßliche Geruch von Holzrauch auf. Tauben gurren, Ziegen meckern, und die Frauen zerstoßen in beruhigendem Rhythmus Yamswurzeln. Männer fahren gemächlich mit dem Fahrrad heim zu ihren Familien. Kinder kreischen voller Freude beim Herumlaufen zwischen den Häusern.

Die untergehende Sonne taucht alles in goldenes Licht, und der sanfte Schein von Öllampen und die ersten Feuer der Nacht leuchten einladend durch die Abenddämmerung. Jeder hier hat blindes Vertrauen in die Modernisierung, einen absoluten Glauben an die Segnungen der Elektrizität, ohne irgendeine Ahnung, was sie damit verlieren. Sicher wirkt dieses unberührte Dorf so paradiesisch auf mich, weil wir aus dem Westen eine romantische, wenn auch unrealistische Sehnsucht nach einem einfacheren Leben in uns tragen.

Am Tag darauf fliegen wir nach Accra zurück, wo wir die Dreharbeiten mit Leticia zu Ende bringen wollen. Sie wartet in der Universität auf uns, einem eleganten Campus, der von chinesischer Architektur inspiriert ist. Er besteht aus langen, niedrigen weißen

Gebäuden mit roten Schindeldächern. Die Fenster sind mit Läden versehen. Es gibt Bogengänge und Flechtwerk, Verbindungsstege mit Durchblicken, Springbrunnen und kühlen, abgesenkten Innenhöfen.

Leticia trägt ein hübsches maßgeschneidertes, rosafarbenes Kostüm, Pumps und eine praktische Handtasche. Ihre Frisur sitzt tadellos, und sie wirkt wie eine etwas gekünstelte junge Dame. Nur wenig ist noch übrig von der jungen Frau, die im Unterhemd über dem heißen Feuer schwitzte, als sie mit ihrer Mutter Fufu zubereitete.

Sie führt uns in die verstaubte Juristenbibliothek und von dort in einen Gemeinschaftsraum, einen großen, luftigen Raum, dessen Wände mit Porträts von Männern in akademischen Roben behängt sind. Wir fangen mit dem Interview an. Sie wirkt selbstbewusst und für eine 22-Jährige sehr bestimmt. Erst als wir nach einem Freund fragen, verliert sie ihre Sicherheit und kichert wie ein kleines Mädchen.

Am nächsten Tag fahren wir nach Greater Accra hinaus, um unsere letzten Einstellungen mit Mike, dem Fußballspieler, zu drehen. Seine Heimatstadt Tema ist ein verlassener kleiner Ort am Meer, in dem die Häuser aus Verschalungsbrettern zusammengezimmert sind.

Mike nimmt uns in das Haus mit, in dem er mit seinem Vater lebt. Dieser ist seit Mikes Kindheit infolge eines Autounfalls gelähmt. Er liegt im Hinterzimmer unter einer schäbigen Decke auf einer dünnen Matratze. Er kann sich zwar nicht bewegen, hat aber schnelle, intelligente Augen, und sein freundliches Gesicht ist von einem dichten grauen Bart gerahmt. Wir erleben ihn als freundlichen, herzlichen Menschen.

Wir dürfen filmen, wie Mike ihn rasiert. Er beugt sich über seinen Vater und schabt mit einem Messer über sein Gesicht, dann stutzt er den Bart mit einer Schere in Form. Die ganze Zeit über plaudern Vater und Sohn miteinander, vor allem über Fußball. Ich bin sehr gerührt, dass Mikes Vater keinerlei Anzeichen von Verbitterung zeigt. Er ist stolz auf seinen Sohn, und seine einzige Sorge besteht darin, er könnte ihm zur Last fallen.

Später zeigt uns Mike voller Freude das neue Haus, das er unmittelbar hinter dem seines Vaters baut. Für ghanaische Verhältnisse ist es ein Palast und ein Gradmesser für seinen Erfolg. Was Mike sich aber am meisten wünscht, ist genügend Geld, damit er für die Heilung seines Vaters im Ausland sorgen kann. Sein naiver Glaube in die westliche Medizin rührt mich.

Wir müssen auch noch einige Szenen mit Elsie drehen, die in einem Ärztetrakt hinter dem Krankenhaus wohnt. Ihre Erdgeschosswohnung ist dunkel und staubig, der Blick aus dem Fenster geht über blanken Beton auf einen identischen Trakt gegenüber. Der einzige aufmunternde Anblick ist die leuchtend bunte Wäsche, die zum Trocknen draußen hängt.

Die düstere Wohnung wird von Elsies kleiner Tochter aufgehellt, einem Kleinkind, das eine Freude ausstrahlt, von der man sich einfach anstecken lassen muss. Sie wackelt auf uns zu, voller Vertrauen und Neugier, oder sieht schüchtern, aber kokett hinter dem Rock ihrer Mutter hervor. Ich habe kaum jemals ein hübscheres Kind gesehen.

In ihr zeigt sich Elsies größtes Dilemma. Elsie hat beschlossen, ihre Ausbildung im Ausland zu Ende zu machen. In Ghana würde es wesentlich länger dauern, bis sie fertige Kinderärztin ist, als in den Vereinigten Staaten, wo sie nur noch drei Jahre brauchen würde. Sie hat bereits angefangen, sich nach Ausbildungsmöglichkeiten dort zu erkundigen. Ihr Ehrgeiz sagt ihr, dass sie weggehen muss, doch das bedeutet gleichzeitig, dass ihre geliebte Tochter in die Obhut ihrer Mutter kommt. Eine so schmerzhafte Entscheidung sollte sie eigentlich nicht treffen müssen.

Am nächsten Tag fahren wir die Küste hinab nach Ada, um Teresas Touristenhotel, Manet Paradise, zu filmen. Von der Terrasse hat man freien Blick über die Lagune und den Strand gegenüber, der in der Hitze flimmert, während elegante, bemalte Boote vorbeigleiten.

Teresas Traum ist es, diesen Küstenabschnitt zum Miami Afrikas zu machen. Der Tourismus hat zwar in den letzten drei Jahren zugelegt, doch zählt Ghana noch längst nicht zu den wichtigen Reisezielen.

»Was wir auch tun, wir schaffen es einfach nicht, Leute in das Land zu locken, so wie sie nach Florida, Las Palmas oder Hawaii oder irgendeinen anderen dieser Orte fahren«, sagt Teresa. Ich bin mir nicht sicher, ob ich sie um ihren Ehrgeiz beneiden oder mich über ihre Naivität wundern soll. Wenn ihr Hotel ein internationales Publikum anziehen soll, liegt noch ein langer Weg vor ihr. Doch Teresa ist keine, die schnell aufgibt. Eben hat sie, trotz des immens hohen Zinsniveaus, einen Kreditvertrag über 2,6 Millionen Euro abgeschlossen.

Das teuerste Haus in Teresas neuer Anlage kostet 110 000 Euro, das entspricht dem 300-fachen eines Durchschnittseinkommens.

»Hier wird Erfolg daran gemessen, ob man sich ein eigenes Haus leisten kann«, erklärt Teresa. »Ich habe einen großen Traum – ich will bezahlbare Häuser bauen und dadurch in der Gesellschaft etwas verändern.«

Sie führt uns durch eines dieser »Traumeigenheime«. Es ist mit rosafarbenen Vorhängen, jeder Menge Deckchen und einem großen, glänzenden, ovalen Tisch mit unbequemen, gestreiften Stühlen eingerichtet. Ihre Zielgruppe sind junge Angestellte, die bei Banken oder internationalen Organisationen beschäftigt sind.

In der Toilette testet Teresa die Spülung. Sie klemmt.

»Unser g-g-größter Alptraum sind immer die s-s-sanitären Anlagen«, stottert sie, die Kamera vor Augen. »Ich bin immer nervös, wenn ein K-k-kunde anruft, d-d-doch sie sehen, dass alles b-b-bestens ist hier.« Mit einiger Anstrengung gelingt es ihr, die Spülung doch noch in Gang zu bringen.

Ich möchte eine Einstellung, in der Teresa durch eine ihrer gespenstisch leeren, sterilen Anlagen aus dem Bild geht. Dazu mieten wir einen Kran, der 1928 für einen Spielfilm gebaut wurde. Er ist ein riesiges, altes Monster, aber das Beste, was Ghana zu bieten hat. Bedient wird er von Francis, einem Dollyfahrer in Gangsterlook mit Ray-Ban-Sonnenbrille. Als wir ihn zum ersten Mal treffen, erkundigt er sich dreimal, wer der Regisseur ist, bis ich ihm endlich klarmachen kann, dass »sie« vor ihm steht.

Ich will mir die Einstellung vom Kran selbst ansehen, also zwänge ich mich vorsichtig in den Sitz. Als Francis und seine Männer die Gewichte wegnehmen, fährt der Kran mit beängstigender Geschwindigkeit nach oben, gleichzeitig sackt mein Magen nach unten.

Ich schwebe hoch über den roten Schindeldächern, von wo die Anlage wie eine Spielzeugstadt aussieht. Es gibt keinen Haltegurt, nichts, was mich davor bewahren würde, im Falle eines Falles in die Tiefe zu stürzen. Wir brechen sämtliche westlichen Sicherheitsbestimmungen, aber in ganz Ghana gibt es keine andere Vorrichtung, mit der wir eine solche Einstellung drehen könnten.

Teresa fährt einen großen roten Jeep. Unterwegs zu einer ihrer Baustellen erzählt sie mir, wie sehr sie ihren Vater vermisst. Er wurde erst kürzlich begraben. Ihre Kollegen sind schockiert, dass sie so schnell nach seinem Tod die Arbeit wiederaufgenommen hat.

»Hier erwarten die Leute, dass man einen Monat lang trauert«, erklärt sie. »Aber wissen Sie, ich konnte mein Geschäft nicht so lange allein lassen.«

Bis zur Ankunft an ihrer riesigen Baustelle sind wir Freundinnen geworden. Wir tauchen in einer Wolke aus rotem Staub unter. Es ist noch nicht einmal Mittag, und nur wenige Menschen sind zu sehen. In der Ferne ist von einem einzelnen Arbeiter sporadisches Hämmern zu hören. Teresa schnalzt missbilligend mit der Zunge, zieht die Stirn in Falten und marschiert in Richtung der Hammerschläge los.

Unterwegs treffen wir auf eine Gruppe von Arbeitern, die im Schatten sitzen.

»W-w-was macht ihr hier?«, fragt Teresa streng und schaut dabei auf ihre elegante goldene Uhr.

»Wir ruhen uns aus«, antwortet einer.

»Ihr r-r-ruht euch aus?«, schreit sie Teresa an.

»Wir sind müde«, bemerkt ein anderer.

»Ihr seid m-m-müde«, erwidert Teresa voller Verachtung.

»Es gibt nichts zu tun«, sagt ein dritter. »Es ist kein Zement da.«

Gerade wurde aber eine Ladung Zement angeliefert. Sie steht unberührt in der Sonne. Terese zeigt darauf. »F-f-fangt sofort zu arbeiten an«, sagt sie schroff und stürmt weiter.

»Wir brauchen gut ausgebildete Zimmerleute, Installateure, Maurer«, sagt sie in die Kamera. »Wir müssen mit ungelernten Leuten arbeiten, und das macht alles sehr schwierig. Wenn die Leute ausgebildet sind, nutzt das der Wirtschaft. Der wirtschaftliche Erfolg wird von dieser riesigen Mittelschicht abhängen.«

Vermutlich hat Teresa recht. Es herrscht große Nachfrage nach der Art von Eigenheimen, die sie baut, und sie kann nur ein Drittel dieses Bedarfs bedienen.

Später lasse ich sie für ein Interview Platz nehmen. Ich muss sie einfach auf ihr Stottern ansprechen. Es würde im Film komisch wirken, wen ich das nicht zur Sprache brächte. Da ich Angst habe, sie zu verletzen, spare ich es mir bis zuletzt auf. »Ist das Stottern nicht eine zusätzliche Erschwernis für Sie gewesen, sich als Frau durchzusetzen?«, frage ich vorsichtig. Zu meiner Erleichterung lächelt sie.

»Das Stottern war ganz bestimmt hinderlich«, antwortet sie. »Ich war deshalb sehr zurückhaltend. Ich musste viel mit mir selbst abmachen. Manchmal denke ich, dass ein Teil meiner Energie daraus entstanden ist, also hat es auch etwas Gutes.«

Ich bewundere Teresa und möchte mit ihr in Kontakt bleiben. Sie verspricht mir, dass sie bis zu meinem nächsten Besuch in Ghana eine Anlage mit 1 000 Häusern gebaut haben wird. An ihrem Ehrgeiz und ihrer Entschlossenheit besteht kein Zweifel. Was ihr im Weg steht, ist die Qualifikation der Arbeitskräfte und die allgemeine Einstellung, für möglichst viel Geld möglichst wenig zu leisten.

Wir kommen allmählich zum Ende unserer Dreharbeiten. Die letzte noch ausstehende Aufgabe besteht darin, mit ›KSM‹ zu drehen, Ghanas populärstem und kontroversestem Radiomoderator und Comedystar. Seinen vollen Namen werde ich mir nie merken können, er heißt bei allen nur KSM. Er kommt verspätet von einem Auftritt aus Südafrika zurück, also bleiben uns nur anderthalb Tage für die nötigen Aufnahmen. Ich muss schnell entscheiden, welche Einstellungen wir streichen.

KSM ist groß und hat leicht zusammengekniffene Augen in einem langen, feingliedrigen Gesicht, wie eine klassische afrikanische Schnitzarbeit, was ihm ein etwas eingebildetes, ja beinahe arrogantes Aussehen verleiht. Ich finde, wir müssen ihn unbedingt während seiner Live-Radiosendung *Talk Shop* filmen. Die Kopfhörer auf, bedient KSM die Regler mehr im Stehen als im Sitzen und lässt dabei den Blick aus dem Fenster über Accra schweifen.

Er nennt sich selbst die »Stimme der Vernunft«, und in der heutigen Sendung geht es um Korruption. Er mokiert sich über afrikanische Präsidenten, die ihr Land bestehlen, und nennt konkret General Babangida, den ehemaligen Präsidenten von Nigeria, der Milliarden Dollar in die eigene Tasche gewirtschaftet und auf Schweizer Konten transferiert hat. Er spricht über allgegenwärtige Bestechungen und Vetternwirtschaft, die verhindern, dass es talentierte Leute ganz nach oben schaffen.

Die Leitungen sind von Anrufern überlastet, die ihre eigenen Geschichten loswerden wollen. KSM ist brillant und diskutiert zwei Stunden lang live. Es ist eine wahre Gewalttour. Mit einer halben Million Zuhörer ist dies die erfolgreichste Talksendung in Accra.

KSM hat 14 Jahre in den USA gelebt, entschloss sich dann aber, nach Ghana zurückzugehen und zur Entwicklung seines Landes beizutragen. Als er sah, dass die Leute von der Politik die Nase voll hatten, versuchte er es in Hörfunk und Fernsehen.

»Mein Traum ist einfach«, erklärt er, »ich will Ghana mit Hilfe der Medien verändern.«

Er unterhält auch eine Fernsehproduktionsfirma namens Sapphire und führt Regie bei Ghanas erster Sitcom. Er will die Fernsehindustrie so weit aufbauen, dass sie auf internationaler Ebene mithalten kann.

»Ich freue mich schon, wenn Sendungen von Sapphire in Channel Four laufen«, sagt er augenzwinkernd. »Weltklasse, made in Ghana von Ghanaern.«

Er ist nicht halbherzig nach Ghana zurückgekehrt. Er will, dass das Land sich selbst aus dem Dreck zieht, so dass seine eigenen Kinder nicht nach Amerika gehen wollen, wie er es getan hat. Aber er weiß auch, dass Ghana noch einige Probleme zu bewältigen hat.

»Eines der größten Probleme ist die Gleichgültigkeit«, sagt er. »Die Leute sind damit zufrieden, wenn es gerade so reicht, ihnen fehlt der Antrieb. Wir leben in einer globalen Welt, und es geht nicht nur um das Einhalten von Terminen, sondern auch darum, die Arbeit schneller als notwendig zu erledigen und wettbewerbsfähig zu werden. Kulturell gesehen sind die meisten unserer Prioritäten falsch.«

Wir sehen ihm bei einer mit Spannung erwarteten Comedyshow in einem von Accras renommiertesten Jazzclubs zu. Er hat eine Bar und viele kleine Tische mit Stühlen, die auf eine enge Bühne mit gemaltem Hintergrund ausgerichtet sind. Der Club ist gerammelt voll.

KSMs Show ist ein bitterböser, aber komischer Angriff auf die Gleichgültigkeit, die er so hasst. Als Erstes hat er es auf die Heimkehrer abgesehen: »Im ersten Jahr sind sie voller neuer Ideen, wie ›Hey, wir müssen in Ghana eine U-Bahn bauen‹.«

Das Publikum biegt sich vor Lachen, als er einen aufgeblasenen Heimkehrer imitiert, der seine Pläne für eine Linie quer durch Accra erläutert.

»Im zweiten Jahr werden sie realistischer«, fährt KSM fort und pausiert, solange die Zuhörer johlen. »›Oh, ich glaube, wir brauchen mehr Busse auf den Straßen.‹ Ja, sie werden realistischer. Im dritten Jahr ...«, dabei sackt KSM in sich zusammen, lässt die Schultern hängen und schleppt sich mit jämmerlicher Miene über die Bühne, »heißt es dann, ›ach, wer kann in Ghana schon etwas verändern?‹«

Die Zuschauer brüllen vor Begeisterung, erkennen ihre eigene Trägheit wieder und lachen Tränen angesichts ihrer hoffnungslosen Lage.

»Ich weiß, dass wir es besser können«, erklärt KSM später. »Ich weiß, wir haben den Grips und sind dazu in der Lage. Das gehört ja auch mit zu dem, was mich frustriert, dass ich weiß, wir verfügen über das Potenzial. Wo immer wir auch heute stehen mögen, Ghana ist das Tor nach Afrika.«

In London änderten die Redakteure von Channel Four, die den Film in Auftrag gegeben hatten, immer wieder ihre Meinung, was für eine Art Film daraus werden sollte. Der Programmdirektor bestand auf den Titel »Die Generation Ghana«, was für meine Begriffe nach Geografieunterricht klang. Wie erwartet, nahm dann niemand von dem Film Notiz, mit Ausnahme von zwei Kritikern, die sagten, er sei »trotz des nicht besonders aufregenden Titels« hervorragend und interessant. Inzwischen wurde die ursprüngliche Idee, die Entwicklung unserer sechs Mitwirkenden über einen längeren Zeitraum zu verfolgen, vollständig aufgegeben, und ich glaube, die Redakteure bei Channel Four hoffen, ich höre endlich auf, ihnen damit auf die Nerven zu gehen.

Ich bezweifle, dass Nanton-Naa inzwischen Strom hat oder Elsie nach New York gegangen ist. Leticia war zwischenzeitlich zweimal in London, und es geht ihr an der juristischen Fakultät ganz gut. Mike ist auf der Suche nach einer Mannschaft in London. Ich habe keinen Kontakt mehr zu ihm, hoffe aber, dass er eine gefunden hat. Teresa hat ihre Traumanlage noch nicht fertiggestellt. KSM wurde von der Regierung die Radiofrequenz entzogen, weil seine Sendungen zu subversiv waren. Nach neuesten Informationen hat er sie inzwischen zurückbekommen und nimmt nach wie vor kein Blatt vor den Mund.

Wie immer es mit dem Filmprojekt weitergehen mag, ich hoffe aus ganzem Herzen, dass unsere glorreichen Sechs ihre Ziele erreichen werden.

14 Geschichten von jungen Bräuten

Äthiopien

Per Gesetz liegt das Mindestheiratsalter in Äthiopien bei 15 Jahren, doch in den ländlichen Gebieten wird dies oft missachtet. Kameramann Bill Locke und ich drehten im Auftrag des UN-Bevölkerungsfonds einen Film über Kinderhochzeiten. Dazu hielten wir uns in Bahir Dar auf, einem relativ üppig bewachsenen Teil des äthiopischen Hochlands, nahe den Ufern des großen, moskitoverseuchten Tana-Sees, wo Kinderehen am häufigsten vorkommen.

Trommeln dröhnen, und die Menge drängt sich um eine Gruppe tanzender Frauen, die Schultern und Hüften in sinnlicher Ekstase schütteln. Jene, die nahe an den Tänzerinnen stehen, klatschen im eindringlichen Rhythmus der Trommelschläge. Die Frauen keuchen und schwitzen, obwohl es kühl ist und ein grauer Himmel wie ein feuchtes Tischtuch tief über der Ebene hängt.

Bill, der Kameramann, und ich arbeiten uns durch die Menge, schieben uns durch eine schwer atmende, pulsierende Wand aus Körpern. Wir dringen zu den Tänzerinnen in der Mitte vor. Jemand ist die Braut holen gegangen. Das Tanzen wird ekstatischer.

Das vier Jahre alte Mädchen wird mit einem neunjährigen Jungen verheiratet. Obwohl die Braut aus vollem Hals brüllt, hört der Vater nicht auf zu lächeln. Er hebt sie hoch und hält sie vor die Kamera. Sie windet sich und vergräbt das Gesicht in seiner Schulter, Rotz und kajalunterlaufene Tränen hinterlassen schwarzen Schleim auf seiner Jacke. Er murmelt ihr sanft etwas zu und dreht ihr Gesicht herum, so dass wir eine gute Einstellung von ihr bekommen. Mit der Geste eines von Paparazzi verfolgten Superstars streckt die winzige

Braut eine rundliche Hand aus, an der Silberarmreifen baumeln, und schiebt unsere Kamera weg. Bill und ich packen die Kamera zur Seite.

Wir sind in selbstgerechter Empörung über die Missachtung der Rechte von Kindern zu dieser Hochzeit gekommen und haben uns die Eltern als grausam und herzlos vorgestellt. Aber der Vater der Braut wirkt, auch wenn er sich von ihren Tränen nach außen hin nicht in seinem Glück beeinträchtigen lässt, zärtlich und liebevoll, als er ihr verknautschtes Kleid glattstreift, die zerlaufene Schminke abwischt und ihr tröstend etwas ins Ohr flüstert.

Später am Tag bricht die Braut in das neue Heim ihres Ehemanns auf. Offiziell wird es so gehandhabt, dass sie bei den Eltern des Jungen lebt, bis sie in die Pubertät kommt. So lange wird sie als Mitglied der Familie des Jungen aufgezogen und lernt, ihren zukünftigen Ehemann als eine Art Bruder zu sehen. Erst wenn die Menstruation einsetzt, zieht sie in den Bereich des Ehemannes um. Das hört sich beinahe vernünftig an, doch gibt es stichhaltige Hinweise, dass diese Vorgabe weithin missachtet wird.

Am folgenden Tag fahren wir, ausgerüstet mit Geschenken in Form von Töpfen, Pfannen und Stoffballen, zu einer anderen Hochzeit. Wir kommen zu einer kleinen Siedlung in Form einer wirren Ansammlung runder, strohgedeckter *tukul*. Da die Hochzeitsvorbereitungen bereits voll im Gang sind, beginnen wir sofort zu filmen. Eine Gruppe Frauen bereitet auf runden, heißen Platten über einem Feuer *njira* zu, die gummiartigen Pfannkuchen, die als Brot dienen. Sie gießen das fermentierte *tef* aus Krügen auf heiße Metallteller. Die Flüssigkeit spritzt, zischt und wirft Blasen, als sie auf das erhitzte Metall trifft. Die fertigen *njira* kippen sie in flache Körbe.

Jungen schleifen gehäutete Tierrümpfe zur Fleischhütte und schleppen große Rinderteile auf ihren Schultern. Blut tropft hinter ihnen auf den Boden, während sie sich barfuß mit federnden Schritten bewegen. Mit Myrrhe versetzter Rauch steigt in süßen, bläulichen Schwaden von den heißen Kohlen auf, wo Mädchen Kaffee rösten und das bittere Elixier in winzige glasierte Tässchen gießen.

Nibret, die Braut, ist gerade einmal elf Jahre alt und klein für ihr Alter. Die riesigen, traurigen Augen sind angeschwollen, als habe sie länger geweint. Ihr Haar ist kurzgeschoren, und sie trägt ein cremefarbenes, grobgewebtes Kleid mit üppigen Stickereien. Blinzelnd steht sie in der Sonne. Gleich spielt sie pflichtbewusst die glückliche zukünftige Ehefrau und fängt mit einer ihrer Schwestern zu tanzen an. Auch wenn sie lasziv die Schultern wiegt und gekonnt frühreife Erotik zur Schau stellt, zeigt ihr sonstiges Verhalten – die Art, wie sie kichert, das Gesicht hinter den Händen verbirgt und zwischen den Fingern durchschaut –, dass sie doch noch ein Kind ist. Ich versuche, mich mit ihr zu unterhalten. Mein Übersetzer und einheimischer Producer Alemayehu hat eine vertrauenerweckende, onkelhafte Art. Wenn es jemand schafft, Nibret zum Sprechen zu bringen, dann er. Das Mädchen sitzt auf einem dreibeinigen Stuhl. Sie schnieft, dreht den Saum ihres Kleides um den Finger und starrt vor sich auf den Boden.

»Was ist es für dich für ein Gefühl zu heiraten?«

Nibret zuckt mit den Schultern, schnieft wieder und richtet den Blick in die Ferne. Wir versuchen es noch einmal.

»Kennst du deinen zukünftigen Mann?«

Sie gibt zu verstehen, dass sie ihn nicht kennt, und schaut wieder auf den Boden.

»Bist du aufgeregt?«

Sie wischt sich die Augen aus, legt die Hand an das Kinn und fixiert irgendeinen Punkt in einiger Entfernung.

»Wirst du dein Dorf hier vermissen?«

Schweigend zupft sie an einer Stickerei auf ihrem Rock. Wir wiederholen die Frage. In einem Versuch, Stolz zu demonstrieren, schiebt sie den Unterkiefer vor. Wir gehen zur nächsten Frage weiter: »Bist du nicht traurig, dass du weggehen musst?«

Ihr Kinn bebt, und eine riesige Träne läuft ihr über das Gesicht. Ich kann nicht weitermachen. Ihre unglückliche Miene sagt uns ohnehin alles.

Nibrets Eltern sind tot. Ihre Großeltern haben sie aufgezogen, und sie sind bereit, mit uns zu sprechen. Der Großvater ist ein eleganter Mann, der einen weißen Bart in seinem feinziselierten Gesicht trägt. Die Oma ist redselig und lebhaft. Sie spricht selbstbewusst und unterstreicht ihre Aussagen mit ihren langen schlanken Händen.

»Wir wissen nicht, wie lange wir noch leben, und verlassen uns auch nicht darauf, dass unser Vieh lange durchhält«, erklärt sie. Ihr Alter ist schwer zu schätzen. Sie sind von harter Arbeit ausgezehrt, doch vermutlich noch nicht viel älter als 50.

»Wir möchten, dass Nibret versorgt ist, falls uns etwas zustößt. Und wir bekommen neue Verwandte dazu.«

Sie lächelt, und ihr Mann nickt zustimmend. Ich spüre, wie sehr sie ihre Enkelin lieben. Sie wollen das Beste für sie, für ihre Zukunft vorsorgen, sicherstellen, dass sie in guten Händen und in gewissem Rahmen finanziell abgesichert ist. Doch bevor ich gänzlich für sie eingenommen bin, denke ich daran, dass sie auch einen guten Preis für sie bekommen.

»Wie haben Sie ihren Ehemann ausgewählt?«, frage ich.

Ein »Vermittler« macht einen passenden Bräutigam ausfindig und verhandelt dann mit den Familien. Braut und Bräutigam sehen sich vor der Hochzeit nicht, der Bräutigam darf zum ersten Mal einen Blick auf die Braut werfen, nachdem sie seinen Eltern übergeben wurde.

Die Gruppe des Bräutigams trifft am Abend ein. Bei Einbruch der Dunkelheit sitzen wir vor einem Haus um eine Öllampe herum.

Motten schwirren um die Flamme, und Moskitos laben sich an unseren Knöcheln. Über den Himmel verteilt blinken Sterne, aber der Mond ist nicht zu sehen. Um uns breitet sich die afrikanische Nacht aus. Alemayehu rollt sich zusammen und schläft glücklich ein. Der Ort erinnert ihn an seine Kindheit im Dorf seiner Großmutter. Bill und ich unterhalten uns über Gott und die Welt, als verschiedene Menschen kommen, uns begrüßen und sich zu uns setzen. Frauen bringen Tabletts voller *tibs* mit *wot*, Fleisch mit scharfer Sauce aus Paprikaschoten, die man zu den *njira* isst.

Immer wieder hört man Zweige knistern oder ein Rascheln zwischen den Büschen. Dann geht ein erwartungsvolles Murmeln durch die Siedlung, denn die Ohren lauschen gespannt auf das Ankommen des Bräutigams. Eine weitere Stunde vergeht, und ich werde von dem vielen Essen schläfrig. Doch dann wird Kaffee zubereitet, der uns wieder lebendig macht. Schließlich hören wir von fern Rufe und Gesänge.

Nach einigen Minuten taucht die Gruppe mit dem Bräutigam aus dem Busch auf. Während die Frauen das Feuer schüren und Holz nachlegen, halten die Männer ein opulentes Festmahl ab. Nach dem Essen versammeln sie sich um das Feuer und tanzen. Im Gegensatz zu dem wellenförmigen Schlängeln der Frauen sind ihre Tanzbewegungen ruckartig und hart. Zu Händeklatschen und Rufen stampfen sie im Stakkato im flackernden Feuerschein. Ich frage mich, wer der Bräutigam ist. Der finster dreinblickende alte Mann in zerlumpten Hosen, der beim Tanzen Schreie ausstößt? Der junge Mann, der grinst und wie hypnotisiert in die Hände klatscht? Oder der mit den glasigen, blutunterlaufenen Augen, der wie in Trance zu nahe an die Flammen springt?

Da Braut und Bräutigam sich noch nicht sehen dürfen, sitzt Nibret in einem dunklen Haus versteckt, beaufsichtigt von ihrer bereits verheirateten, 13 Jahre alten Schwester. Die beiden Mädchen drücken sich wie verängstigte Tiere aneinander und halten sich an den Händen. Ihre Augen starren riesig und voller Sorge aus dem Dunkel, und sie fahren in dem unbarmherzigen Rhythmus klatschender Hände und stampfender Füße, der von Geschrei und Gejohle durchbrochen wird, verschreckt zusammen. Diese Geräusche stehen für die männliche Welt, in die Nibret in Kürze eintreten wird.

Früh am nächsten Morgen versammeln sich die Männer hinter der Siedlung, um den Kontrakt zu besiegeln. Es sind keine Frauen dabei. Jungen bringen Kaffee und *njira*. Der Vermittler, ein hagerer Mann mit einem verschlagenen Gesicht, sitzt in der Mitte mit angezogenen Knien am Boden. Er ist in eine verblichene Decke gehüllt und überwacht die Geschehnisse. Links von ihm sitzen Nibrets Großvater und mehrere Onkel, Brüder und Cousins. Nibrets Großvater wirkt ängstlich und müde und verkriecht sich vor der morgendlichen Kälte in eine schmutzige Decke.

Auf der anderen Seite des Vermittlers hat die Gruppe des Bräutigams Platz genommen. Ein bärtiger Mann in blauem Nylonanorak, ein wirkungsvolles Symbol städtischer Überlegenheit, thront auf einem Stapel Gras, in der Hand einen Kugelschreiber und ein aus einem Schulheft gerissenes Blatt liniertes Papier. Darauf wird der Hochzeitsvertrag niedergeschrieben, der über Nibrets Zukunft entscheidet. Der Vermittler gibt sich gebieterisch. Nibrets Großvater will den Erwartungen entsprechen. Er hat Angst, für seine geliebte Enkelin nicht den angemessenen Preis zu erzielen.

Von diesen Kaufverhandlungen abgestoßen, machen Bill und ich uns auf die Suche nach dem Bräutigam. Er wartet, zusammen mit einem Freund, der ihm zur Seite steht, im Kreise seines Gefolges in einem Haus. Es ist ein hübscher, etwa 15-jähriger Junge, der nach den Ausschweifungen des vorhergehenden Abends noch etwas mitgenommen wirkt. Der Freund ist sich seines umwerfend guten Aussehens bewusst, was er mittels eines feuerroten Huts demonstriert, den er sich so aufgesetzt hat, dass er seine hohe Stirn und die feinen, dunklen Augen bestmöglich betont. Neben ihm wirkt der Bräutigam blass.

Die anderen Jungen und Männer lassen uns durch und setzen sich, um wie ein Theaterpublikum zuzuhören. Ich frage den Bräutigam, worauf er sich bei seiner Braut freut. Er sagt, es interessiere ihn nicht so sehr, wie sie ist, solange sie nicht faul ist, in diesem Fall würde er sie rausschmeißen. Das ruft bei den Zuhörern breites Grinsen hervor, was ihn ermutigt, sein Machogehabe beizubehalten. Sein Freund stößt ihn verschwörerisch an und flüstert ihm etwas Unanständiges zu. Ich fühle mich wie im Umkleideraum eines Jungeninternats, die Stimmung geladen mit pubertärem Überdruck.

»Bist du aufgeregt?«, frage ich den Bräutigam.

»Ein bisschen, glaube ich«, gibt er zu, während sein Freund ein spöttisches Schnauben ausstößt.

»Und freust du dich zu heiraten?«

»Worauf sollte man sich dabei freuen?«, fragt er zurück, nun wieder in seinem großspurigen Gehabe.

Die Jungen um ihn herum kichern oder lachen affektiert, als wüssten sie über alles Bescheid. Ich würde dem Bräutigam gern eine saftige Ohrfeige verpassen, doch sein angeberisches Getue wird von den Gleichaltrigen und den Älteren als korrekte männliche Einstellung gegenüber seiner zukünftigen Ehefrau begrüßt. Und dann mache ich mir bewusst, dass er selbst noch nicht zu den Erwachsenen zählt.

Auf der anderen Seite des Compounds treffen Nibrets Schwestern Vorbereitungen für die Trauungszeremonie. Sie schwirren wie Tauben um die Braut herum, befremdlich schweigend, mit feierlichen kleinen Gesichtern, verbissen darauf bedacht, ihre rituellen Aufgaben auszuführen. Eine fährt mit einem grobgezinktem Holzkamm durch Nibrets geöltes, parfümiertes Haar. Eine andere legt ihr schwere silberne Halsketten um. Eine Dritte trägt um ihr unteres Augenlid schwarzen Kajal auf und versucht, ihn mit Hilfe von Spucke und einem Lumpen gleichmäßig zu verteilen. Nibret lässt all dies ruhig geschehen. Sie sitzt ausdruckslos da, als ihr Kleid um sie herum in Form gezupft wird, lässt sich Ohrringe anlegen und mit Gewalt Armreifen über die kindlich plumpen Handgelenke streifen. Nach ausgiebigen Beifallsbekundungen wird aus einer Kiste mit Familienerbstücken ein Handspiegel hervorgezogen, der sich auch auf einem Louis-seize-Frisiertisch gut machen würde – mit langem Griff, vergoldet und mit Verzierungen überladen. Er glänzt surreal in der Sonnenlichtsäule, die im rauchigen Schummerlicht steht.

Nibret dreht sich langsam auf die eine Seite, dann auf die andere und nimmt ihr Brautgesicht in Augenschein. Sie versucht, ihren Zügen eine so frauliche Ausstrahlung wie nur möglich zu verleihen. Dann kaut sie an den Fingernägeln. Es ist traurig, sich vorzustellen, dass unter so gut wie allen anderen denkbaren Umständen die meisten Elfjährigen solche Aufmerksamkeit und Aufregung, den Schmuck, die Kleidung und das Make-up in vollen Zügen genießen würden.

Die Männer und Jungen haben mit dem Hochzeitstanz angefangen. Der beste Freund des Bräutigams, nun in eine smaragdgrüne Decke gehüllt, passend zu seinem roten Hut, bläst in ein Horn, um anzukündigen, dass die Hochzeitszeremonie beginnt. Die Männer schwenken lange Stöcke und singen beim Tanzen. Die Töne aus dem Horn werden eindringlicher, die Gesänge schwellen an, und die Tänze steigern sich in Ekstase.

Der Heiratsvermittler steigt auf sein Maultier und macht sich bereit, die Braut entgegenzunehmen. Der Bräutigam darf sie noch immer nicht sehen. Die Sonne steht steil am Himmel, und es ist heiß. Das Maultier ist durch das Schwenken der Stöcke unruhig.

Der Vermittler hält die Zügel straffer und schlägt auf das Maultier ein, damit es stillhält. Die Jungen drängen sich um das Haus, und alle schreien. Der Lärm ist ohrenbetäubend. Ich schwitze, und mir ist übel.

Ein Mann hat sich Nibret über die Schulter geworfen. Sie ist wie ein Paket in weißen Musselin gewickelt. Der Mann hebt sie auf das Maultier des Heiratsvermittlers, dieser fasst sie um den Hals. Zitternd sackt sie vor ihm auf dem Sattel in sich zusammen. Die Jungen umzingeln das Maultier, schwenken ihre Stöcke, singen und stampfen. Der Musselin legt sich eng um Nibrets Kopf, und sie sieht wie ein in Tücher gewickelter Käse aus. Man kann sich nur schwer vorstellen, dass unter diesem Bündel wirklich ein Mensch verborgen ist. Der Vermittler zeigt keinerlei Lächeln. Sein ernstes Gesicht bleibt unter dem roten Regenschirm, den er zum Schutz vor der Sonne aufgespannt hat, absolut reglos. Sie setzen sich in Bewegung, der Regenschirm ist noch kilometerweit zu erkennen, während das Maultier zuerst auf dem Feldweg, dann auf der Straße entlangtrabt, die Nibret in ihr neues Leben führt.

Unser Jeep trifft vor Nibret am Haus des Bräutigams ein, wo die Hochzeitsfeier schon in vollem Gang ist. Der Vater des Bräutigams, ein attraktiver Mann von etwa 35 Jahren, heißt uns höflich willkommen. Er wirkt nervös – wie sein Sohn hat auch er Nibret noch nie gesehen. Die Mutter des Bräutigams bewirtet die Frauen. Zusammen mit den Kindern sitzen sie um große, mit *njira* beladene Blechteller.

Ein ledriger alter Mann mit milchigen, schielenden Augen und einer schmuddeligen Kopfbedeckung kratzt auf seinem einsaitigen Holzinstrument eine durchdringende, quietschende Melodie. Junge Männer trommeln in hektischem Rhythmus, und der alte Musiker, mit Sicherheit angetrieben von der Vorstellung unermesslichen Reichtums, klebt nur noch an Bill und mir. Sein haltlos enthusiastisches Spiel stellt eine ernste Bedrohung für unseren Ton dar, und nur mit energischem Einsatz von Zeichensprache können wir ihn auf Distanz halten.

Ein kleiner Junge springt auf die Lichtung und kündigt an, dass Nibret schon ganz nahe sei. Wir hören einen Ruf, und durch die Bäume ist schon der Schirm des Heiratsvermittlers als roter Fleck zu erkennen. Die Reise hat etwa vier Stunden gedauert. Nibrets unter dem Musselin zusammengesunkener Körper zeugt von Erschöpfung und Resignation. Die Menge drängt sich um sie und geleitet das Maultier zu dem Haus, das nun Nibrets neue Heimat bei ihrem Ehemann sein wird. Der Bräutigam wartet im Inneren.

Ein alter Priester tritt heraus. Er trägt ein prächtiges äthiopisches Kreuz, das er nach allen Seiten schwenkt, während er Sprüche murmelt. Dann drückt er es auf die Stirn des gelangweilt dreinschauenden Vermittlers und schließlich auf das weiße Bündel, das dabei zusammenzuckt. Durch sein Zoomobjektiv kann Bill erkennen, wie Nibret unter dem Musselin bebt.

Der beste Freund, sein roter Hut ist nach der Reise nun angestaubt und sitzt etwas schief, tritt vor und zerrt Nibret vom Maultier. Unter lautem Rufen und Gerangel trägt er sie durch die Menge. Das Sackleinen am Hauseingang wird hochgehalten, um den Freund und seine fragile Last durchzulassen. An der Schwelle stolpert er leicht. Als das Tuch vor den Eingang zurückfällt, tritt Schweigen ein.

Ich will unbedingt wissen, was nun da drinnen passiert. Man hat mir erzählt, die Zeremonie sei lediglich ein Verlobungsritual, und die Hochzeit würde nicht vollzogen, ehe die Braut nicht 15 Jahre alt sei. Doch ich habe das Funkeln in den Augen des besten Freundes gesehen und beobachtet, wie er mit dem Bräutigam gekichert und verschwörerisch getuschelt hat. Hier handelt es sich um bedenkenlose Jugendliche, die nicht wissen, wohin mit ihren Hormonen. Undenkbar, dass Nibret bei ihnen sicher ist.

In Anbetracht der kulturellen Gepflogenheiten ist es eine ziemlich schlechte Idee von mir, hineinzugehen.

»Das können Sie nicht tun«, sagt mein örtlicher Researcher Tesfay in höchster Alarmbereitschaft, als ich den Vorschlag äußere. »Das werden sie Ihnen nicht erlauben.«

Familie und Gäste haben schon ordentlich getrunken, und die Stimmung ist aufgeladen. Wenn wir es zu weit treiben, riskieren wir, dass sie uns alle hinauswerfen oder etwas noch Schlimmeres. Aber ich muss herausfinden, was im Haus vor sich geht. Welche Folgen auch immer es nach sich zieht, es ist wichtiger, die Wahrheit in Erfahrung zu bringen.

Als Tesfay merkt, dass ich nicht aufzuhalten bin, wird er aktiv, und irgendwie gelangen wir schließlich hinein. Wenn es darauf ankommt, siegt die moderne und beinahe universelle Gier nach Publicity eben doch über Stolz und Respekt vor alten Bräuchen.

Im Innern ist es sehr dunkel. Dünne Lichtstrahlen, die durch Schlitze eindringen, unterbrechen die Düsterkeit. Der Bräutigam und sein bester Freund sitzen nebeneinander und wirken wie Katzen, die gleich eine große Schüssel Sahne ausschlecken dürfen. Neben dem Bräutigam sitzt auch Nibret mit einer ihrer Schwestern. Nibret ist mit einer dicken Stoffbahn bedeckt. Im Halbdunkel halte ich sie im ersten Moment für einen Getreidesack, der an die Wand gelehnt ist. Über allem liegt ein schwerer, süßlicher Geruch nach Schweiß, Ziegen und Myrrhe.

Dann stürzt, nach wie vor entschlossen, uns auf den Fersen zu bleiben, der alte Musiker herein. Er fängt vor Nibret zu spielen an. Ein obszönes sexuelles Ritual nachahmend, stößt er mit den Lenden in ihre Richtung und singt mit hoher, hypnotisierender Stimme. Nibret drückt sich gegen die Wand und zieht das Tuch noch enger um sich. Ihre Schwester klatscht widerstrebend in die Hände.

Nachdem der Musiker, nach eindringlicher Aufforderung von Tesfay, verschwunden ist, tritt ein Moment des Schweigens ein. Das Bündel bewegt sich. Bill hebt schnell die Kamera. Wie ein scheues Tier richtet Nibret durch einen engen Schlitz im Stoff eines ihrer dunklen, traurigen Augen auf uns und verhüllt es gleich wieder. Ihr Blick ist weder anklagend noch flehend, sondern der eines Kindes, das sich seinem Schicksal ergeben hat, betäubt, stumm, hoffnungslos.

Ich bitte Tesfay, den Bräutigam zu fragen, wo er diese Nacht schlafen wird. Tesfay zögert – so eine intime Frage möchte er nicht stellen.

»Nun machen Sie schon«, dränge ich ihn.

Tesfay redet ewig lange, mir kommt es vor wie fünf Minuten. Der Bräutigam antwortet etwas Kurzes und grinst dabei niederträchtig. Der Freund lacht höhnisch. Tesfay seufzt.

»Was hat er gesagt?«, erkundige ich mich.

Tesfay verscheucht ärgerlich eine Fliege von seinem Knöchel. Das Gesagte zu übersetzen ist ihm peinlich. »Er wird hier schlafen«, gibt er schließlich Auskunft.

»Mit ihr?«, frage ich.

»Das kann ich nicht fragen«, sagt Tesfay.

»Bitte. Es ist wichtig, dass wir die Wahrheit erfahren.«

Tesfay schlägt seine hageren Beine auseinander, steht auf und schlurft umher. Unter großem Zaudern formuliert er die Frage.

»Ja«, antwortet der Bräutigam, »ich kann es nicht erwarten, bis es endlich losgeht.« Der Freund stößt ein prustendes Lachen aus.

»Ist es für dich das erste Mal mit einem Mädchen?«, fragt Tesfay auf mein Drängen hin.

Daraufhin wird noch mehr gelacht.

»Ja. Es ist mein erstes Mal.«

Ich schaue auf Nibret. Ihr Kopf, noch immer unter dem Tuch versteckt, ist weggedreht, doch ihre Hand hat sich unter dem Stoff hervorgeschoben und knetet nun wie besessen die Finger ihrer Schwester.

Meine professionelle Distanz ist schon längst den Bach hinunter. Ich will nur noch dieses kleine Mädchen packen und es in meinem Hotelzimmer in Sicherheit bringen. Es erscheint mir unvorstellbar, dass wir hinaus in die Sonne treten, in einen Jeep steigen und einfach wegfahren werden. Wir sind ihre einzige Hoffnung.

Aber ich weiß, dass ich realistisch bleiben muss. Ich habe nicht das Recht, mich einzumischen. Es wäre dumm und riskant, auch grausam.

Denn selbst wenn ich Nibret das heutige Martyrium ersparen könnte, wie sollte es für sie weitergehen? Sie muss in ihrer Gemeinschaft bleiben. Meine Lebensumstände erlauben es mir nicht, sie zu adoptieren und nach England mitzunehmen. Aber die ganze Situation beschäftigt mich nachhaltig. Als ich in meinem Hotelzimmer bin, male ich mir ihre Angst aus, als der Bräutigam anfängt, sich an den Stoffschichten zu schaffen zu machen. Aber wenn ich schon nichts unternehmen kann, muss es doch andere geben, die etwas tun können?

Es gibt da draußen Menschen, die sich für Mädchen wie Nibret einsetzen, doch sind sie einige Flugstunden entfernt in Addis Abeba. Wir fliegen in die Hauptstadt, um eine Gruppe von Anwältinnen zu treffen, die sich 1995 zusammengeschlossen haben, weil sie es für dringend notwendig erachteten, Mädchen und Frauen vor gefährlichen traditionellen Praktiken in Schutz zu nehmen.

Sofort als ich Original Georgis kennenlerne, denke ich, wenn irgendjemand es schaffen sollte, gegen seit Jahrhunderten bestehende Traditionen anzugehen, dann ist sie es. Schöne, feurige Augen leuchten aus einem ansonsten gewöhnlichen, pummeligen, pockennarbigen Gesicht. Erst wirkt sie wie eine müde Matrone mittleren Alters, fahl und kraftlos. Doch dann fängt sie an, über die

Missachtung der Rechte äthiopischer Frauen zu reden, und gerät in Fahrt. Sie führt uns zu einem großen Anschlagbrett, an das sie Fotos gepinnt hat, in der Mehrzahl von kleinen Mädchen.

»Es ist ein Märchen, dass Mädchen erst mit 13 Jahren Sex mit ihrem Ehemann haben«, sagt sie voller Verachtung. Sie zeigt auf das Bild eines Mädchens, das in die Kamera lächelt.

»Dieses Mädchen ist gerade erst zwölf. Sie ist bereits geschieden und verdient sich ihren Lebensunterhalt mit dem Verkauf von Spirituosen. Und sehen Sie sich dieses hier an«, dabei deutet sie auf ein gazellenhaftes Wesen in Zehensandalen, das zurückhaltend in die Kamera blickt.

»Sie ist zehn, und als sie zu uns kam, war sie bereits mehrmals vergewaltigt worden. Wir waren so schockiert, dass wir überhaupt nicht wussten, was wir tun sollten. Aber uns war klar, dass etwas unternommen werden muss.«

Sie bietet uns einen Sitzplatz an.

»Ich erzähle Ihnen die Geschichte der neunjährigen Braut«, fährt sie fort. »Sie wurde mit einem zwölf Jahre alten Jungen verlobt. In der Hochzeitsnacht schaffte es der Junge nicht, ihr Jungfernhäutchen zu durchdringen, weil sie beide einfach so jung waren. Also reichte ihm einer der Ältesten, die um sie herumstanden, einen Eisenstab, mit dem er es versuchen sollte. Nun, er stach mit dem Eisen in sie hinein, und was dann passiert ist, können Sie sich vorstellen. Sie ist noch immer im Krankenhaus, und das war vor vier Monaten. Ich denke, die körperlichen Verletzungen werden heilen, aber was ist mit den seelischen Wunden?«

Bill und ich schweigen.

»Manchmal wache ich nachts auf, und in mir drinnen brennt es vor Zorn«, sagt sie.

Abgesehen von den psychischen Schäden, die eine frühe Hochzeit anrichtet, kann es auch zu entsetzlichen körperlichen Verletzungen kommen, insbesondere im Zusammenhang mit einer Schwangerschaft. Wenn die Sexualorgane eines Mädchens noch nicht voll entwickelt sind, können die Vaginalwände bei wiederholter Penetration oder einem Geburtsvorgang reißen und eine Fistula verursachen, was wörtlich übersetzt Träne bedeutet. Diese führt zu schwerster Inkontinenz. Sowohl Exkremente als auch Urin dringen in die Vagina ein. Weil das Mädchen unangenehm riecht und keinen Geschlechtsverkehr mehr haben kann, schickt sie der Ehemann dann in der Regel fort. Sie hat keine andere Wahl, als nach Hause zurückzukehren, und bleibt eine Außenseiterin. Oftmals weigern sich die Angehörigen, sie wieder aufzunehmen, weil ihr Zustand als Fluch betrachtet wird, der die ganze Familie ins Unglück stürzen kann.

Es gibt in ganz Äthiopien nur ein einziges Krankenhaus, das Fistula-Fälle behandeln kann, und das ist in Addis Abeba, weit weg von Bahir Dar. Die meisten Mädchen müssen mit der Grundversorgung vor Ort vorliebnehmen.

Die Erlaubnis, im Fistula-Krankenhaus in Addis zu drehen, wird uns mit der Begründung verwehrt, man wolle nicht mit irgendwelchen »negativen Berichten« über Geburtshilfe in Äthiopien in Verbindung gebracht werden. Also besuchen wir stattdessen das einzige Krankenhaus in Bahir Dar, doch der Arzt, den wir um ein Interview gebeten hatten, ist schon nach Hause gegangen, und sonst ist niemand autorisiert, mit uns zu sprechen. Da wir am nächsten Tag nach Addis zurückfliegen, ist das unsere letzte Chance, die Wahrheit aus der Sicht eines Mediziners geschildert zu bekommen.

Als wir schon aufgegeben haben und auf dem Weg nach draußen sind, kommt ein entschlossener junger Mann in einem weißen Mantel auf uns zu.

»Ich bin der Gynäkologe, Dr. Said Fante, und ich werde mit Ihnen reden«, sagt er. Erst in der vergangenen Woche hat er ein 13-jähriges Mädchen am Krankenhauseingang sterben sehen, ohne dass er noch etwas für sie tun konnte. Sie lag seit vier Tagen in Wehen. Das Baby starb im Verlauf des Kampfes, aus dem unterentwickelten Körper der Mutter herauszukommen, ebenfalls.

Das Krankenhaus ist nicht ausreichend ausgestattet und verfügt nicht einmal über die notwendigsten Medikamente oder Behandlungsmöglichkeiten, wie zum Beispiel Narkose. Immer wieder steht Dr. Fante vor den Trümmern solcher frühen Ehen, doch die Probleme werden nach wie vor ignoriert.

»Ich weiß nicht, wie lange ich das noch ertrage«, erklärt er uns. Auf seiner Oberlippe hat sich ein dicker Schweißfilm gebildet.

»Was hält Sie noch hier?«, frage ich ihn.

»Ich kann die Mädchen nicht einfach ihrem Schicksal überlassen. Es gibt sonst nichts, wohin sie könnten«, sagt er.

Sewarag ist eine von Dr. Fantes Assistentinnen. Sie ist ein untersetzter Teenager in einem grellgrünen Sweatshirt, auf das eine Figur aus einem amerikanischen Comic appliziert ist. Sie wurde so jung verheiratet, dass sie selbst nicht mehr weiß, wie alt sie damals war. Ihr Mann, ein Lehrer, schickte sie weg, als sie eine Fistula bekam. Dr. Fante schickte sie zur Operation nach Addis. Sewarag ist nun auf dem Weg der Besserung, doch ihre Zukunft sieht trostlos aus. Ihre Eltern sind tot, und ihr Mann will sie nicht wieder aufnehmen. Dr. Fante hat ihr Arbeit gegeben, bei der sie anderen Fistula-Patientinnen Trost und Hilfe leisten kann.

»Ich hasse mein Leben«, sagt Sewarag, »doch wenn ich sehe, wie viel Schmerz und Leid andere Mädchen in der gleichen Situation durchmachen, kommt mir meins nicht mehr so schlimm vor.«

Ich frage sie, ob sie sich vorstellen könnte, zu ihrem Ehemann zurückzukehren. Da fällt die Maske der tatkräftigen Krankenhausassistentin. »Nein. Das will ich nicht«, flüstert sie.

Sie zwinkert heftig, damit wir sie nicht weinen sehen. Dann nimmt sie eine rote Plastikschüssel und einen Krug Wasser und marschiert beflissen den Korridor entlang. Ihre Zehensandalen klatschen beim Gehen auf das ausgetretene Linoleum.

Wir fragen Original, wie die Behörden mit der Situation umgehen. Trotz vieler Workshops, Diskussionsrunden, Lobbyaktivitäten, Aufklärungsprogrammen und all der Anstrengungen von Hilfsorganisationen und den Vereinten Nationen ändert sich kaum etwas.

»Äthiopien ist ein sehr traditionsbewusstes Land«, sagt sie. »Die Frauen haben keine Stimme, sie sind so was wie Leibeigene, die man besitzt und über die man bestimmt.«

In ländlichen Regionen gibt es praktisch keine Schulen, folglich bleiben die Mädchen Analphabeten ohne die Möglichkeit eines eigenen Einkommens.

Originals abschließende rhetorische Frage bringt es auf den Punkt: »Wie können wir in diesem Land über Entwicklung sprechen, wenn der Hälfte der Bevölkerung nicht einmal die Grundrechte zuerkannt werden?«

Das war eine traurige kleine Geschichte, doch eine, die das Publikum in Großbritannien zum Nachdenken brachte. Der Film kam in die engere Auswahl für den UNICEF-Preis bei den One World Media Awards und wurde für den Rory Peck Award in der Kategorie Kamera nominiert. Eine bearbeitete Version lief als zweiter Aufmacher in den Nachrichten auf Channel Four. Außerdem kam ich durch Original auf das Thema für meinen nächsten, für mich sehr wichtigen Film.

15 Eine Verzweiflungstat

Äthiopien

Ich war in Addis Abeba, um Original über Kinderbräute zu interviewen. Während des Gesprächs standen wir vor einem Pinboard mit Fotos kleiner Mädchen, die zwangsverheiratet worden waren, aber ich hörte nur mit einem Ohr zu. Ich musste immer wieder auf ein Foto sehen. Es zeigte ein außergewöhnlich schönes Gesicht, aus dem mich ein dunkles Augenpaar herausfordernd ansah.

»Wer ist das?«, fragte ich.

»Das ist Aberash Bekele – doch das ist ein ganz anderer Fall«, erklärte mir Original. »Sie stammt aus Asela im Süden.«

»Was für ein Gesicht!«, sagte ich.

»Wenn Sie erst ihre Geschichte kennen würden«, seufzte Original.

Ich musste sie erfahren.

Die 14-jährige Aberash Bekele befindet sich auf dem Weg zu Fuß nach Hause, als sie von einer Gruppe bewaffneter Reiter entführt wird. Sie wird geschlagen, auf ein Pferd gezerrt, in ein Versteck gebracht und von einem ihrer Entführer vergewaltigt. Am Tag darauf gelingt es ihr, ein Gewehr zu stehlen und zu fliehen. Ihr Vergewaltiger verfolgt sie. Sie gibt einige Warnschüsse in die Luft ab, die er aber ignoriert.

Als er ihr so nahe kommt, dass er nach ihr greifen kann, senkt sie das Gewehr und erschießt ihn. Er stirbt. Eine wütende Menge, darunter auch Leute aus dem Umfeld des Vergewaltigers, umzingeln Aberash. Sie wollen ihr auf der Stelle die Kehle durchschneiden. Zum Glück greift die Polizei ein. Doch sie nimmt Aberash fest und beschuldigt sie des Mordes. Die Ethiopian Women Lawyer's Association, ein Zusammenschluss äthiopischer Anwältinnen, die sich für die Rechte von Frauen einsetzen, wird eingeschaltet. Inzwischen befindet sich Aberash an einem geheimen Ort in Sicherheit und wartet auf ihr Gerichtsverfahren.

Ich wende mich wieder dem Foto an Originals Pinnwand zu.

»Ich muss diesen Film machen«, erkläre ich, doch das ist einfacher gesagt als getan. Es dauert über ein Jahr, bis ihn die BBC endlich in Auftrag gibt. Ich bleibe in Kontakt mit Original, telefoniere immer wieder mit ihr und besuche sie auf der Durchreise in Addis, wenn ich für andere Projekte unterwegs bin. Ich bin fest entschlossen, bei dieser ungeheuerlichen Geschichte nicht lockerzulassen. Aberashs Gesicht verfolgt mich. Ich kann gar nicht anders, als ihre Geschichte zu erzählen. Ich bin davon besessen.

Ich schlage das Thema mehreren Fernsehanstalten vor. Channel Four ist nicht interessiert. Bei der BBC denken mehrere Redakteure darüber nach, erteilen mir aber dann der Reihe nach Absagen. David Pearson, der verantwortliche Redakteur für die renommierte BBC-Serie *Under the Sun*, meint, das könnte ein interessanter Film werden, ist sich aber nicht sicher, wie man die Geschichte erzählen soll. Mir geht es in dieser Phase genauso, aber ich vertraue einfach meinem Gefühl.

Schließlich wird der Termin für Aberashs Gerichtsverfahren festgelegt. Entweder wir drehen jetzt, oder wir verpassen einen entscheidenden Teil der Geschichte. David macht Nägel mit Köpfen – er gibt den Film in Auftrag, und ich breche mit einem dreiköpfigen Team und über 20 Aluboxen voller 16-mm-Kameraausrüstung, Objektiven, Stativ, Beleuchtungsmaterial, Tonausrüstung und Filmmaterial nach Äthiopien auf. Einmal haben wir das Budget, um auf Film zu drehen.

Aberash ist jetzt 16 und eine strahlende Schönheit. Einzig eine leichte Neigung zum Molligen sorgt dafür, dass sie nicht ganz ins

Überirdische entrückt, und kurze Anfälle pubertärer Gereiztheit stören ihre natürliche Anmut. Sie ist schüchtern und selbstbeherrscht. Gelegentlich riskiert sie ein paar Wörter auf Englisch, meist hört sie jedoch mit wei tgeöffneten, glänzenden Augen zu und spricht nur, wenn sie direkt gefragt wird.

Aberash wuchs auf einem Bauernhof in Asela auf, einer entlegenen, gebirgigen Region im südlichen Teil Äthiopiens. Das Land dort ist felsig und zerklüftet, die Männer bewegen sich auf Pferden und haben Peitschen, Stöcke und Lassos bei sich. Sie tragen Chaps und Stetson-Hüte mit Schriftzügen wie *Marlborough* oder *Cowboy*. Wenn hier im wilden Süden ein Mann eine Frau will, geht er los und nimmt sich eine. Der Brauch der Entführung ist so tief in der Kultur verwurzelt, dass sich niemand mehr erinnern kann, wie oder wann er entstanden ist.

Der Hof, auf dem Aberash aufwuchs, liegt einen weiten Fußmarsch von Kersa entfernt, der nächstgelegenen Stadt. An einem heißen Nachmittag machen wir uns dorthin auf, um Aberashs Eltern zu interviewen. Ihr Vater fährt mit uns und zeigt uns den Weg. Er ist ein großer, eleganter Mann in einem schäbigen Trenchcoat. Zur Begrüßung schüttelt er mir herzlich die Hand und nimmt höflich die Baseballkappe ab, wobei eine Glatze zum Vorschein kommt.

Wir lassen die Autos am Straßenrand stehen und bewegen uns zu Fuß weiter. Wegen des Schlamms trage ich Gummistiefel. Wir stapfen durch üppig bewachsenes Land, steile Abhänge hinab in grüne Mulden, an Bachläufen entlang, auf gewundenen Pfaden durch hüfthohes Gras auf schmale Grate hoch, wieder hinunter über weitläufige Ebenen. Meine Füße werden nach kurzer Zeit durch den Schweiß rutschig. Wir schleppen die Ausrüstung mit uns – das Stativ, Filmmaterial, die Kamera, verschiedene Objektive, Lampen. Keiner von uns hat daran gedacht, genügend Wasser einzupacken, weil wir der Meinung waren, der Marsch würde höchstens 20 Minuten dauern. Alle haben uns versichert, es sei nicht weit. Nach Jahren in Afrika muss ich über mich selbst lachen, dass ich es nicht besser wusste.

Als wir nach drei Stunden den Hof erreichen, sind meine Füße voller Blasen und dick geschwollen, und meine Schultern sind vom Tragen eines Rucksacks voller kleiner Lampen wund gescheuert. Der Hof besteht aus einer Ansammlung strohgedeckter Häuser, die einen kleinen, kreisrunden Compound bilden. Außerhalb davon erstreckt sich das große Tal bis zum entfernten Horizont. Es ist mitten am Nachmittag, und wir haben nicht mehr viel Zeit zum Filmen, denn um sechs Uhr wird die Sonne wie ein Stein vom Himmel sacken.

Wie ihre Tochter besitzt auch Aberashs Mutter eine Schönheit, als wäre sie von einem Bildhauer geformt. In ihrem schmalen, älteren Gesicht tritt sie aber noch prägnanter hervor, und durch die Art, wie sie ihr Haar trägt, streng in einen schwarzen Turban gesteckt, wird sie zusätzlich betont. Wenn sie lächelt, spannt die Haut über ihren hohen Wangenknochen, und ihre schmalen Lippen ziehen sich zurück und geben ein perfektes, strahlend weißes Gebiss frei.

Aberashs kleine Schwester Mulatu ist ganz anders. Das nur zwei Jahre jüngere Mädchen wirkt bei Weitem nicht so aufgeweckt, ist ängstlicher und passiver. Bei ihr kann ich mir nicht vorstellen, dass sie sich ein Gewehr schnappt und Gebrauch davon macht. Sie hilft ihrer Mutter bei der Zubereitung von *njira*. Dabei kauert sie schweigend am Feuer, eine kleine Gestalt in dem dunklen Haus. Als sich dichter Holzqualm ausbreitet, scheint sie zu einem Schatten zu verkümmern.

Aberashs Geschichte beginnt eigentlich bei ihrer älteren Schwester Mestawet. Diese war in der Schule eine herausragende Läuferin, mit der es nur die gleichaltrige Duratu aufnehmen konnte. Die beiden waren Freundinnen und konkurrierten um die Führungsposition in der Schulmannschaft. Beide Mädchen waren bereits vorgeschlagen, bei der nächsten Olympiade für ihr Land zu laufen. Duratu gewann später tatsächlich olympisches Gold, und ich sah sie auch als Siegerin beim London Marathon.

Kurz vor der Nominierung für die Nationalmannschaft wurde Mestawet entführt. Ich bitte ihre Eltern zu schildern, was passiert ist. Inzwischen geht die Sonne unter, und der Hof leuchtet, wie in goldenen Sirup getaucht – die Schatten werden lang. In der Ferne kräht ein Hahn, und ein leichter Wind bringt das lange Gras zum Rascheln. So eine friedliche und schöne Szene für so eine grausame Geschichte. Mestawets Mutter erzählt mir, wie ihr Mann versuchte, ihrer Tochter zu Hilfe zu kommen.

»Er nahm ein Messer und versuchte, sie zu retten. Ich lief ihm nach, weil ich Angst hatte, sie würden ihn töten. Wäre er tatsächlich in Erscheinung getreten, wäre er umgebracht worden«, sagt sie. Mit einer Stoßbewegung ihres Arms deutet sie ein brutales Niederstechen an. Dann zuckt sie mit den Schultern.

»Wir überließen Mestawet ihren Entführern, weil wir nicht sterben wollten.« Sie beißt sich auf die Lippe und starrt in die Dunkelheit hinaus, die in der Ferne an den Bergen hochsteigt. Eine Ziege meckert.

Ihr Mann greift zärtlich nach ihrer Hand, dann beugt er sich zu mir vor. Seine Stimme ist heiser.

»Wir hatten keine Wahl«, sagt er. »Wir mussten unsere Tochter Mestawet einem so erbärmlichen Leben ausliefern.« Sein Gesicht bebt vor Scham über seine eigene Hilflosigkeit.

Mestawet ist noch nicht einmal 30, sieht aber viel älter aus. Sie ist mager, und ihr Gesicht wirkt ausgemergelt, unter den zornigen Augen liegen blaue Augenringe. Sie trägt ein braun-weißes Kleid aus

Synthetikmaterial, das wohl einmal glänzte, nun aber abgetragen ist, darüber eine schäbige Strickjacke. Ihr Haar ist unter einem schmutzigen Schal verborgen, in ihren Gummischuhen fehlen die Schuhbänder. Mit ihrem Mann und ihren vier Kindern lebt sie nun in Kersa.

Kersa ist eine unwirtliche, ärmliche kleine Stadt aus halb verfallenen Häusern, die sich in den Schlamm eingraben. Als wir durchfahren, bleiben Männer auf der Straße stehen und sehen uns nach. Entlang der Hauptstraße sind Pferde festgebunden und schlagen unruhig mit den verfilzten Schwänzen. Frauen kauern am Straßenrand, ihre Kleider hängen in den Schmutz. Sie starren teilnahmslos auf unseren Wagen. Jungen hängen um wackelige Kickerautomaten, und ein Mann überquert mit einer Bank, die er auf dem Kopf trägt, sehr langsam die Straße und sucht sich einen Weg durch die Schlaglöcher, Pfützen und Furchen.

Mestawet und ihre Familie leben in einem strohgedeckten Lehmschuppen, der aus nur einem Raum besteht und gleichzeitig als Bar dient. Draußen ist ein Pferd festgemacht, und ein Mann in schwarzen Beinschützern und einem Marlborough-Cowboyhut stapft gerade durch den Morast auf die Vordertür zu, als wir ankommen.

Drinnen ist es dunkel, und es stinkt nach abgestandenem Alkohol. Auf ungehobelten Bänken an den Wänden des verrauchten Raums sitzen Männer und trinken *arake*, einen ziemlich starken, selbst gebrauten Schnaps. Mestawet geht, ein Baby auf der Hüfte, herum und schenkt aus einem roten Plastikkrug aus. Die Männer haben gerötete Augen und sind in einen chaotischen, melodielosen und derben Singsang vertieft. Es ist etwa elf Uhr vormittags. Die *arake*-Schwaden sind so stark, dass ich mich wie benebelt fühle.

Einer von Mestawets Söhnen, ungefähr sechs Jahre alt, trägt auf einem Löffel ein rotglühendes Kohlestück herum, an dem die Männer ihre Zigaretten anzünden können. Ihre kleine Tochter sitzt an einem Fenster in der Ecke und starrt in sich versunken auf die Szenerie. Von dort kommt man in einen Abstellraum, in dem die Familie schläft. Mestawets Mann Negash befindet sich unter den Zechern. Sein Gesicht unter der hellgrünen Baseballkappe wirkt angeheitert, beim Lachen entblößt er eine Zahnlücke. Er wiegt sich zu dem Singsang und stößt ein kehliges Lachen aus, bevor er mit seinem Krug auf die Bank schlägt und nach mehr Alkohol ruft. Mestawet schreitet die Reihe der Männer ab, gießt nach und ignoriert die obszönen Bemerkungen und Gesten.

Die Männer spotten und lachen über uns, während wir filmen. Ein alter Mann in weißen Kleidern stützt sich beim Trinken auf einen Stock und gibt mir seine Abneigung zu erkennen.

»Ihr werdet sagen, wir sind alle arm und haben von nichts eine Ahnung«, lallt er.

Seine Augen unter den entzündeten Lidern sind milchig. Als ich mich umdrehe, um ihn anzusehen, spuckt er vor mir aus, fährt sich mit dem Handrücken über den Mund und klopft ebenfalls auf die Bank, um mehr Alkohol zu bekommen.

An der Rückseite des Schuppens befindet sich eine Feuerstelle, an der Mestawet kocht und Kaffee aufbrüht. Daran schließt sich der Hof an, ein trostloser Fleck aus grauem, klebrigem Schlamm. Dort werden eine Kuh und eine Ziege gehalten, badet die Familie, werden Kleider gewaschen und die Notdurft verrichtet und spielen die Kinder.

Mestawet wäscht in einer Blechwanne Kleider, während ihre dreckverschmierten Kinder um übelriechende Pfützen und Kuhfladen kauern und mit alten Batterien spielen. Sie haben sich aus rostigen Metallteilen eine winzige Theke gebaut, und die Batterien dienen als Krüge, aus denen ihre imaginären Gäste trinken sollen. Während sie alles aufbauen, flüstern sie miteinander. Dann fängt das kleinste Kind zu weinen an. Mestawet hebt den Jungen hoch und hält ihn von sich weg, während er uriniert. Sie lacht, weil es ihr vor der laufenden Kamera peinlich ist.

Sie besprenkelt seine Beine mit etwas Wasser aus der Waschwanne, kniet dann auf den Boden und spielt einen Gast an der Theke der Kinder. Dazu nippt sie an einer Batterie und freut sich darüber, wie gut der *arake* schmeckt. Die Kinder glucksen begeistert. Wenn Mestawet lächelt, ist sie wunderschön. Für mich symbolisiert sie den unglaublichen Triumph der Hoffnung über die Verzweiflung. Ich würde es in diesem gottverlassenen Sumpf keinen einzigen Tag aushalten.

Trotz der immensen Liebe zu ihren Kindern und der Entschlossenheit, sie so gut wie möglich großzuziehen, hat Mestawet ihr Schicksal nicht mit Freude hingenommen. Während sie mit uns spricht, stillt sie ihr Baby unter einem Häkelschal.

»Ich träumte davon, zu den Siegern zu gehören. Meist war ich Erste und gewann Medaillen. Ich habe hart trainiert, um meine Langstreckenleistungen zu verbessern. Ich liebte den Sport, doch als ich entführt wurde, musste ich alles aufgeben. Ich wollte überhaupt nicht heiraten. Ich wollte meine Ausbildung beenden, meine Eltern unterstützen und laufen. Weil er mich entführt hat, musste ich alles aufgeben.«

Sie spricht in ihrer Sprache, und Daniel, ein junger Anwalt, der ehrenamtlich für die Ethiopian Women Lawyers Association arbeitet, übersetzt für uns. Ihre Wut lässt ihre Worte abgehackt klingen, aber genau diese ganz und gar nicht passive Haltung verleiht ihren Worten Würde. Obwohl ihre Lage inakzeptabel ist, ergibt sie sich nicht der Rolle des Opfers. Sie fährt fort: »Wenn ich mir die Männer hier ansehe, haben die meisten von ihnen kein Interesse, ihr Leben zu verbessern. Sie interessieren sich für nichts anderes, als die Tochter von irgendjemandem zu entführen, damit sie ihre sogenannte Ehefrau wird.« Das letzte Wort spuckt sie fast aus.

Sie ist voller Leidenschaft, intelligent, rebellisch und kann sich gut ausdrücken. Doch ohne Geld gibt es für diese talentierte Frau kein Entrinnen und keine Chance, ihre Begabungen einzusetzen.

Mich fasziniert die Geschichte aus der Sicht ihres Mannes. Zu meinem großen Erstaunen ist Negash sofort bereit, mit uns zu sprechen. Er trottet erfreut auf den Hof und setzt sich auf einen dreibeinigen Sessel neben einer festgebundenen Ziege. Die Hosenbeine seines mit Schlamm bespritzten Nadelstreifenanzugs hat er in die Gummistiefel gesteckt, eine grüne Baseballkappe macht ihn zu einer etwas fragwürdigen Erscheinung. Ich befürchte, dass er nicht verstanden hat, worüber wir uns mit ihm unterhalten möchten, deshalb bitte ich Daniel, der wieder übersetzen wird, ihm unsere Fragestellung noch einmal zu erläutern. Negash blickt zu mir auf, zwinkert mir zu und lacht.

»Er ist hundertprozentig einverstanden«, sagt Daniel.

»Männer entführen Frauen, wenn sie sich verlieben«, fängt er an. »Ich zum Beispiel habe Mestawet entführt. Zum einen, weil ich mich in sie verliebt habe, zum anderen, weil es mich wütend machte, als sie sagte, sie wollte mich nicht. Meine Familie hatte bereits eine andere Frau für mich vorgesehen. Aber ich war noch so jung und dachte, es wäre in Ordnung, sie zu entführen. Ich wollte ihr zeigen, wer der Herr ist. Außerdem hatte ich Angst, ein anderer könnte mir zuvorkommen, und das wollte ich nicht riskieren.«

Negashs gewissenlose Einstellung gegenüber einer Entführung finde ich gleichzeitig faszinierend und abstoßend, auch wenn er anscheinend zu erkennen geben möchte, dass er es nur aufgrund seiner Jugend »in Ordnung« fand, jemanden zu entführen. Munter fährt er fort: »Ich habe sie entführt und ihr ihre Unschuld geraubt. Am nächsten Tag hat ihre Familie Geld erhalten, und Vermittler haben unsere Hochzeit vorbereitet. In der Zwischenzeit ist sie schwanger geworden. Jetzt haben wir vier Kinder, und es geht uns gut.«

Er grinst und macht eine ausholende Armbewegung, als wolle er uns sein strahlendes Reich vorführen. Hinter ihm verrichtet die Kuh, fast wie zur Antwort, lautstark ihr Geschäft.

»Ist eine Frau erst einmal schwanger, sitzt sie in der Falle. Es gibt dann für sie kein Entkommen mehr. Sie ist an Heim und Kind gebunden. Sie fängt keinen Kampf mehr an, nachdem sie ihre Jungfräulichkeit verloren hat«, erklärt er. Trotz all seiner Liebesbekundungen hat Negash unverdrossen Mestawets Träume und Ambitionen zerstört, genau so beiläufig, wie er vielleicht eine Fliege zerdrückt.

»Fragen Sie ihn, ob er glaubt, Mestawet sei glücklich«, dränge ich Daniel.

Daniel lächelt mich verschwörerisch an und stellt die Frage.

Negash schiebt sich die Baseballkappe in den Nacken und zuckt mit den Schultern. »Ich will Ihnen etwas sagen«, antwortet er, an Daniel gewandt, als wolle er ihn in den Genuss eines tiefschürfenden philosophischen Exkurses kommen lassen. »Man kann vergossenes Wasser nicht wieder mit den Händen vom Boden aufsammeln«, was etwa so viel heißen soll wie »geschehen ist geschehen«. Negash lacht immer noch glucksend, als er dies sagt.

In diesem entlegenen Gebiet voller Schlamm, Armut und Härte gelten Entführung und Vergewaltigung einvernehmlich als legitime und normale Art der Eheschließung. An das Glück der Frauen wird kein einziger Gedanke verschwendet. Aber Negash ist kein dummer Mann. Er hat eine intelligente und einigermaßen stichhaltige Theorie parat, warum Männer Frauen entführen.

»Die Eltern trifft ebenfalls Schuld«, sagt er. »Ich möchte, dass mein Sohn das Mädchen heiratet, das ich für ihn aussuche. Ich will nicht, dass er irgendeine nimmt. Doch vielleicht gefällt ihm ein Mädchen, das er zufällig sieht, und er fragt, ob er sie heiraten darf. Wenn ich es ihm nicht erlaube und darauf bestehe, dass er das Mädchen heiratet, das ich ausgesucht habe, wird er sagen: ›Nein, ich will das andere Mädchen!‹ Und er entführt es. So werden Männer dazu gebracht, auch wenn die Familien nicht damit einverstanden sind.«

Irgendwie finde ich es absurd, dass ich hier stehe und mich für die Sache der äthiopischen Frau starkmache, in Zorn gerate und mich verletzt fühle. Mein westlicher Feminismus ist hier völlig fehl am Platz. Dies ist eine Kultur, in der auch die Entscheidungsfreiheit der Männer limitiert ist – wenn auch nicht in ganz so erschreckendem Ausmaß wie die der Frauen. Ich erinnere mich, dass viele Bräutigame, die ich im Norden gesehen habe, erst acht oder neun Jahre alt waren.

Sie alle leben in einem unbeugsamen patriarchalischen Gesellschaftssystem, das von Kindern, egal welchen Geschlechts, unbedingten Gehorsam verlangt. In einem solchen Umfeld betrachtet Negash Entführung auf dieselbe Art und Weise wie eine westlich geprägte Frau wie ich vielleicht das Ausreißen – als einen Akt der Rebellion, die Durchsetzung der eigenen Entscheidungen gegen die Autorität der Eltern. Es ist alles eine Frage der Sichtweise, und ich werde meine ganz gewaltig umstellen müssen, wenn ich die Komplexität dieser Kultur wirklich enträtseln will. Es ist nicht hilfreich, wenn ich jeden Mann, der mir über den Weg läuft, als potenziellen Vergewaltiger betrachte, und es hilft mir ganz bestimmt nicht, wenn ich in Aberashs Geschichte irgendeinen Sinn erkennen will.

Der Aufenthalt in Kersa ist vergleichbar mit jenem in dem kakerlakenverseuchten Hotel Paradise in Kapchorwa in Uganda. Wir sind ein relativ großes Team. Außer Daniel sind noch Peter dabei, der Kameramann, sowie Charles, der Kameraassistent aus London, und Colin, der Tonmeister aus Kalifornien, außerdem zwei Fahrer, Sy und Dave, und unser einheimische Produktionsleiterin Maji.

Majis Mutter ist eine erfolgreiche Geschäftsfrau, der Speditionen und Supermärkte gehören, und so hat Maji eine hervorragende Ausbildung genossen und verfügt über gute Kontakte. Sie ist attraktiv und kommunikativ – kein Problem ist unlösbar für sie. Sie macht unsere Arbeit fünfmal leichter, als sie hätte sein können, und, wofür ich ihr besonders dankbar bin, sie hänselt mich und bringt mich dazu, über mich selbst zu lachen, wenn ich das Leben wieder einmal zu schwer nehme.

An diesem Abend in Kersa bin ich deprimiert. Unsere Zimmer sind moskitoverseuchte, stickige Betonkisten mit nackten Glühbirnen, die trostlos von spinnwebenüberzogenen Decken hängen, und Matratzen mit verfleckten Synthetiklaken. Es gibt weder fließendes Wasser noch eine Toilette, nur einen Verschlag voller menschlicher Exkremente. Wir müssen die Kameraakkus laden, aber nirgendwo ist Strom außer in der Bar, wo ein Generator steht, der allerdings für den Betrieb eines Fernsehers genutzt wird. Es läuft gerade ein Fußballspiel, und praktisch die gesamte Einwohnerschaft Kersas hat sich versammelt, um es gemeinsam anzusehen. Es ist nicht daran zu denken, den Fernseher zugunsten unserer Interessen abzustellen.

Jemand erzählt uns, in der Nähe sei eine Missionsstation, die mit Strom versorgt ist, also beschließen Maji und ich, sie gemeinsam mit unserem Fahrer Dave ausfindig zu machen. Dave sieht gut aus und hat sich, wie die meisten Männer, die mit ihr in Kontakt kommen, in Maji verliebt, daher ist sein Blick ziemlich schmachtend. Er fährt zu schnell und verfügt in seinem Wagen über eine eigenwillige Sammlung wunderbarer Musik, die von esoterischen Reggaeklängen bis zu Blues, gesungen von Eric Clapton, reicht. Ich mag Dave, weil ihn nichts aus der Fassung bringen kann, und seine Anwesenheit beruhigend auf mich wirkt.

Doch unsere Expedition gerät zum Desaster. Wir holpern auf ausgefahrenen, schmalen Straßen, die in tiefem Schlamm versinken und fast unpassierbar sind, aus Kersa hinaus. Wie es kommen muss, verfahren wir uns, und das in einer Gegend, in der bewaffnete Raubüberfälle an der Tagesordnung sind und Nachtfahrten allgemein als gefährlich gelten. Als wir wie durch ein Wunder schließlich doch noch die Missionsstation finden, sind die lieben Missionare viel zu argwöhnisch und verängstigt, um uns Einlass zu gewähren und schlagen uns buchstäblich die Tür vor der Nase zu. Fairerweise muss man sagen, dass wir in unserem abgerissenen Aufzug da draußen im Schatten vermutlich wirklich furchterregend ausgesehen haben.

Also schlagen wir uns wieder nach Kersa durch und finden eine kleine Bude, wo man uns freundlicherweise Rührei mit grünen Paprika zubereitet. Das ist alles, was wir an Essbarem auftreiben können. Aber es gibt guten, starken Kaffee und selbstgebrauten Ouzo, den wir, die Nacht in unseren schäbigen Zimmern schon vor Augen, gierig hinunterkippen. Wir drängen uns um die einzige Öllampe, und der Ouzo fühlt sich warm und ölig im Bauch an.

Ein Radio läuft, und während wir unser Rührei essen, die Gesichter verdreckt und übernächtigt fahl, verkündet ein Nachrichtensprecher feierlich, dass der Krieg mit Eritrea gerade eskaliere. Doch anstatt uns depressiv zu stimmen, haucht uns die Nachricht wieder Leben ein. Es entspinnt sich eine Diskussion über den Krieg, und als wir uns zu unseren Schlafplätzen aufmachen, ist es schon fast drei Uhr morgens.

Singend suchen wir uns durch die Pfützen einen Weg zu unseren Zimmern. Nach meinem Ausflug in das Kuhstallklosett will ich meine Gummistiefel nicht in der Nähe meines Zimmers wissen. Ich lasse sie draußen stehen und falle, trotz des Summens der auf mich einfallenden Moskitos, in einen tiefen Schlaf.

Der dauert aber keine drei Stunden. Als ich aufwache, juckt es mich überall, mir ist heiß, und ich höre ein Klopfen. Es ist Peter, der

Kameramann, der an meine Tür pocht, um mich zu wecken. Wir wollen den Markttag in Kersa filmen und müssen früh los. Ich schaue auf meine Uhr. Es ist halb sechs. Ich wanke aus dem Bett und trete hinaus in unangenehmen Nieselregen. Graue Wolken hängen wie schwere, prall gefüllte Säcke am Himmel, bereit, jederzeit unter dem Gewicht ihrer wässerigen Last zu platzen.

Meine Gummistiefel sind natürlich verschwunden, und ich habe kein anderes Schuhwerk dabei, das sich für den Schlamm eignen würde. Die Stiefel kosten ungefähr fünfmal so viel wie unsere Zimmer, also darf ich mich nicht wundern. Doch nach so wenig Schlaf ist die Versuchung, sich aufzuregen, groß. Als ich gerade Peter mein Leid klage, sehe ich Sy, den Fahrer, aus seinem Zimmer kommen.

»Du siehst nicht besonders gut aus«, meint er.

Das bezieht sich vermutlich auf mehrere Dinge – meine Stimmung, mein zerzaustes Äußeres, meine rot unterlaufenen Augen, die Moskitostiche auf meinen Armen.

»Irgend so ein Mistkerl hat meine Gummistiefel geklaut«, sage ich hoffnungslos niedergeschlagen.

Sy bricht in Gelächter aus. »Nein, aber beinahe«, meint er.

Er eilt in sein Zimmer zurück, und als er zurückkehrt, hält er sie in Armlänge von sich. Sie stinken. Gestern Abend sah er sie vor meiner Tür liegen und rettete sie. Er weiß, was für unschätzbaren Wert sie in Kersa besitzen. Der arme Mann hatte die mit Exkrementen beschmierten Stiefel zum Schlafen neben sein Bett gestellt. Ich bin kleinlaut, dankbar, beschämt und erleichtert, alles gleichzeitig.

Markttag ist in Kersa ein großes Ereignis. Männer reiten von vielen Kilometern entfernt in die Stadt, oft auf der Suche nach einer Frau. Für junge Frauen ist es eine beunruhigende Zeit. Wir wollen Aberashs Mutter filmen, wie sie mit ihrer jüngeren Tochter, Mulatu, auf den Markt geht.

Mulatu nimmt die Hand ihrer Mutter, als sie die Hauptstraße entlanggehen. Männer taxieren sie von Holzkarren aus oder sehen von ihren Pferden auf sie herab. Als die Menschenmenge dichter wird, greift Mulatus Mutter die Hand ihrer Tochter fester.

Ich habe nicht mit der gewaltigen Aufmerksamkeit gerechnet, die wir auf uns ziehen. Ich bin in Afrika an Menschenmassen gewöhnt, doch auf diesen Tag in Kersa bin ich in keiner Weise vorbereitet. Es kommt nicht oft vor, dass Weiße Kersa besuchen, und schon gar nicht ein ganzes Team mit Kameraausrüstung. Hinzu kommt noch, dass am Markttag eine besonders ausgelassene Stimmung herrscht. Die Leute versammeln sich von weit her, um zu kaufen und zu verkaufen, aber auch der Abwechslung wegen.

Sobald wir auf dem Marktplatz erscheinen, drängen sich alle um uns, stoßen und schieben uns. Ich sorge mich sowohl um die Ausrüstung als auch um unsere persönliche Sicherheit. Wir bleiben stehen und wollen Mulatus Mutter dabei filmen, wie sie Gemüse kauft. Auf einem Sack am Boden sind einige Tomaten und Wurzeln ausgebreitet, und zwei Mädchen, die nicht älter als zwölf aussehen, strecken im Sitzen die Hände nach dem Geld aus.

Peter versucht, sich Platz zu verschaffen, damit er hinknien und filmen kann, und Colin drängt sich mit dem Mikrofon zu ihm. Ich werde mit meiner winzigen digitalen Videokamera von allen Seiten eingequetscht. Wir alle schwitzen, umzingelt von Cowboys und Kindern. Die Cowboys grinsen anzüglich und machen unanständige Bemerkungen. Ein Jugendlicher zieht an meinem Pferdeschwanz. Ich wende mich wütend zu ihm, doch er quietscht nur vor Begeisterung, als die Menge prustend lacht. Dann lehnt sich ein fettes Mädchen gegen mich und greift an eine meiner Brüste. Sie sagt etwas, und einige aus der Menge kichern.

Peter kann nicht mehr aufstehen, weil er von hinten geschoben wird. Er legt die Arme schützend um die Kamera und hält besorgt nach seinem Assistenten Charles Ausschau, der sich gerade durch das Gedränge kämpft. Mulatu ist stumm, obwohl ihre Mutter versucht, so zu tun, als sei es ganz normal, von einem Filmteam der BBC überallhin begleitet zu werden. Sie packt Gemüse in ihr Bündel und bahnt sich einen Weg aus der Menge.

In diesem Moment spüre ich einen scharfen Schmerz in meinem Gesäß. Als ich mich umdrehe, sehe ich einen kleinen Jungen mit einem Messer. Er hat mich geschnitten. Nun starrt er mich verwundert an, als sei er erstaunt, dass ich aus Fleisch und Blut bin.

»Peter«, zische ich, »wir müssen hier weg. Sofort.«

Er versucht aufzustehen, doch die Menge drängt nach vorn, und er stolpert.

»Hau ab!«, schreit mir Peter zu. Die Leute sind einen Moment lang verunsichert. Wir nutzen die Gelegenheit und bahnen uns mit den Ellbogen einen Weg hinaus. Dann beschließen wir, die Polizeistation aufzusuchen.

Ab jetzt eskortieren uns zwei Polizisten in ihren großen Stiefeln und (trotz der Hitze) olivgrünen Wollpullovern. Sie halten die Menge in Schach, und wir bewegen uns alle in einer Prozession zum Markt. Von dezentem Filmen kann keine Rede sein.

Ich bin noch ziemlich durcheinander. In diesem Umfeld ist es nicht verwunderlich, dass Mädchen eine so leichte Beute sind. Junge Frauen und Mädchen gehen schnell und verstohlen ihrer Wege und versuchen, sich unsichtbar zu machen. Eine Gruppe Männer versammelt sich dort, wo viele Pferde festgebunden sind. Sie beäugen die Frauen unter ihren Cowboyhüten heraus. Frauen weichen Holzkarren aus und schrecken vor Männerbanden auf Pferden zurück. Allmählich erkenne ich, wie und warum Aberash entführt wurde.

Wir gehen auf die große Ebene, die Aberash auf dem Heimweg von der Schule durchqueren musste. Sie wirkt wie eine grünere Version von Bonanza-Land – kilometerweit kahle Büsche und Gras, dazwischen ab und zu Dornakazien und riesig große Ameisenhaufen. Immer wieder galoppieren Reiter in Staubwolken daher oder trotten langsam auf die Stadt zu; ihre Gestalten werfen lange Schatten in der Sonne. Das ist das Herz des wilden Südens. In dieser großen, offenen Landschaft ist es unmöglich, sich zu verstecken.

Einer der Dorfältesten, zufällig Negashs Onkel, ist, als Aberash entführt wurde, über die Ebene geritten. Er zeigt uns die genaue Stelle, wo sie ergriffen wurde.

Dann sagt er: »Ich habe die Schreie gehört. Wenn ich gewusst hätte, dass es eine Verwandte war, hätte ich vielleicht etwas unternommen.«

Entführungen sind so normale, alltägliche Vorkommnisse, dass niemand auch nur die geringste Notiz davon nimmt. Wenn ich hier auf der Ebene stehe, kann ich mir gut ausmalen, welche Angst ich hätte, sie Tag für Tag durchqueren und dabei ständig mit dem Donnern näher kommender Hufe, dem Zischen und Knallen von Lassos und Peitschen rechnen zu müssen.

Aberash selbst ist seltsam ruhig, als sie uns ihr Leid schildert. Sie spricht in Amharisch, und Maji übersetzt. Lediglich ein leichtes Stirnrunzeln und ein Zusammenkneifen der Augen verraten ihren inneren Aufruhr. Sie wurde achtlos über ein Pferd geworfen und fiel dreimal hinunter. Jedesmal wurde sie wieder hochgezerrt. Als sie endlich an einem kleinen, einsam gelegenen Bauernhaus ankamen, war ein Arm gebrochen, und sie hatte starke Prellungen.

»Was passierte dann?«, drängen wir sie.

Sie spricht leise, als hoffe sie, wir würden sie nicht verstehen: »Mein Entführer kam auf mich zu. Er schlug mich ins Gesicht. Ich wurde beinahe bewusstlos. Er war ein großer Mann, und ich konnte ihn nicht wegstoßen. Er schlug mich sinnlos und nahm mir meine Unschuld.«

So einfach ist es. Sie trägt nur die nackten Tatsachen vor, ohne jegliches Bedürfnis, sie auszuschmücken. Danach kommen die anderen Entführer in das Haus und sehen, dass sie blutet. Sie geben ihr einen Stuhl, auf den sie sich setzen kann. In diesem Moment wird ihr die grausame Realität bewusst.

»Der Mann, der mich vergewaltigte, sollte mein sogenannter Ehemann werden«, sagt sie. Nun sieht sie zum ersten Mal wütend aus.

Aberashs Tortur ist noch nicht zu Ende. Ohne Rücksicht auf ihre Verletzungen muss sie die Nacht dort verbringen. Inzwischen hat sie starke Schmerzen und große Angst. Dennoch gelingt es ihr, gefasst zu wirken. Am Morgen hänseln sie ihre Entführer als kluges, gebildetes Mädchen aus der Stadt, obwohl sie auf einem Bauernhof aufgewachsen ist, und streuen ihr aus Bösartigkeit Salz in den Kaffee. Danach wird sie allein zurückgelassen. Vor dem Haus stehen zwei der Männer Wache. Im Lauf des Tags werden die Männer nachlässig. Einer von lässt sein Gewehr, an die Wand gelehnt, zurück, als er zum Essen geht. Aberash erkennt ihre Chance und nutzt sie.

Sie greift sich das Gewehr und rennt los. Wie ihre Schwester mit schnellen Beinen gesegnet, schafft sie es, in ein Getreidefeld zu fliehen und sich dort zu verstecken. Inzwischen hat ihr »Ehemann« die Jagd aufgenommen, und ihre Entführer kommen näher. Es dauert nicht lange, bis sie sie finden. Der »Ehemann« rennt schreiend auf sie zu. Sie gibt drei Warnschüsse in die Luft ab, doch er kommt immer näher, weil er nicht glaubt, dass sie tatsächlich das Gewehr auf ihn richtet. In der Falle, zu Tode geängstigt und verzweifelt, senkt Aberash das Gewehr und schießt. Ihr »Ehemann«, der 28 Jahre alte Gemechu Kebede, bricht tödlich getroffen zusammen.

Sofort drängt sich eine wütende Menge, darunter Mitglieder von Gemechus Familie und ihre anderen Entführer, um Aberash. Sie verlangen sofortige Rache und Gerechtigkeit. Sie wird zu dem Toten gezerrt, während die Menge debattiert, was mit ihr geschehen soll. Sie fordern ihr Blut und kommen überein, ihr müsse als Sühne für den Mord an Ort und Stelle, über dem Körper ihres Opfers, die Kehle aufgeschlitzt werden. Gerade noch rechtzeitig trifft die Polizei ein und löst die Menge auf. Die Polizisten nehmen Aberash fest und bringen sie auf die Polizeistation, wo sie formell des Mordes angeklagt wird.

16 Ein Schulmädchen auf der Anklagebank

Äthiopien

Die Polizei hat Aberash das Leben gerettet, ihr Opfer, Gemechu Kebede, liegt auf einem Friedhof an einem Berghang, im ruhigen Schatten einer alten Eibe. In Äthiopien ist es Brauch, die Grabsteine reich zu verzieren und farbenfroh zu gestalten. Dieser ist scharlachrot bemalt und trägt neben Kebedes Porträt die Zeichnung eines Traktors, der auf seinen Status als Bauer hinweist. Wir besuchen das Grab zusammen mit Kebedes Bruder. Er steigt zum Grab hinauf, nimmt den Cowboyhut ab und senkt den Kopf. Wir stehen schweigend daneben, während er Gebete spricht.

Danach erzählt er uns, dass Kebede ein beliebtes und respektiertes Mitglied seiner Gemeinde war. Mich beschäftigt die Frage, was ihn dazu trieb, ein 14-jähriges Schulmädchen, das er vorher noch nie gesehen hatte, zu entführen und zu vergewaltigen. Was wäre gewesen, wenn er nach der Vergewaltigung festgestellt hätte, dass ihm Aberash gar nicht gefiel? Was dann? Ich möchte wissen, ob Männer die Möglichkeit haben, ein Mädchen »zurückzugeben«. Sein Bruder zuckt nur mit den Schultern.

Er hilft uns, ein Interview mit seinen Eltern zu arrangieren. Als wir bei ihnen eintreffen, empfängt uns ein zorniger jüngerer Bruder. Seine Augen sprühen vor Wut, als er auf mich zeigt und uns droht. Er will, dass wir alle verschwinden. Wir behaupten uns. Zu unserer Gruppe gehört der junge Anwalt Daniel, der einmal mehr als ruhiger und professioneller Vermittler eintritt. Eine Stunde vergeht. Da ich kein einziges Wort verstehe, kann ich nur daneben stehen und warten. Irgendwann bittet Daniel uns hinauszugehen. Später dürfen wir wieder hinein, und ich erkläre, mit Hilfe von

Daniels Übersetzung, warum wir gekommen sind. Es folgen weitere Diskussionen.

Die Sonne steht inzwischen hoch am Himmel, uns ist heiß, und wir haben Durst, also fährt Dave, unser Fahrer, los, um Wasser zu organisieren. Während die Debatte anhält, scharren Hühner um unsere Füße. Schließlich wird der jüngere Sohn weggeschickt. Er stapft davon und wirft uns im Gehen noch einen funkelnden Blick zu. Seine Eltern sind nun bereit zu sprechen.

Die Familie des Mannes, den Aberash tötete, lebt in einem strohgedeckten Haus inmitten einer Wiese voller Obstbäume. Davor steht ein Pferd, von dessen Zaumzeug und Schwanz rote und blaue Pompons hängen, im Schatten hechelt ein Hund. Innen ist es kühl und halbdunkel. Die Wände sind mit Zeitungen verkleidet, und auf einer Leine, die unter den Balken gespannt ist, hängen Kleidungsstücke.

Kebedes Vater trägt einen alten Regenmantel. Seine Frau hat milchige, fast blinde Augen und nur noch einen einzigen gelben Zahn. Sie ist in einen breiten, weißen Schal gehüllt, das Haar hat sie in einen engen schwarzen Turban gesteckt. Mann und Frau sitzen gemeinsam auf einer Holzbank. Unter der hohen Strohkuppel wirken sie klein und zerbrechlich. Der Mann nimmt die Hand der Frau und streichelt sie mit seinen schmalen, zitternden Fingern.

»Sie hat uns unsere Altersversorgung genommen«, erklärt er und deutet mit einer anklagenden Handbewegung auf eine imaginäre Aberash. »Unser Sohn entführte sie, um sie zu heiraten, nicht, um von ihr umgebracht zu werden. Sie hat uns für immer in Kummer gestürzt.«

Dann fängt seine Frau mit schnarrender, rauer Stimme zu reden an. Mit den Händen unterstreicht sie ihre Aussagen. »Mein Sohn hat nichts Außergewöhnliches getan. Viele Menschen schließen durch Entführung eine Ehe. Es gibt jede Menge Frauen, die in einer durch

Entführung zustande gekommenen Ehe ein gutes Leben und viele Kinder haben.«

Ihr Sohn hatte eine Hochzeit geplant, bei der drei Ochsen verzehrt werden sollten, und wollte wichtige Gäste aus der Hauptstadt einladen. Sie hatte eine große Zukunft für ihn vorausgesehen.

»Er hätte ein schönes Leben gehabt«, sagt sie und richtet dabei ihre verschleierten Augen zornig auf uns. »Aber seine Freunde hier haben ihn auf die schiefe Bahn gebracht. Ich weiß nicht, ob dieses Mädchen ihn wollte oder nicht – aber ich habe sicher nicht gewollt, dass so etwas passiert. Es hat unser aller Leben ruiniert.«

Sie lässt die Hände in den Schoß fallen und sieht um sich. Eine summende Fliege setzt sich auf ihr Gesicht, aber sie nimmt davon keine Notiz.

Ich frage die Eltern, ob sie ein Foto von ihrem Sohn haben. Der alte Mann geht schwerfällig zu einer Kiste, kramt darin herum, und kehrt mit einer goldgerahmten DIN-A4-großen Schwarz-Weiß-Fotografie zurück. Ein eleganter, gutaussehender junger Mann blickt uns daraus an, sein gepflegter Schnurrbart lässt eher auf einen gebildeten Städter als auf einen Bauern schließen. Die Eltern dieses Mannes heben sitzend das Foto gemeinsam hoch und sehen uns an, sodass wir es filmen können.

Mir fällt auf, dass der Mann über den Rand des Bildes wieder nach der Hand seiner Frau tastet. Beide halten sie den Rahmen ganz vorsichtig mit bebenden Händen, als hätte sie Angst, das Bild fallen zu lassen oder zu beschmutzen. Als der alte Mann die Fingerspitzen seiner Frau fühlt, greift er sie so fest, dass beider Hände sich um das letzte noch existierende Bild ihres geliebten Sohnes verschränken.

»Sie hätte meine Schwiegertochter sein können oder die Mutter meiner Enkel«, sagt der alte Mann und meint damit Aberash.

»Nun ist sie nur die Mörderin meines Sohnes.« Sie ziehen das Foto näher an sich.

»Ohne unseren Sohn sind wir verloren«, sagt der alte Mann und bricht in Tränen aus.

Nach Aberashs Verhaftung versammeln sich die Ältesten des Dorfes. Traditionell sind sie es, die als Richter fungieren. Es sind verhutzelte alte Männer, in weiße Schultertücher gehüllt, die lange, massive Stäbe tragen und ein ziemliches Spektrum an Kopfbedeckungen zur Schau stellen – einer eine Baseballkappe, der zweite einen hellgrünen Schlapphut und der dritte ein Handtuch, das er wie einen Turban um den Kopf gewickelt hat. Sie sitzen nebeneinander und wirken wie die drei Weisen aus einer alten Sage.

Im Falle Aberashs entscheiden sie schnell. Da jemand sein Leben lassen musste, soll Aberashs Familie Wiedergutmachungszahlungen an die Familie des Opfers leisten. Aberash muss ins Exil gehen und darf niemals zurückkehren.

Aberashs Eltern müssen ihr gesamtes Vieh verkaufen und Geld von Verwandten leihen, um die Wiedergutmachung bezahlen zu können, akzeptieren jedoch das Schicksal ihrer Tochter stoisch. Ihr Vater erzählt mir: »Wenn in unserem Land eine Frau einen Mann tötet, muss sie auf die andere Seite des Flusses gehen und weit weg leben. Lassen wir sie gehen, wie die Ältesten es beschlossen haben. Es macht uns traurig, aber wir sind froh, dass sie am Leben ist.«

Also verlässt Aberash ihr Zuhause und geht zu Verwandten nach Asela, der Hauptstadt der Region. Hier wartet sie auf ihr Gerichtsurteil. Die Geschichte ist so skandalös, dass es nicht lange dauert, bis die Ethiopian Women Lawyer's Association davon Wind bekommt. Meaza Ashenafi, eine der Mitbegründerinnen von EWLA, fährt nach Asela, um mit Aberash zu sprechen. Meaza ist eine große, schöne Frau, die auch in einem Pariser Salon eine gute Figur machen würde. Ihr langes, kastanienbraunes Haar fällt glatt um ihr Gesicht, sie trägt einen leuchtend roten Lippenstift und glänzende Seidenshirts. Außerdem spricht sie perfekt Englisch.

»Das ist kein normales Mädchen vom Land«, sagt Meaza, als sie beschreibt, wie sie Aberash zum ersten Mal vor Gericht erlebt.

»Wir haben uns entschieden, Aberash zu vertreten, weil ihr Fall große Symbolkraft besitzt, er ist fast so etwas wie eine Revolution gegen die herrschenden Sitten. Entführung wird als eine normale Art der Eheschließung betrachtet, und Aberash ist die erste Frau, die das in Frage stellt und sich dagegen wehrt.«

Verwandte von Aberashs Opfer ärgern sich über die öffentliche Aufmerksamkeit, die den Fall begleitet, und darüber, dass sie von klugen Anwälten aus Addis Abeba verteidigt wird. Die Ältesten sind indessen aufgebracht, weil sie ihre Autorität unterwandert sehen. Sie betrachten das Einschreiten der Anwälte als dreist und unnötig. In ihren Augen ist der Fall abgeschlossen.

Meaza meint, Aberash sei an ihrem Aufenthaltsort nicht sicher, also kommt das Mädchen, sobald EWLA mit der Planung der Verteidigung anfängt, in die Obhut eines einsam gelegenen Waisenhauses in Addis, wo wir sie besuchen.

Es ist ein unheimlicher Ort auf einem Hügel hoch über der Stadt. Wir fahren durch schwere Eisentore eine lange Auffahrt hoch. Lange Äste großer Bäume halten das Licht ab und steigern die bedrückende Stimmung. Das Waisenhaus selbst ist in einem mächtigen, grauen Gebäude untergebracht. Die Stufen, die zum Haupteingang hinaufführen, sind mit Unkraut gesäumt. Aus einem Fenster im oberen Stockwerk schaut traurig ein Teddybär.

Wir sind nicht lange allein. Die Nachricht von unserer Ankunft verbreitet sich schnell, und innerhalb weniger Minuten sind wir von aufgeregten Mädchen umringt. Colin, unser Tonmeister, trägt das Haar zu einem Pferdeschwanz gebunden. Das, in Verbindung mit einer roten Baseballkappe und einer ebenfalls roten Sport-Sonnenbrille, verleiht ihm bei den Mädchen sofort die Aura eines Herzensbrechers. Sein Familienname, Belton, sorgt für weitere Aufregung, denn sie glauben, er sei irgendwie mit dem Popstar Michael Bolton verwandt. Als wir zum zweiten Mal zu Besuch kommen, werden Liebesbriefe weitergereicht. Die Mädchen werfen sie durch das Autofenster. Andere hängen einfach herum, lehnen sich gegen die Motorhaube, seufzen tief und werfen ihm schmachtende Blicke zu.

Die Mädchen sind typische liebeskranke Teenager, aber auch sehr empfindsam gegenüber Gefühlen von Menschen. Sie bemerken, dass Peter und Charles nicht dieselbe Aufmerksamkeit erhalten wie Colin, und geben aus Höflichkeit vor, für alle drei gleich viel übrig zu haben.

»Du siehst aber auch gut aus«, sagen sie zu Charles, mit leuchtenden, heiteren Augen.

»Ja, und du auch, Peter.« Sie sind hinreißend.

Die Schlafsäle sind mit Stockbetten vollgestellt, auf denen lebhaft gestreifte Tagesdecken liegen. Aberash hat eines der oberen Betten, neben einem Fenster mit Blick auf die kläglichen Zypressen. Hier hortet sie ihre Schätze – ein paar Bücher und ein Fläschchen metallicgrünen Nagellack.

Und hier erzählt uns Aberash auch, wie stark ihr Heimweh ist. Sie sagt, sie könne nicht einmal zu Besuch nach Hause zurückkehren, zu groß sei die Angst, jemand aus Kebedes Familie würde sie sehen.

»Die Familie meines Entführers bekommt mit, dass mir diese große Aufmerksamkeit zuteil wird. Deshalb glauben sie, es geht mir sehr gut. Sie wollen nicht, dass ich gewinne. Sie wollen, dass ich für den Tod ihres Sohnes bezahle. Sie wollen mein Leben.«

Aberash übertreibt nicht. Daniel teilt Meaza seine Befürchtungen mit: »Die Eltern des toten Mannes sagen, sie wollen, dass der Gerechtigkeit Genüge getan wird. Sie möchten die Augen der Mörderin ihres Sohnes sehen. Sie sagen, sie wollen sie tot sehen. Ich bin nicht sicher, ob sie das Urteil des Gerichts abwarten oder ob sie die Angelegenheit selbst in die Hand nehmen.«

Alle Macht des Gesetzes kann Aberash nicht gegen die lokale Bürgerjustiz schützen.

Meaza ist für Aberash eine Art Ersatzmutter, seit sie in Addis lebt. Sie wohnt viele Treppen hoch in einer großen, luftigen Wohnung mit Blick über die Stadt. Ein bisschen widerstrebend willigt Meaza schließlich doch ein, dass wir filmen, wie Aberash sie besuchen kommt. Als diese eintrifft, umarmt und küsst Meaza sie, bietet ihr Unmengen Tee und Kekse an und hört sich mitfühlend all ihre Sorgen an. Ich finde Meazas Verhalten ein bisschen übertrieben, aber die kleine Aberash kann gar nicht aufhören zu lächeln. Sie ist voller Ehrfurcht vor ihrer glamourösen Patin.

Doch seit das weltläufige Addis ihr Leben auf dem entlegenen Bauernhof abgelöst hat, ist auch Aberash im Begriff, sich zu verändern. In den französischen Cafés der Stadt sitzen in Wildleder und Gold gekleidete Frauen an Tischen mit Stoffdecken und schlürfen aus kleinen Tässchen Espresso. Männer in Designer-Sonnenbrillen lesen großformatige europäische Zeitungen, während sie an Croissants oder *pains au chocolat* knabbern. Teenies in den Modemarken Hilfiger und Lauren schnattern bei Cappuccinos auf Französisch.

An den Imbissen nach amerikanischem Vorbild stehen Jungs in nagelneuen Sportschuhen um Cheeseburger an. Jugendliche sitzen um große Tische und flirten, während sie Coke schlürfen und sich gegenseitig mit Pommes frites füttern. Das ist eine großstädtische Elite, weit, weit entfernt von Aberashs ländlichen Wurzeln. Aber sie scheint sich ganz wohl zu fühlen, wenn sie durch die Boutiquen stöbert oder in einer Einkaufspassage Eis schleckt.

Manchmal denke ich, Aberash hat ihre Gefühle ganz bewusst irgendwohin gepackt, wo sie nicht durch ihre glatte Oberfläche dringen können. Jungen gegenüber gibt sie sich völlig abweisend und tut speziell die Vorstellung, einen Freund zu haben, mit einem

Schulterzucken ab. Aber einen wunden Punkt gibt es. Sobald man ihre kleine Schwester auch nur erwähnt, kommt in Aberash das verängstigte, von Schuldgefühlen geplagte, hilflose kleine Mädchen zum Vorschein.

»Meine kleine Schwester Mulatu würde nicht zu Hause bleiben, wenn ich irgendetwas dazutun könnte. Sie wird dasselbe Schicksal ereilen wie mich. Und ich kann es nicht ändern«, sagt sie.

Um nicht den beängstigenden Marsch über die offene Ebene machen zu müssen, auf der Aberash entführt wurde, wohnt Mulatu bei einer Verwandten in Kersa. Und selbst von dort geht sie nie allein zur Schule.

»Ich glaube, was Aberash passiert ist, wird auch mir bald passieren«, sagt sie. »Seit Aberash entführt wurde, habe ich schreckliche Angst. Ich kann nicht einmal allein nach Hause in mein Dorf gehen. Und ich habe immer Angst, wenn ich in die Schule oder auf den Markt gehe.«

Die Jungen in Mulatus Klasse wirken viel älter als sie, viele wie erwachsene Männer. Es ist schwer, sich bewusst zu machen, dass sie Schuljungen sind und keine potenziellen Entführer oder Vergewaltiger, insbesondere angesichts Mulatus Angst.

»Seit Aberashs Entführung habe ich ständig Angst vor den Jungen in der Schule. Dauernd sagen sie, sie wollen mich auch entführen«, stammelt Mulatu.

»Selbst wenn in der Pause Freundinnen um mich herumstehen, kommen sie auf mich zu, hänseln mich und drohen mir. Sie sagen: »Woher bekommst du das Gewehr, mit dem du uns erschießt, so wie deine Schwester es gemacht hat?«.

Fast noch bedrückender als Mulatus Angst und Aberashs Traumatisierung ist das Gefühl völliger Hilflosigkeit bei ihren Eltern.

»Wie können wir unsere Kinder vor den Entführern schützen?«, fragt ihr Vater.

Er steht kurz davor, in Tränen auszubrechen, kann sie aber gerade noch zurückhalten – Weinen hilft nicht. Nichts hilft.

»Ständig sind Entführer hinter Mädchen her«, fährt er fort. »Ihnen ist es egal, ob die Mädchen die Schule fertigmachen wollen oder nicht. Wir würden sie von hier wegbringen, wenn wir nur könnten.«

Von Heimweh geplagt, niedergeschlagen, im Exil und kurz vor einem offiziellen Gerichtsverfahren wegen Mordes, ist Aberash paradoxerweise in größerer Sicherheit als ihre kleine Schwester, die im Schoß ihrer liebenden Familie lebt.

Schließlich wird das Datum der Gerichtsverhandlung festgesetzt. Eine ernst dreinblickende Anwältin begleitet Aberash von Addis nach Asela, der Hauptstadt der Region. Aberash verbirgt sich im Wagen und klammert sich fest an einen Teddybären. Sie trägt einen Schal um den Kopf geschlungen und ein amerikanisches Sweatshirt. Das Gericht tagt in einem hässlichen, niedrigen Betonbau. Eine Menschenmenge hat sich versammelt.

Drinnen steht Aberash an der Anklagebank und zupft nervös an ihren Armreifen. Der Gerichtssaal ist voll. Die Leute verrenken sich auf den Zuschauersitzen die Hälse, um die außergewöhnliche junge Frau zu sehen, die ihren Ehemann umgebracht hat.

Die drei Richter treten ein und nehmen ihre Plätze auf Stühlen mit hohen Rückenlehnen hinter einem großen, leeren Tisch ein. Die Stühle geben schleifende Geräusche von sich, als sie über den Boden gezogen werden. Als die Richter untereinander flüstern, weiten sich Aberashs Augen vor Besorgnis. Ihre einzige Hoffnung besteht nun darin, dass die Anwältin die Richter davon überzeugen kann, sie habe in Notwehr gehandelt. Die ganze Verteidigung hängt davon ab, wie effizient die Anwältin die Zeugen befragt. Diese sitzen auf schlichten Holzstühlen in der Mitte des Raums, mit dem Gesicht zu den Richtern, Aberash und der Anwältin den Rücken zugekehrt.

Einer der Zeugen, ein Mann mittleren Alters mit leuchtend blauen Augen, war gerade in der Polizeistation, als Aberash dorthin gebracht wurde. Er bezeugt, dass sie aufgrund ihrer Misshandlungen kaum in der Lage war zu gehen. Er sagt auch, dass er dachte, ihr Arm war gebrochen, und hebt seinen hoch, um zu demonstrieren, wie er ihr reglos vom Körper hing.

Das scheint die Aussage zu sein, die so dringend notwendig war, um zu beweisen, dass Aberashs Leben in Gefahr war. Die meisten Zeugen behaupten, in der Nähe gewesen zu sein, die Schüsse gehört und gesehen zu haben, wie sich die Menge versammelte, aber keiner kann berichten, was genau passiert ist.

Die Richter ziehen sich zurück. Als sie in den Gerichtssaal zurückkommen, ist die Atmosphäre angespannt. Die Zuschauer starren Aberash an und lauschen, mit in Falten gezogenen Stirnen und offen stehenden Mündern, was die Richter zu sagen haben. Der Vorsitzende Richter fasst alles zusammen. Er liest mit leiser, monotoner Stimme von seinen Aufzeichnungen ab. Aberashs Anwältin runzelt die Stirn und beugt sich vor, um ihn besser zu verstehen.

»Er nahm gewaltsam ihre Unschuld«, sagt der Richter und rattert weiter: »Der Verstorbene fügte der Angeklagten mittels Gewaltanwendung Verletzungen zu. Sein Handeln verstößt gegen das Gesetz. Die Angeklagte hatte das Recht, sich zu wehren. Ihre Tat war die einzige ihr zur Verfügung stehende Möglichkeit, sich selbst zu verteidigen.«

Aberashs Anwältin zeigt keine Regung und hält den Atem an. Der Richter zitiert mehrere Paragraphen aus dem Gesetzbuch. Aberash Augen waren noch nie so weit aufgerissen wie jetzt. Dann, unerwartet und in derselben monotonen Stimme, sagt der Richter: »Das Gericht spricht sie frei.«

Aberash sinkt in sich zusammen. Im Film verschwindet sie aus der Einstellung, sobald sie eine Reaktion auf das Urteil zeigt, auf das sie kaum zu hoffen gewagt hatte. Der Gerichtssaal verharrt in Schweigen. Niemand äußert sich spontan. Aberashs Anwältin beugt sich steif zum Richter vor. Erst als sie Blickkontakt mit ihrer Anwältin aufnimmt, gesteht sich Aberash ein Lächeln zu. Aber dann kann sie gar nicht mehr damit aufhören.

Die Familie trifft sich zum Feiern in einer kleinen Bar, in der ein Musiker spielt. Aberash tanzt mit ihrem Bruder und dann mit Mulatu. Diesen Abend strahlt sie, ihre Sorgen hat sie vergessen. Nun tanzen die Schwestern miteinander und schütteln dabei auf traditionelle Weise ihre Schultern.

Ihr Vater klatscht dazu in die Hände, das Gesicht vor Freude glühend. Er beugt sich vor und gibt seiner vergnügten Frau einen Kuss auf die Wange. Dann steht er auf, um mit seiner Tochter zu tanzen. Nun kann er sich nicht mehr zurückhalten, er drückt sie fest an sich und stößt Freudenschreie aus, während seine Familie dazu klatscht und die beiden anfeuert. Im Eifer des Gefechts fällt ihm der Hut vom Kopf, er lacht und drückt seine Tochter noch fester.

Aber Aberashs Freiheit ist eine Illusion. Sie kann nicht nach Haus zurück. Aus der Sicht der Ältesten ist das Urteil des Gerichts bedeutungslos. Ob sie in Notwehr getötet hat oder nicht und dass sie nicht schuldig ist, zählt für sie nicht. Sie hat einen Mann getötet, und die Tradition gebietet, dass sie im Exil bleibt. Am folgenden Morgen bleibt den Eltern nichts anderes übrig, als ohne sie abzureisen.

Aberashs ältere Schwester Mestawet konnte ihre Kinder nicht allein lassen und deshalb nicht zur Verhandlung kommen. Also überreden wir Aberash, sie heimlich mit uns zu besuchen. Es ist das erste Mal, dass sie seit ihrem Exil nach Hause kommt. Daniel begleitet uns, um sich um Aberash zu kümmern, und als wir nach Kersa hineinfahren, versucht er sie zu überzeugen, dass sie sicher ist. Die Cowboys bleiben stehen und starren uns an. Jeder von ihnen könnte ein Verwandter des Entführers sein.

»Ich habe Angst«, sagt sie mit verzagter Stimme. Daniel legt beschützend den Arm um sie, aber sie ist starr vor Furcht.

Mestawet eilt aus ihrem Verschlag, um die Schwester zu begrüßen. Volle zwei Minuten lang liegen sie sich mitten im Schlamm in den Armen, küssen sich immer wieder auf beide Wangen und dann auf den Mund. Mestawet zieht Aberash nach drinnen, wo sich die Kinder ehrfürchtig um ihre Tante in Jeans und Sweatshirt scharen.

Mestawet brüht Kaffee auf. Sie hat einen trockenen, stoßweisen Husten, der tief in ihrem Hals sitzt. Der Rauch des Feuers reizt ihn noch mehr, aber sie ist so aufgeregt, Aberash zu sehen, dass sie sich nicht darum kümmert. Sie fleht Aberash an, die Nacht über zu bleiben, doch die hält es für viel zu gefährlich. Es wird nicht lange dauern, bis die Nachricht, dass sie hier ist, in der Stadt die Runde gemacht hat, und es gibt genügend Leute, die immer noch ihr Blut fordern.

Während die Schwestern reden, nimmt Daniel ein winziges Glas *arake* von Negash an. Seine Augen füllen sich mit Tränen, als er daran nippt.

»Das ist starkes Zeug«, meint er.

»Es wärmt dich im Winter«, sagt Negash schulterzuckend.

»Aha, dann tragt ihr euren Mantel also innerlich«, erwidert Daniel.

Ich finde, es ist fast eine Ironie des Schicksals, dass Aberashs großer Unterstützer und ein Anwalt, der sich so vehement für die Rechte der Frauen einsetzt, mit einem bekennenden Entführer trinkt, und das erwähnen wir auch im Film. Darüber ist Daniel ziemlich wütend.

Mestawet ist über die Maßen stolz auf ihre Schwester, und ich bin davon beeindruckt, wie sehr sie Aberash bewundert, ohne Neid zu empfinden.

»Als ich hörte, dass Aberash ihren Entführer getötet hat, überkam mich große Freude«, erzählt sie.

»Ich würde nicht behaupten, dass es keine Entführungen mehr gibt, doch die Männer haben jetzt ein klein bisschen mehr Angst, Mädchen zu entführen. Ich denke, die Männer werden sich nur ändern, wenn es strengere Gesetze für Entführungen gibt. Wenn das Gesetz so nachgiebig bleibt, sind die Männer auf immer und ewig nicht zu kontrollieren.«

Leider ist Mestawets Hoffnung in die Auswirkungen von Aberashs Tat unbegründet. Das Ergebnis ihres Gerichtsverfahrens hat absolut nichts dazu beigetragen, Mulatus Ängste zu beseitigen. Wir besuchen Mulatu im Haus ihrer Verwandten und treffen sie in einem der hinteren Räume, wo sie über einer Kohlewanne kauert und Kaffee zubereitet.

»Ich mache mir keine Hoffnungen«, sagt sie ohne jede Spur von Selbstmitleid. »Ich kann mich nur zu Hause verstecken und habe dann keine Möglichkeit, die Schule abzuschließen. Am liebsten würde ich zusammen mit Aberash leben, aber das ist unmöglich. Ich kann nirgendwo anders hin. Ich kann nur warten, bis ich entführt werde.« Mit einem Achselzucken wendet sie sich wieder dem Kaffee zu.

Wir fahren mit Aberash nach Addis Abeba zurück. Sie wurde freigesprochen, aber keiner der Komplizen ihres Entführers wurde zur Rechenschaft gezogen, und das macht sie wütend.

»Gegen diese Kriminellen wird nichts unternommen, sie können dasselbe Verbrechen wieder begehen. Es ist nichts passiert, um ihnen Einhalt zu gebieten, also glauben sie, dass sie jederzeit wieder ein Mädchen entführen dürfen«, sagt sie und denkt dabei an Mulatu. In ihren Augen erkenne ich echte Wut.

»Ich sehe mich nicht als Mörderin«, erklärt sie.

»Wenn ich an all das denke, was ich mitgemacht habe, dann habe ich das Gefühl, ich habe einfach nur meinen Feind getötet. Es tut mir um ihn genauso wenig leid wie es mir um irgendeinen beliebigen anderen leid täte. Ich hätte selbst dabei zu Tode kommen können.«

Aberashs Leben hat sich unwiderruflich verändert. Selbst wenn sie wollte, könnte sie nie mehr in ihr altes Dasein zurückkehren.

Für uns ist es Zeit abzureisen. Wir kaufen Kleider und Schuhe für Aberash und fahren zu Meazas Wohnung, um uns zu verabschieden. Ich gehe mit Aberash in das Schlafzimmer, um mich bei ihr dafür zu bedanken, dass wir den Film über sie drehen durften und gebe ihr etwas Geld, damit sie die nächsten paar Monate über die Runden kommt. Sie ist sehr aufgewühlt.

»Sie müssen mich mitnehmen«, sagt sie mit schriller Stimme. »Ich kann nicht hier bleiben. Ich werde sterben.«

Ich versuche ihr zu verdeutlichen, dass sie unmöglich mit uns kommen kann und dass wir am nächsten Tag abreisen.

»Ich kann bei Ihnen wohnen«, meint sie. »Sie können Arbeit für mich finden.«

Ich erkläre ihr, dass ich wünschte, das Leben wäre so einfach, aber sie hat weder Pass noch Visum, und es wäre ganz unklug, von mir abhängig zu sein.

»Das Beste, was du tun kannst, ist, deine Ausbildung zu Ende zu bringen«, sage ich und weiß, dass es sich aufgeblasen und herzlos anhört.

Sie fängt an, mich anzuflehen. Sie will nur weg aus Äthiopien. Bettelnd klammert sie sich an mich.

»Es tut mir leid, Aberash, ich kann nicht«, sage ich und fange dann selbst an zu weinen.

Mestawet auf Wiedersehen zu sagen fällt genauso schwer. Ich bewundere ihren Mut und ihre Hartnäckigkeit sehr, und bevor ich gehe, liegen wir uns fünf Minuten lang in den Armen und halten uns ganz fest, als würde jede ihre ganz eigene Stärke an die andere weitergeben wollen.

»Du bist eine unglaublich starke Frau«, sage ich zu ihr. Es fällt mir schwer, sie zurückzulassen, gefangen in ihrem erbärmlichen Leben, in dem es nichts gibt, worauf man sich freuen könnte, nur Plackerei, Armut und Dreck.

Später erfahre ich, dass Mestawet schließlich doch einen tapferen und entschlossenen Schritt Richtung Freiheit unternommen hat. Sie hat Mann und Kinder verlassen und ist einfach verschwunden. Ich freue mich für sie und hoffe zutiefst, dass ihre Intelligenz und ihr Wille ihr ein Überleben in einer ihr fremden Welt ermöglichen. Kurze Zeit später höre ich dann jedoch, dass sie zurückgekehrt ist, weil sie es nicht fertigbrachte, ihre Kinder zurückzulassen. Soweit ich weiß, lebt sie immer noch in Kersa.

Noch später gab es erfreulichere Nachrichten für Aberash und Mulatu. Als der Film ausgestrahlt wurde, rief er ungewöhnlich viele Reaktionen hervor. Die Geschichte beschäftigte das Publikum, und ich wurde mit Briefen und Hilfsangeboten überschüttet. Manche schickten Schecks, andere fragten, wie sie helfen könnten. Für Aberash und Mulatu wurde ein Platz in einer sicheren Internatsschule gefunden, und dank der Unterstützung eines sehr engagierten Paares, Peter und Jenny Metaxa-Barham, gründeten wir einen Treuhandfonds zur Finanzierung ihrer Schulgebühren.

Einerseits war ich glücklich über das, was wir erreicht hatten. Auch aus beruflicher Sicht war der Film für mich ein großer Erfolg. Ich bekam viel ermutigendes Lob von Menschen, die Äthiopien wirklich gut kennen und deren Meinung ich sehr schätze. Der Film erhielt auch mehrere Preise und war für den One World Media Award als bester Dokumentarfilm vorgeschlagen. Als Dokumentarfilmerin war ich damit praktisch am Ziel.

Doch andererseits war ich unzufrieden damit, wie wenig ich für so viele Menschen in großer Not tun konnte: Aberash, Mestawet, Nibret, die kleine Kinderbraut, und all die anderen. Ich komme, sehe, weine. Ich filme, umarme, weine wieder und reise ab. Das Schönste an meiner Arbeit ist das Gefühl, vielleicht etwas verändert zu haben. Das Schlimmste ist, wenn man gehen muss.

Nachwort

Seit meiner ersten Reise nach Afrika, vor fast 20 Jahren, ist viel passiert. Damals wusste ich noch nicht, ob ich auf Dauer beim Film arbeiten würde, und ich hatte keine Vorstellung, was der riesige Kontinent außer exotischen Ferien sonst noch zu bieten hatte. Und ganz bestimmt hatte ich keine Ahnung, dass er meine persönliche Entwicklung zutiefst beeinflussen und ich dabei mein Handwerk von Grund auf lernen würde.

Die Filme, die ich in Afrika gedreht habe, bildeten die Basis für meine Laufbahn als Regisseurin. Doch mehr als irgendeine meiner Fertigkeiten waren es die Afrikaner, die darin mitwirkten, dass einige meiner besten Filme etwas ganz Besonderes wurden – Menschen wie Aberash, Dr. Piri, Wingstone, Professor Makumbe, Irene und Amina. Sie haben meine ernsten, sachlichen und manchmal vielleicht sogar erschreckenden Dokumentationen mit Wärme und Leben erfüllt. Unbequeme Themen, die zunächst nichts mit unserem eigenen Leben zu tun zu haben schienen – Kinderehe, Polygamie, Cholera, Albinismus oder Genitalverstümmelung bei Frauen –, wurden zu Geschichten von Menschen, die wir mochten und die uns berührten.

Nach vielen anfänglichen Zweifeln und Enttäuschungen gewinne ich allmählich die Überzeugung zurück, dass die richtigen Filme, richtig eingesetzt, von großem Wert sein können. Sie können Vorurteile hinterfragen, bilden, informieren, motivieren, überraschen und nebenbei auch noch unterhalten. Sie können helfen, Projekte zu finanzieren. Sie können Überzeugungsarbeit bei Institutionen und sogar Regierungen leisten und auf diese Weise Reformen und

Veränderungen bewirken. Meine Filme liefen im House of Commons und bei Konferenzen der Vereinten Nationen überall auf der Welt, im Fernsehen, in afrikanischen und europäischen Klassenzimmern.

Doch dieses wachsende Selbstvertrauen darf nicht in Überheblichkeit umschlagen. Ich arbeite nicht für eine Hilfsorganisation, ich bin Filmemacherin, und es ist legitim, den Nutzen meiner Arbeit in Frage zu stellen. Manchmal wirft man mir vor, mich in das Leben anderer Menschen »einzumischen« und sie zu »verurteilen«. Auch muss ich mir immer wieder bewusst machen, dass in den Augen der Afrikaner meine Kultur die fremdartige ist.

Natürlich hat sich meine liberale westliche Betrachtungsweise gelegentlich auf meine Meinung ausgewirkt. Und manchmal konnte ich, wenn es um besonders haarsträubende Angelegenheiten ging, auch der Versuchung nicht widerstehen, sie so weit wie möglich auszureizen, um die Herzen des Publikums zu rühren. Ich habe mit subtilen Methoden einige zu eigennützige Politiker, fundamentalistische Scheichs und Beschneiderinnen dazu gebracht, sich im schlechtmöglichsten Licht zu produzieren. Jeder weiß, dass Filme im Schneideraum gemacht und Worte und Taten von Menschen, die darin vorkommen, bearbeitet werden.

Daher kann kein Film für sich in Anspruch nehmen, völlig objektiv zu sein. Dasselbe gilt für dieses Buch. Meine Filme wie auch mein Buch sagen vielleicht genauso viel über mich aus wie über die Menschen und Kulturen, die sie porträtieren. Ich habe aber versucht, meine Reaktionen, Vorurteile und Beweggründe so aufrichtig wie möglich darzustellen und dabei in Kauf zu nehmen, dass es nicht immer zu meinen Gunsten ausfällt.

Vieles an Afrika wirkt auf mich noch immer verstörend oder schockierend, doch ich mache ständig die Erfahrung, wie tief und auf welch besondere Art es mich verändert hat. Während ich zu

Dreharbeiten in Afrika war, erkrankten meine Eltern beide tödlich an Krebs. Von den Afrikanern lernte ich, Krankheit und Tod mit weitaus größerer Würde zu akzeptieren, als ich das für möglich gehalten hatte. Und vor allem die afrikanischen Frauen haben mich gelehrt, für meine Ausbildung dankbar zu sein, und die Freiheit, dass ich selbst wählen kann, ob ich heiraten und Kinder bekommen möchte oder nicht, auch gebührend zu schätzen. Vor allem aber hat ihre Fähigkeit, sich im Angesicht von bitterer Armut, Krankheit, Dürre, Grausamkeit, Schmerz und Krieg ihren Optimismus zu bewahren, bleibenden Eindruck bei mir hinterlassen.

Afrikas größte Tragödie besteht darin, dass es in rasantem Tempo seine kostbarste Ressource verliert – seine fähigsten Bürger. Aberash ist ein typisches Beispiel dafür. Sie wird aus verständlichen Gründen keine Ruhe geben, bis sie endlich aus Äthiopien weg ist. Sie hat nicht die Absicht, ihre wertvolle Ausbildung zum Wohl ihres Landes einzubringen. Bis heute bekomme ich Briefe von ihr, in denen sie mich anfleht, eine Aufenthaltsmöglichkeit in London für sie zu finden.

Afrikaner, die ihre Fähigkeiten und ihre Ausbildung für ihr Land einsetzen, werden häufig in ihrer Arbeit behindert, aus Posten verdrängt oder vom Helfen abgehalten – so wie Dr. Manasseh Piri, der vom sambischen Präsidenten seines Postens enthoben wurde, und KSM, dem in Ghana die Radiofrequenz entzogen wurde.

Jetzt, da ich dies schreibe, liegt mein letzter Aufenthalt in Afrika bereits vier Jahre zurück. Ich habe in anderen Teilen der Welt Filme gedreht, in Großbritannien, im Mittleren Osten und in Amerika. Ein Kapitel meines Lebens ist beendet, ein neues aufgeschlagen. Doch ich sehne mich immer noch nach Afrika. Ich vermisse den Geruch, die Hitze, die Geschäftigkeit, die Schönheit, das Chaos.

Und am allermeisten vermisse ich die Afrikaner. Afrika ist ein geschundener Kontinent, doch wohin ich immer ich kam, traf ich auf

Menschen mit der Kraft, unermessliche Qualen zu erdulden, der Energie, gegen Gleichgültigkeit anzukämpfen, dem Mut, ihre Stimme gegen Korruption zu erheben, und dem Willen, ihren Kindern eine Ausbildung und ein besseres Leben zu ermöglichen. Dort leben Männer und Frauen, die leidenschaftlich daran glauben, dass das 21. Jahrhundert Afrika gehören wird. Vielleicht kommt es dazu. Ich möchte es zu gern glauben.

Dank

Als Erstes möchte ich mich bei Michael Keating bedanken, der mich mit Afrika bekanntgemacht hat, sowie bei Robert Lamb und Jenny Richards. Immer wieder haben sie mich mit Aufträgen nach Afrika geschickt, und so ist ein Großteil dieses Buches entstanden. Hugh Phillimore spreche ich meinen Dank aus für seine Geduld, seine Unterstützung und sein Vertrauen in dieses Buch; Roly Williams für den Kontakt zu Eye Books. Ein herzliches Dankeschön an Gordon Medcalf, meinen unerschütterlichen und großartigen Lektor; an Dan Hiscocks, meinem Verleger, dessen Begeisterungsfähigkeit grenzenlos war, und schließlich allen Afrikanern, die mir so großzügig Einblick in ihr Leben gewährten und deren Geschichten die Seele dieses Buches sind.

REISEN · MENSCHEN · ABENTEUER

NATIONAL GEOGRAPHIC TASCHENBÜCHER
VON FREDERKING & THALER

IRGENDWO IN AFRIKA

Théodore Monod
Wüstenwanderungen
Spurensuche in der Sahara
ISBN 978-3-89405-140-2

Dass ausgerechnet ein Meereszoologe vom Wüstenfieber gepackt wird! Théodore Monod berichtet über seine Wanderungen durch die Sahara in den 20er und 30er Jahren – ein informatives und bleibend aktuelles Standardwerk.

Anthony Sattin
Im Schatten des Pharao
Altes Ägypten in neuer Zeit
ISBN 978-3-89405-181-5

Ausgestattet mit unveröffentlichten Aufzeichnungen aus den 20er Jahren, macht sich Anthony Sattin auf eine ungewöhnliche Suche: Er fahndet nach den Spuren, die 5.000 Jahre Geschichte im heutigen Ägypten hinterlassen haben – und all ihren Widersprüchen.

Felice Benuzzi
Gefangen vom Mount Kenia
Gefährliche Flucht in ein Bergsteigerabenteuer
ISBN 978-3-89405-168-6

Die verrückte Geschichte des italienischen Kriegsgefangenen Benuzzi, der mit zwei Gefährten aus einem britischen Lager flieht – nur um den Gipfel des Mount Kenia zu besteigen. Selbst wilde Tiere und die Unbilden der Natur können das Trio nicht stoppen.

So spannend wie die Welt.

NATIONAL GEOGRAPHIC
FREDERKING & THALER
www.frederking-thaler.de

REISEN · MENSCHEN · ABENTEUER

NATIONAL GEOGRAPHIC TASCHENBÜCHER
VON FREDERKING & THALER

Eine Frau erkundet die Welt

Carmen Rohrbach
Muscheln am Weg
Mit dem Esel auf dem Jakobsweg nach Frankreich
ISBN 978-3-89405-246-1

Millionen von Menschen sind bereits auf dem Jakobsweg nach Santiago de Compostela gepilgert, geleitet von der Jakobsmuschel, dem Symbol des Weges. Begleitet vom Esel Chocolat, gerät die Fußreise für Rohrbach zu einer intensiven Begegnung mit Land und Leuten.

Carmen Rohrbach
Im Reich der Königin von Saba
Auf Karawanenwegen im Jemen
ISBN 978-3-89405-179-2

Nach Erfahrungen auf allen Kontinenten erfüllt sich die Abenteurerin Carmen Rohrbach den Traum ihrer Kindheit: Allein durch den geheimnisvollen Jemen. Mit viel Intuition und Hintergrundwissen schildert sie das Leben der Menschen, vor allem der Frauen.

Carmen Rohrbach
Inseln aus Feuer und Meer
Galapagos – Archipel der zahmen Tiere
ISBN 978-3-89405-027-6

Allein unter Meerechsen – während eines einjährigen Forschungsaufenthalts auf Galapagos studiert die Biologin Carmen Rohrbach nicht nur das Leben dieser bizarren Tiere, sondern erfährt auch das Gefühl, im Einklang mit der Natur zu leben.

So spannend wie die Welt.

NATIONAL GEOGRAPHIC
FREDERKING & THALER
www.frederking-thaler.de

REISEN · MENSCHEN · ABENTEUER

NATIONAL GEOGRAPHIC TASCHENBÜCHER
VON FREDERKING & THALER

IN DER STILLE DER WILDNIS

Konrad Gallei/Gaby Hermsdorf
Blockhaus-Leben
Fünf Jahre in der Wildnis von Kanada
ISBN 978-3-89405-014-6

Konrad Gallei konnte sich seinen Traum erfüllen: Mitten in der Wildnis Kanadas baut er mit Freunden ein Blockhaus, komplett ausgestattet mit eigenem Garten, Hühnern und Kaninchen. Doch trotz sorgfältiger Planung fordert bald Unvorhergesehenes alle Phantasie und Kreativität.

Chris Czajkowski
Blockhaus am singenden Fluss
Eine Frau allein in der Wildnis Kanadas
ISBN 978-3-89405-193-8

Unerschrocken macht sich die Autorin Chris Czajkowski auf, rodet in tiefster Wildnis ein Stück Land und zimmert sich – ohne besondere Vorkenntnisse – eine Blockhütte. So einsam und mühsam ihr Tagewerk auch ist, Chris wird immer reich belohnt durch die Schönheit der unberührten Natur.

Dieter Kreutzkamp
Husky-Trail
Mit Schlittenhunden durch Alaska
ISBN 978-3-89405-080-1

Zwei Winter lebt Dieter Kreutzkamp mit Familie in Blockhäusern am Tanana- und Yukon-River. Besonders die faszinierenden Hunde Alaskas, die Huskys, haben es ihm angetan. So zieht er allein mit seinen Schlittenhunden durch die weiße Wüste. Höhepunkt ist das berühmte Iditarod-Rennen…

So spannend wie die Welt.

NATIONAL GEOGRAPHIC
FREDERKING & THALER
www.frederking-thaler.de

REISEN · MENSCHEN · ABENTEUER

NATIONAL GEOGRAPHIC TASCHENBÜCHER
VON FREDERKING & THALER

Begegnungen in freier Wildbahn

John Hare
Auf den Spuren der letzten wilden Kamele
Eine Expedition ins verbotene China
Mit einem Vorwort von Jane Goodall
ISBN 978-3-89405-191-4

Wüstenabenteuer, internationale Diplomatie und eines der seltensten Tiere der Erde – eine spannende Mixtur und ein mitreißender Bericht über die letzten wild lebenden baktrischen Kamele in der mongolischen Wüste, gewürzt mit einer Prise britischem Humor.

Jack Becklund
Bärenjahre
Das Erlebnis einer ungewöhnlichen Freundschaft
ISBN 978-3-89405-131-0

Das Ehepaar Becklund lebt abgelegen am Elbow Creek in Minnesota. Eines Tages sucht eine junge Bärin ihre Gesellschaft. Schon bald folgen ihr weitere Artgenossen. Die anfängliche Scheu weicht wachsendem Vertrauen.

Peter Matthiessen
Tiger im Schnee
Ein Plädoyer für den Sibirischen Tiger
ISBN 978-3-89405-201-0

Werden Tigerspuren im Schnee schon bald der Vergangenheit angehören? Der Autor lässt den Leser teilhaben an einem gefahrvollen und oft vergeblichen Kampf für den vom Aussterben bedrohten Sibirischen Tiger im fernen Osten Russlands.

So spannend wie die Welt.

NATIONAL GEOGRAPHIC
FREDERKING & THALER
www.frederking-thaler.de

REISEN · MENSCHEN · ABENTEUER

NATIONAL GEOGRAPHIC TASCHENBÜCHER
VON FREDERKING & THALER

AUF ALTEN PFADEN

Karin Muller
Entlang der Inka-Straße
Eine Frau bereist ein ehemaliges Weltreich
ISBN 978-3-89405-164-8

Das Straßennetz der Inka, mit dessen Hilfe sie ihr Riesenreich kontrollierten, ist legendär – und wenig bekannt. Zu Fuß erkundet Karin Muller die alten Routen von Ecuador bis nach Chile. Ein Forschungs- und Reisebericht zugleich, packend und humorvoll geschrieben.

Eberhard Neubronner
Das Schwarze Tal
Unterwegs in den Bergen des Piemont
Mit einem Vorwort von Reinhold Messner
ISBN 978-3-89405-178-5

Nur eine Autostunde von Turin scheint die Welt eine andere zu sein: aufgegebene Dörfer, verlassene Täler in den piemontesischen Alpen. Unsentimental und doch poetisch schildert Neubronner die wildromantische Landschaft und die Menschen, die in ihr leben.

Jean Lescuyer
Pilgern ins Gelobte Land
Zu Fuß und ohne Geld von Frankreich nach Jerusalem
ISBN 978-3-89405-167-9

Eine Pilgerreise, die kaum zu überbieten ist: Zu Fuß von Lourdes nach Jerusalem, ohne Geld und mit viel Gottvertrauen.
Acht Monate Zweifel und Gefahren, aber auch beglückende Erfahrungen und berührende Begegnungen.

So spannend wie die Welt.

NATIONAL GEOGRAPHIC
FREDERKING & THALER
www.frederking-thaler.de

REISEN · MENSCHEN · ABENTEUER

NATIONAL GEOGRAPHIC TASCHENBÜCHER
VON FREDERKING & THALER

GO DOWN UNDER!

Michèle Decoust
Träume auf roter Erde
Eine Begegnung mit Australien
ISBN 978-3-89405-141-9

Michèle Decoust kehrt nach Australien zurück, dem Ziel ihrer Sehnsucht und ihrer Träume. Diesmal dringt sie mit dem Jeep bis ins Gebiet der Aborigines vor. Erst hier lernt sie dieses Land wirklich zu verstehen ...

Roff Smith
Eiskaltes Bier und Krokodile
Mit dem Fahrrad durch Australien
ISBN 978-3-89405-180-8

Nach 15 Jahren in Australien stellt der Amerikaner Roff Smith fest, dass er das Land weder richtig kennt noch liebt. Eine Entscheidung steht an. Er kündigt, packt ein Rad und macht sich auf den Weg: Einmal rundherum. Doch das ist bekanntlich ein ganzer Kontinent ...

John B. Haviland/Roger Hart
Rückkehr zu den Ahnen
Ein Aborigine erzählt ...
ISBN 978-3-89405-171-6

Australien, ganz unten: Die Geschichte des letzten Überlebenden eines Aborigine-Clans, der von den Weißen ausgelöscht wurde. Aus Erinnerungen, Gesprächen, Mythen, Diskussionen entsteht das faszinierende Bild einer untergegangenen Welt, ihrer Sprache, ihrer Kultur

So spannend wie die Welt.

NATIONAL GEOGRAPHIC
FREDERKING & THALER
www.frederking-thaler.de

REISEN · MENSCHEN · ABENTEUER

NATIONAL GEOGRAPHIC TASCHENBÜCHER
VON FREDERKING & THALER

NATURGEWALTEN

William Stone / Barbara am Ende
Höhlenrausch
Eine spektakuläre Expedition unter der Erde
ISBN 978-3-89405-216-4

Riskante Kletterpartien, gefährliche Tauchgänge ins Ungewisse, wochenlanges Leben unter der Erde – William Stone und sein Team erforschen eine der größten Höhlen der Welt. Die atemberaubende Schilderung einer Expedition der Superlative.

Hauke Trinks
Leben im Eis
Tagebuch einer Forschungsreise in die Polarnacht
ISBN 978-3-89405-232-4

Könnte es sein, dass das Leben auf der Erde im Eis entstanden ist? Dieser Frage ist der Physiker Hauke Trinks mit seiner Expedition in den Norden Spitzbergens nachgegangen. Ein einjähriges Abenteuer in der Polarnacht, nur in der Gesellschaft zweier Hunde – und zahlreicher Eisbären.

Carla Perrotti
Die Wüstenfrau
An den Grenzen des Lebens
ISBN 978-3-89405-197-6

Warum riskiert eine Frau ihr Leben in der Wüste? Carla Perrotti durchwandert allein die Kalahari und die größte Salzwüste der Erde in Bolivien, als erste Frau begleitet sie eine Tuaregkarawane durch die Ténéré. Unter den überwältigenden Eindrücken der Natur findet sie zu sich selbst.

So spannend wie die Welt.

NATIONAL GEOGRAPHIC
FREDERKING & THALER
www.frederking-thaler.de

REISEN · MENSCHEN · ABENTEUER

NATIONAL GEOGRAPHIC TASCHENBÜCHER
VON FREDERKING & THALER

IM BLICKPUNKT ASIEN

Maria Coffey
Mond über Vietnam
Streifzüge mit Boot und Fahrrad
ISBN 978-3-89405-166-2

Vom Mekong-Delta im Süden bis zum Roten Fluss im Norden bereist Maria Coffey drei Monate lang vor allem die Küste Vietnams. Tradition und Moderne, Kriegstrauma und Alltag: die sensible Schilderung eines Landes im Umbruch.

Judy Schultz
Im Land des Himmelsdrachen
Impressionen aus China
ISBN 978-3-89405-170-9

Wohl wenige Länder haben sich in den letzten 20 Jahren so gewandelt wie China. Judy Schultz erfasst diese Zeitspanne in mehreren Reisen. Genau beobachtend und mit offenem Sinn, muss sie immer wieder feststellen: die Realität ist anders als ihre Vorstellungen.

Josie Dew
Tour de Nippon
Mit dem Fahrrad allein durch Japan
ISBN 978-3-89405-174-7

Josie Dew ist nicht unterzukriegen: Seit Jahren radelt die Engländerin durch die Welt und berichtet davon auf humorvolle Weise. Diesmal erkundet sie Japan – und ihre Schilderungen von Land und Leuten sind so spannend wie ihre Reiseerlebnisse.

So spannend wie die Welt.

NATIONAL GEOGRAPHIC
FREDERKING & THALER
www.frederking-thaler.de

REISEN · MENSCHEN · ABENTEUER

NATIONAL GEOGRAPHIC TASCHENBÜCHER
VON FREDERKING & THALER

FRAUEN UNTERWEGS

Michele Slung
Unter Kannibalen
Und andere Abenteuerberichte von Frauen
ISBN 978-3-89405-175-4

Von der Wienerin Ida Pfeiffer, die im 19. Jahrhundert die Welt umrundete, über die Fliegerin Amelia Earhart und die Primatenforscherin Biruté Galdikas spannt sich dieser Reigen – Biografien von 16 mutigen und abenteuerlustigen Frauen.

Carmen Rohrbach
Im Reich der Königin von Saba
Auf Karawanenwegen im Jemen
ISBN 978-3-89405-179-2

Nach Erfahrungen auf allen Kontinenten erfüllt sich die Abenteurerin Carmen Rohrbach den Traum ihrer Kindheit: Allein durch den geheimnisvollen Jemen. Mit viel Intuition und Hintergrundwissen schildert sie das Leben der Menschen, vor allem der Frauen.

Josie Dew
Tour de Nippon
Mit dem Fahrrad allein durch Japan
ISBN 978-3-89405-174-7

Josie Dew ist nicht unterzukriegen: Seit Jahren radelt die Engländerin durch die Welt und berichtet davon auf humorvolle Weise. Diesmal erkundet sie Japan – und ihre Schilderungen von Land und Leuten sind so spannend wie ihre Reiseerlebnisse.

So spannend wie die Welt.

NATIONAL GEOGRAPHIC
FREDERKING & THALER
www.frederking-thaler.de